航空客運與票務

鄭章瑞　編著

全華圖書股份有限公司

聲明事項

1. 本書中舉例所使用的票價，以年票（Normal Class fare）爲主，但讀者可類推其他頭等艙、商務艙、特惠經濟艙之票如 YEE6M、YEE1M 或其他旅遊票價。
2. 本書中舉例所使用的 NUC、ROE，會隨各種狀況變動，實際開票時以當時之 NUC 及 ROE 爲準。
3. 一般來說，TPM 及 MPM 不太會變動，但仍以開票當時公告內容爲準。
4. 本書所述行李重量、件數、超重行李費、改票加收手續費等，皆會隨著各地區、各航空公司、各個時間階段而變動，請向各航空公司查詢。
5. 同一艙等，同一航段，各航空公司向 IATA 所報備之票價仍然有可能不一樣。
6. A 航空公司所提供之各種服務，B 航空公司不見得一樣，請向各航空公司查詢。
7. 隨著電子化推動，紙本機票或航空相關文件、換票手續等作業及規定，將迅速改變，讀者要隨時注意及更新資訊。
8. 票務相關規則與計算，皆源自 IATA 所制定，因此請注意 IATA 之訊息。
9. 訂位的訊息以先啓資訊系統股份有限公司所發行之 Abacus 使用手冊爲參考資料，因此請注意該公司發布之最新訊息。

備註：

對於二學分的《航空客運與票務》課程，深度教學時建議從中級篇教起。

五版序

在華航服務 26 年又 3 個月，2010 年 3 月轉到萬能科技大學，擔任會計主任、觀光與休閒事業管理系及航空服務管理系老師，雖然自己的專長是財會領域，但在華航營收部服務時的實務經驗，及曾至 IATA 上課，所學到的票務、客運營收、客運航收及聯運清帳等有關知識，至今難忘，趁此機會再作回顧，希望能有所貢獻。

航空機票雖已由紙本實體機票轉爲電子無實體機票，但相關之票務規則與規定，仍然一致，只是由於電腦與應用軟體相繼開發，是否還有人有耐心，去翻閱及研讀厚厚的相關票務書籍及規則，規則會隨著時空日新月異，但基本觀念仍有其價值，學校教育不能只教如何按電腦鍵盤，還要讓學子瞭解來龍去脈。

我要再次感謝在華航任職期間，曾照顧及幫助我的朋友，點滴在個人心中，我不曾忘懷，雖然無法一一列名，但我記得你們的恩情。

謝謝使用本書的老師及同學，自 2013 年 9 月初版，在數次修正及更新資料，第五版即將付印之際，個人除懷抱感恩之外，實誠惶誠恐，總希望完善本書，但囿於個人才疏學淺，所能參考文件有限，如果能再獲得航空公司協助，當更能完善本書內容，祈盼學界及業界先進，給予建議及指教，您的指教都是我永遠的感激。我的 Email：raymondvnu@yahoo.com.tw

我要借此書緬懷及獻給已逝的母親　鄭池彩秋女士，一個受日本國小教育，不識幾個中國字的鄉下農婦，再苦再累再窮，卻一心要孩子讀書，堅持對這狂野浪子永不放棄的愛。

謝謝在本書編撰期間，協助提供資訊的朋友、萬能科大的好友及全華圖書公司編輯部同仁，更感謝中華航空及長榮航空提供優質的航空服務。

鄭章瑞　謹誌

contents

目　錄

structure

本書架構指引

內容編排區分難易

全書依難易度區分爲基礎篇、中級篇與進階篇，可彈性安排學習進程。

第一章 航空概論與主管機關

第一節 民航組織

第二節 MITA、SITA & GDS

第三節 民航及觀光主管機關

本章主要介紹國際民航組織 (ICAO) 及國際航空運輸協會 (IATA)，IATA 的商業功能及其附屬組織，主導全球民航的運作，其中 MITA 及 SITA 與航空公司及旅行社的關係更是密不可分。

我國主要民航及觀光主管機關有交通部民用航空局、飛航安全調查委員會及觀光局，在國際民航組織法規下訂定我國內部之相關法規，同學準備考試時，應至各機關網站查詢最新規定。

章首說明

了解該章內容大意，便於快速進入學習。

小知識

補充航空票務的相關知識，以便讀者了解與學習。

小知識

無伴幼童（UM）

所謂「無伴幼童」是符合以下任一條件之幼童：

1. 未滿 12 歲幼童且無滿十八歲或以上的旅客同行或陪同，而獨自搭乘航班。
2. 不足五歲幼童，無滿十八歲旅客陪同搭乘相同艙等，或
3. 未滿 12 歲幼童與滿十八歲同機成人旅客之啓程點或目的地不同。

UM 無人陪伴之幼童，為安全考量，航空公司會指派一位空中服務員陪伴全程照顧，因此家長須支付陪從服務費，該陪從服務費在出發 3 天前支付，航空公司以 MCO 開立。

客人至機場櫃檯辦理報到時，運務人員會指派專人協助並陪同 UM 過安檢及海關送至機上，將 UM 專用信封袋轉交陪從空服員。

至目的地後，陪從空服員將此信封袋轉交給目的地運務員簽收。

如續程有他航參與時，UM 家長要在啓程站先行與當地總代理（GSA）聯絡，釐清是否接受及其他注意事項。

structure

範例 14 飛行時間計算（不同一半球）

10 月 25 日 CI-019 於紐約（NYC）15：00 起飛，到達大阪（KIX）為 10 月 26 日 18：15；經過 1 小時 35 分鐘後，也就是 10 月 26 日 19：50 再起飛，於 21：40 抵達臺北。請問實際飛行時間多久？

10 月 25 日仍是夏令時間，紐約為（GMT-4）大阪為（GMT + 9），臺北為（GMT + 8）

解：

1. 紐約起飛時間 15：00 換成 GMT 是 10 月 25 日 19：00（= 15 + 4）
   到達大阪時間 18：15 換成 GMT 是 10 月 26 日 33：15（18：15 − 09：00 + 24：00）
   33：15 − 19：00 = 14：15（實際飛行時間）
2. 大阪 10 月 26 日 19：50 再起飛換成 GMT 為 10：50（19：50 − 09：00）
   到達臺北時間為 10 月 26 日 21：40 換成 GMT 為 13：40（21：40 − 08：00）
   13：40 − 10：50 = 2：50（實際飛行時間）
3. 實際飛行時間是 14：15 + 2：50 = 17 小時又 5 分鐘

範例

讓讀者在學習期間搭配相關範例練習，加深觀念與印象。

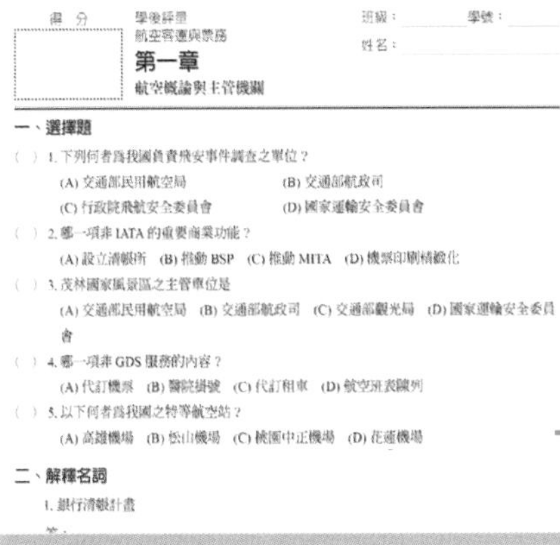

得分

學後評量
航空客運與票務
第一章
航空概論與主管機關

班級：＿＿＿＿ 學號：＿＿＿＿
姓名：＿＿＿＿

一、選擇題

（　）1. 下列何者為我國負責飛安事件調查之單位？
(A) 交通部民用航空局　(B) 交通部航政司
(C) 行政院飛航安全委員會　(D) 國家運輸安全委員會

（　）2. 哪一項非 IATA 的重要商業功能？
(A) 設立清帳所　(B) 推動 BSP　(C) 推動 MITA　(D) 機票印刷精緻化

（　）3. 茂林國家風景區之主管單位是
(A) 交通部民用航空局　(B) 交通部航政司　(C) 交通部觀光局　(D) 國家運輸安全委員會

（　）4. 哪一項非 GDS 服務的內容？
(A) 代訂機票　(B) 醫院掛號　(C) 代訂租車　(D) 航空班表陳列

（　）5. 以下何者為我國之特等航空站？
(A) 高雄機場　(B) 松山機場　(C) 桃園中正機場　(D) 花蓮機場

二、解釋名詞

1. 銀行清帳計畫

章後習題

蒐羅導遊考試等重要試題，可供讀者考取證照。

圖表化解說

「圖」解複雜航程、航向及票價計算；「表」示重要數據及複雜內容，以利讀者釐清觀念。

（三）我國各航空公司飛機擁有數量

航空器依普通分類法（從外觀分類）可分為三類：使用噴射引擎的為「噴射機」，裝具螺旋槳的是「螺旋槳飛機」，而頭上頂個大風扇

表 1-1 中華民國國籍航空器

公司名稱	機型		
中華航空	B747-400	B-18210	B-18211
	B737-800	B-18610	B-18612
		B-18651	B-18652
		B-18656	B-18657
		B-18660	B-18661
		B-18665	B-18666
	A330-300	B-18301	B-18302
		B-18306	B-18307
		B-18310	B-18351
		B-18352	B-18315
		B-18353	B-18355
		B-18358	B-18359
	A350-900	B-18901	B-18902
		B-18906	B-18907
		B-18910	B-18912
		B-18917	B-18918
	B747-400F	B-18701	B-18702
		B-18706	B-18707
		B-18710	B-18711
		B-18716	B-18717
		B-18720	B-18721
		B-18725	
	B777-300ER	B-18051	B-18052
		B-18001	B-18002
		B-18006	B-18007

（續下頁）

（二）來回行程機票（RT, Round Trip）

「來回行程」機票（RT）簡稱「來回機票」，指啟程點與終點同一點，只有二個票價構成段，向外行程（out bound）與返回行程（in bound）之票價一樣。例如：TPE-HKG-TPE 或 TPE-HKG-BKK-HKG-TPE。

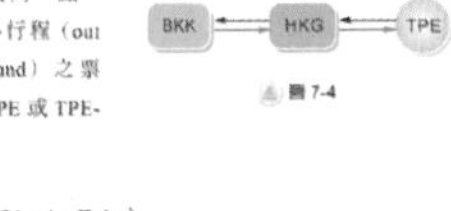

圖 7-4

（三）環狀行程機票（CT, Circle Trip）

「環狀行程機票」（CT）指啟程點與終點同一點，二個或二個以上票價構成段，向外行程（out bound）與返回行程（in bound）票價不一樣。例如：TPE-HKG-BKK-SIN-KUL-TPE

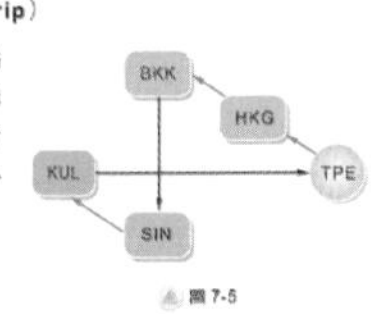

圖 7-5

（四）開口行程機票（OJ, Open Jaw trip）

「開口行程」機票（OJ）指啟程點與終點不同一點，向外行程（out bound）與返回行程（in bound）不一樣，可分為以下三種類型：

1. 終點單開口行程
   例如：TPE-HKG-BKK//SIN-HKG-TPE（單開口行程）。

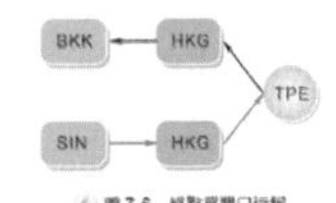

圖 7-6 終點單開口行程

1 基礎篇

航空客運

第一章 航空概論與主管機關

第一節 民航組織

第二節 MITA、SITA & GDS

第三節 民航及觀光主管機關

本章主要介紹國際民航組織 (ICAO) 及國際航空運輸協會 (IATA)。IATA 的商業功能及其附屬組織，主導全球民航的運作，其中 MITA 及 SITA 與航空公司及旅行社的關係更是密不可分。

我國主要民航及觀光主管機關有交通部民用航空局、飛航安全調查委員會及觀光局，在國際民航組織法規下訂定我國內部之相關法規，同學準備考試時，應至各機關網站查詢最新規定。

第一節 民航組織

一、國際民航組織

（一）成立起源

美國於 1944 年邀集 52 個國家，在芝加哥簽訂「芝加哥協議」，並於 1945 年成立「國際民航組織」(ICAO, International Civil Aviation Organization)，爲各國官方單位（如民航局）所組成，是聯合國屬下專責管理和發展國際民航事務的機構。我國 1971 年退出 ICAO 後即被中國取代，2013 年 9 月 27 日臺灣以「特邀貴賓」身分重返 ICAO 會議。

（二）成立之宗旨與目的

發展國際航空之原則及技術，並促成國際空中運輸的規劃及發展，俾達成：

1. 確保全球的民航事業獲得成長。
2. 確保各國在機會均等原則下經營國際民航業務。
3. 鼓勵各國爲和平用途改進航空器的性能與使用。
4. 滿足全球人民對航空運輸獲得安全與經濟的使用。
5. 鼓勵各國營建航路、航站及助航設施。
6. 避免各國際民航間的惡性競爭。
7. 避免各國間的差別待遇。
8. 飛航情報區的劃定，促進國際民用航空的飛航安全。
9. 促進各國和平交換空中通過權。
10. 促進國際民航業務的全面發展。

二、國際航空運輸協會

（一）介紹

國際航空運輸協會（簡稱國際航協）(IATA, International Air Transport Association)，主要功能爲提供航空公司間合作平臺，以「提升安全可靠的航空服務」爲宗旨，並負責訂定航空運輸之票價及規則。

國際航協組織爲航空運輸業的民間組織，會員分爲「航空公司」、「旅行社」、「貨運代理」及「組織結盟」等四類。

國際航協之會員來自146國的航空公司，IATA協會會員分爲兩種，一爲正會員 (Active member)，即經營定期國際航線航空公司；另一種爲準會員 (Associate member)，以經營定期國內航線航空公司或包機公司爲主，至目前已有293個會員。我國目前已爲會員的航空公司有：中華航空公司、長榮航空公司、華信航空公司、立榮航空公司、星宇航空公司。

（二）國際航協的願景與使命

1. 願景：著力於創造價值、安全、可靠、有利的嶄新航空業，並持續的爲全球謀福利。
2. 使命：代表、領導和服務航空業。
   (1) 代表航空業：提高航空運輸政府管理部門理解，認識航空業給國家和全球經濟帶來的好處。維護全球各地航空業的利益，挑戰不合理的規則和收費制度及作出說明，並爭取合理的調整。
   (2) 領導航空業：近70年來，開發及建立航空業的全球商業標準。協助航空業通過簡化流程、降低成本和提高效率，同時增加乘客便利。
   (3) 服務航空業：使航空公司在明確定義的規則下，安全、有效、經濟運行，並向所有業者與產品，提供專家服務和專業支援。

三、國際航協的重要商業功能

1. 多邊聯運協定 (MITA, Multilateral Interline Traffic Agreements)：協定中最重要的內容就是客票、行李運送與貨運提單格式及程序的標準化。
2. 票價會議 (Tariff Conference)：制定客運票價、貨運費率、及訂定票價結構規則 (Fare Construction Rules)。
3. 訂定票價結構規則 (Fare Construction Rules)：訂定以哩程作爲基礎的票價計算規則，稱爲哩程系統 (Mileage System)。
4. 訂定統一的分帳規則 (Proration Rules)：各聯運航空公司將總票款，按一定的公式，分攤在所有航段上。
5. 清帳所 (Clearing House)：設立於倫敦，將所有航空公司的清帳工作，彙集在國際航協清帳所。

6. 銀行清帳計畫（BSP, Billing and Settlement Plan；舊稱 Bank Settlement Plan）：各航空公司會員與旅行社會員之中介機構，主要在簡化銷售、結報、清帳、票務管理等方面的程序，使業者的作業更具效率。
7. 推動電子無紙化：除了電子機票外，推動電子雜項文件 (EMD)（如：MCO、PTA、FIM、MPD 等）及貨運提單 (AWB, Air Waybill) 電子化。

四、組織任務

1. 實施分段聯運空運，使一票通行全世界。
2. 訂定客貨運價，防止彼此惡性競爭、壟斷。
3. 訂定運輸規則、條件。
4. 制定運輸之結算辦法。
5. 制定代理商規則。
6. 訂定航空時刻表。
7. 建立各種業務的標準作業程序。
8. 協調相互利用裝備並提供新資訊。
9. 確保決議的確實執行。

五、美國聯邦航空署[1]

美國聯邦航空署 (FAA, Federal Aviation Administration) 負責美國所有民航業務及客貨運的督導，訂定有關民航機的飛航標準，凡是有關民航機的飛航標準，民航機的設計、製造等都有嚴格規定；另外，也負責檢查美國境內每架民航機之飛航性能、執照核發，新機種在問世之前，必須先獲得機型執照；由於美國強大國力及商機，全球飛行於美國航線的飛機，亦比照美國訂定之標準辦理。

FAA 制定飛行員的資格、飛機維修人員資格證照和檢驗的標準。FAA 也負責飛航管制臺及飛航輔助設施的操作，同時對其所設立的航線系統之交通流量加以限定：每兩架飛行中的飛機必須相互保持 4.8 公里距離，與相互間有 305 公尺以上的高度差。

---

1 資料來源：http://www.faa.gov。

第二節 MITA、SITA & GDS

一、MITA & BCTA

（一）多邊聯運協定 (MITA, Multilateral Interline Traffic Agreements)

在 IATA 體系下，航空公司加入多邊聯運協定後，可互相接受對方的機票或貨運提單，即同意接受對方的旅客與貨物。因此，協定中最重要的內容就是客票、行李運送與貨運提單格式及程序的標準化（圖 1-1）。

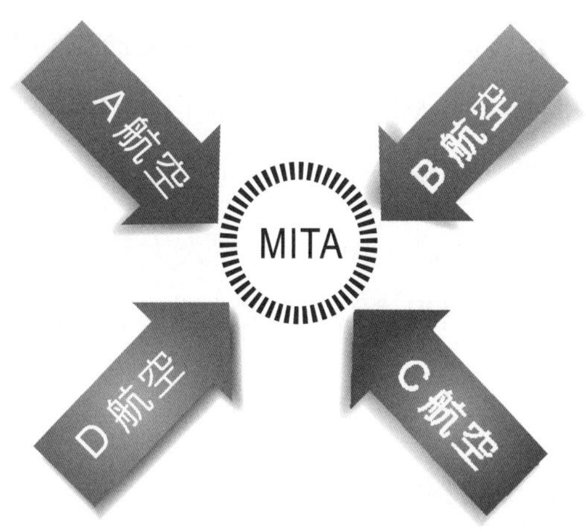

圖 1-1　多邊聯運協定 (MITA) 架構

（二）雙邊清帳合約 (BCTA, Bilateral Clearing Traffic Agreements)

航空公司中有未能加入 MITA 者，與其他航空公司訂立雙邊清帳合約，以利接受對方開立的機票及客貨等，並依 IATA 票務規則及聯運清帳（圖 1-2）。

圖 1-2　雙邊清帳合約（BCTA）架構

二、SITA[2]

國際航空電訊協會(SITA, Société Internationale de Télécommunications Aéronautiques)屬於國際航空運輸協會(IATA)成員之一，是一家跨國資訊科技技術公司，總部設在日內瓦(Geneva)，專門提供航空業資訊科技技術和電信服務。

SITA建構全球涵蓋最廣的網絡，是航空運輸通訊與資訊科技解決方案的全球頂尖專家，爲航空公司、機場、全球訂位系統(GDS)、政府與其他顧客，提供管理業務解決方案，形成全球航空運輸業的通訊骨幹。

SITA的業務內容包含管理全球通訊、基礎架構與外包服務，並爲航空公司提供票務資訊、商業管理服務，以及航班運作、飛機運作與空對地通訊、機場管理與營運、乘客營運、行李處理、運輸安全、邊境管理與貨物處理等。

SITA全球客服團隊成員超過2,100人，投入大量資源以提供最頂級的客戶服務，旗下的通訊與資訊科技應用程式服務，完全整合當地與全球資源。

（一）SITA主要子公司

1. SITA ONAIR：機上連線服務的主要供應商。
2. CHAMP Cargo systems：全球唯一專門經營有關飛機貨物業務的資訊科技公司。

（二）SITA主要合資企業

1. Aviareto：提供航空運輸業者飛機資產管理服務。
2. CertiPath：經營電子身分證的安全管理業務爲航空運輸業者提供服務。

SITA完整的票務程式及資訊，讓航空公司及旅行社票務人員依賴日深，利用鍵盤及指令迅速完成開票作業，但若不瞭解票價基礎理論，可能無法精準掌握票價是否爲最低組合。

---

2 資料來源：http://www.sita.aero。

三、GDS

（一）何謂 GDS

「全球訂位通路系統」或「航空公司、機場、全球分銷系統」(GDS, Global Distribution System)，是應用於民航運輸及整個旅遊業的電腦資訊服務系統。通過 GDS，遍及全球的旅遊銷售機構，可以及時地從航空公司、旅館、租車公司、旅遊公司，獲取大量與旅遊相關的資訊，從而提供顧客快捷、便利、可靠的服務。

（二）GDS 服務內容

GDS 服務內容有：班表 / 票價陳列 (Schedule/Fare Display)、訂位 (Reservation)、開票 (Ticketing)、資訊系統 (Information System)（圖 1-3）。

旅行社從業人員可以藉著 GDS，幫客人預訂全球大部分航空公司的機位、旅館及租車，另有關旅遊的服務（如：旅遊地點的安排、保險、郵輪甚至火車等），也都可以透過 GDS 直接訂位，還可以直接取得全世界各地旅遊相關資訊，包括航空公司的班表，旅館、租車公司、機場的設施、轉機的時間、機場稅、簽證、護照、檢疫、信用卡查詢、超重行李計費等資訊；GDS 系統已成爲旅遊從業人員所必備的工具，也是航空公司、飯店業者及租車業者的主要銷售通路。

目前在國際上主要有四大 GDS 分銷商，包括 Amadeus、Galileo、Sabre 及 Worldspan 四大系統，而在臺灣市場較爲行業所熟知的 Abacus，其技術支持源自於 Sabre。

圖 1-3　GDS 服務內容

第三節 民航及觀光主管機關

一、交通部民用航空局

（一）組織編制概況

交通部民用航空局的單位有企劃、空運、飛航標準、飛航管制、場站、助航及供應等 7 組及資訊、秘書、主計、人事、政風等 5 室。局屬機關則有：

1. 航空站：桃園國際航空站 1 個特等航空站（已改爲桃園國際機場股份有限公司）、臺北（松山）及高雄國際航空站等 2 個甲等航空站，以及花蓮、馬公、臺南、臺東等 4 個乙等航空站與臺中、金門、嘉義等 3 個丙等航空站及蘭嶼、綠島、七美、望安、南竿、北竿、屏東、恆春等 8 個丁等航空站。
2. 飛航服務總臺。
3. 民航人員訓練所。
4. 任務編組單位：機場擴建工程處、飛航管制聯合協調中心、桃園航空客貨運園區開發中心。
5. 接受指揮監督單位：航空警察局、航空醫務中心、財團法人航空器設計製造適航驗證中心。

（二）任務與職掌

1. 民航事業發展及民航科技之規劃與政策之擬訂事項。
2. 國際民航規劃、國際民航組織及國際民航合作之聯繫、協商與推動事項。
3. 民用航空業之管理督導及航空器之登記管理事項。
4. 飛航標準之釐訂、飛航安全之策劃與督導、航空器失事之調查及航空人員之訓練與管理事項。
5. 航空通訊、氣象及飛航管制之規劃、督導與查核事項。
6. 民航場站及助航設施之規劃、建設事項。
7. 軍、民航管制之空域運用及助航設施之協調聯繫事項。
8. 民航設施器材之籌補、供應、管理及航空器與器材入出口證照之審核事項。
9. 民航資訊系統之整體規劃、協調與推動及電腦設備之操作、維護與管理事項。
10. 航空器及其各項裝備、零組件之設計、製造、維修、組裝過程與其產品及航空器製造廠、維修廠、所之檢定、驗證事項。
11. 其他有關民航事項。

（三）我國各航空公司飛機擁有數量

航空器依普通分類法（從外觀分類）可分爲三類：使用噴射引擎的爲「噴射機」，裝具螺旋槳的是「螺旋槳飛機」，而頭上頂個大風扇的稱爲「直昇機」（表 1-1）。

表 1-1 中華民國國籍航空器統計

公司名稱	現有數量（機型及國籍編號）					小計
	機型	編號				
中華航空	B737-800	B-18610	B-18612	B-18615	B-18617	89
		B-18651	B-18652	B-18653	B-18655	
		B-18656	B-18657	B-18658	B-18659	
		B-18660	B-18661	B-18662	B-18663	
		B-18665	B-18666	B-18667		
	A330-300	B-18301	B-18302	B-18303	B-18305	
		B-18306	B-18307	B-18308	B-18309	
		B-18310	B-18351	B-18311		
		B-18352	B-18315	B-18316	B-18317	
		B-18353	B-18355	B-18356	B-18357	
		B-18358	B-18359	B-18360	B-18361	
	A350-900	B-18901	B-18902	B-18903	B-18905	
		B-18906	B-18907	B-18908	B-18909	
		B-18910	B-18912	B-18915	B-18916	
		B-18917	B-18918			
	B747-400F	B-18701	B-18702	B-18703	B-18706	
		B-18707	B-18708	B-18709	B-18710	
		B-18711	B-18712	B-18715	B-18716	
		B-18717	B-18718	B-18719	B-18720	
		B-18721	B-18722	B-18723	B-18725	
	B777-300ER	B-18051	B-18052	B-18053	B-18055	
		B-18001	B-18002	B-18003	B-18005	
		B-18006	B-18007			
	B777F	B-18771	B-18772	B-18773		

（續下頁）

（承上頁）

公司名稱	現有數量（機型及國籍編號）					小計
	機型	編號				
長榮航空	B777-300ER	B-16703	B-16705	B-16706	B-16707	88
		B-16708	B-16709	B-16710	B-16711	
		B-16712	B-16713	B-16715	B-16716	
		B-16718	B-16719	B-16720	B-16721	
		B-16722	B-16723	B-16725	B-16726	
		B-16727	B-16728	B-16729	B-16730	
		B-16731	B-16732	B-16733	B-16735	
		B-16736	B-16737	B-16738	B-16739	
		B-16740	B-16717			
	A321-211	B-16201	B-16202	B-16203	B-16205	
		B-16206	B-16207	B-16208	B-16211	
		B-16212	B-16213	B-16215	B-16216	
		B-16217	B-16218	B-16219	B-16220	
		B-16221	B-16222	B-16223	B-16225	
		B-16226	B-16227			
	A330-200	B-16310	B-16311	B-16312		
	A330-300	B-16331	B-16332	B-16333	B-16335	
		B-16336	B-16337	B-16338	B-16339	
		B-16340				
	B777F	B-16781	B-16782	B-16783	B-16785	
		B-16786				
	B787-9	B-17881	B-17882	B-17883	B-17885	
	B-787-10	B-17801	B-17802	B-17803	B-17805	
		B-17806	B-17807			
	A318-112	B-55411	B-77777			
	A319-115	B-54111				
	A319-133	B-00777				
	G280	B-66666				

（續下頁）

（承上頁）

公司名稱	現有數量（機型及國籍編號）					小計
	機型	編號				
立榮航空	A321-211	B-16209	B-16210			17
	ATR72-212A	B-17001	B-17002	B-17003	B-17005	
		B-17006	B-17007	B-17008	B-17009	
		B-17010	B-17011	B-17012	B-17013	
		B-17015	B-17016	B-17017		
華信航空	E-190AR	B-16822	B-16823	B-16827	B-16828	14
		B-16829				
	ATR72-212A	B-16851	B-16852	B-16853	B-16855	
		B-16856	B-16857	B-16858	B-16859	
		B-16860				
臺灣虎航	A320-232	B-50001	B-50003	B-50005	B-50006	11
		B-50007	B-50008	B-50011	B-50015	
		B-50016	B-50017	B-50018		
星宇航空	A321-252NX	B-58201	B-58202	B-58203	B-58204	4
德安航空	BK-117B-2	B-55507	B-55509			6
	DHC6- Series 400	B-55573	B-55577	B-55575	B-55571	
中興航空	Hawker 400xp	B-77701				1
凌天航空	BELL-206B3	B-31118	B-31109	B-31169		6
	AW169	B-16979	B-16928	B-16988		
大鵬航空	BN2T	B-68808				1
漢翔工業	ASTRA-SPX	B-20001				1
群鷹翔國土資源航空	BN-2A-26	B-69832	B-69896			2
民用航空局	BEECH-350	B-00101				1
華捷商務航空	GV-SP	B-99888	B-90609			3
	GVI(G650ER)	B-99988				

（續下頁）

（承上頁）

公司名稱	現有數量（機型及國籍編號）					小計
	機型	編號				
飛特立航空	400A	B-95995				6
	BD-700-1A10	B-96999				
	BD-700-1A11	B-99998				
	GVI(G650ER)	B-88322				
	EMB-505	B-95119				
	GVI(G650ER)	B-56789				
前進航空	208B	B-23062	B-23063			2
臺東縣政府	M-105	B-00001				8
	M-120	B-00002	B-00011	B-00006		
	F-26	B-00003				
	C-90	B-00008				
	Z-160	B-00009				
	STANDING BEAR 105	B-00012				
安捷飛航訓練中心股份有限公司	DA 40 NG	B-88001	B-88002	B-88003	B-88005	8
		B-88006	B-88007			
	DA 42 NG	B-89001	B-89002			
天際航空	M-120	B-12011	B-12029	B-00005		7
		B-00007				
	Z-90	B-20156				
	N-180	B-18029				
	F-36	B-10411				
亞太創意學院	M-77	B-88888				1
鹿溪管理顧問股份有限公司	Z-120	B-67988	B-79001			3
	Z-140	B-79002				
飛聖航空	BD-700-1A10	B-95959				2
	BD-700-1A11	B-98888				

（續下頁）

（承上頁）

公司名稱	現有數量（機型及國籍編號）					小計
	機型	編號				
自強航空	BN-2B-20	B-68802				2
	P68C-TC	B-77709				
總計						283

資料來源：交通部民航局網站及統計資料。

機型說明：

B：代表波音公司生產

A：代表空中巴士公司生產

F：代表貨機

ER（Extended Range）：主要增加了油箱容量和把最大起飛重量提升及增加航程公里

SF（Special Freighter）：特訂貨機

二、飛航安全調查委員會

（一）組織

行政院依民國 87 年 3 月 23 日發布之「航空器飛航安全委員會組織規程」，設立「航空器飛航安全委員會」，民國 90 年 5 月 23 日發布「行政院飛航安全委員會組織規程」，更名爲「行政院飛航安全委員會」，爲有效發揮調查機關所需具備之獨立性及公信力，並配合政府組織再造計畫，101 年 5 月 20 日「飛航安全調查委員會」正式成爲獨立機關。

飛航安全調查委員會置委員 5 人至 7 人，由行政院院長任命適當人員兼任，任期 3 年，並指定其中一人爲主任委員綜理會務，並指揮、監督所屬人員，對外代表該會；一人爲副主任委員，襄助主任委員處理會務。飛航安全調查委員會下設事故調查組、飛航安全組、調查實驗室及秘書室。

（二）飛航安全調查委員會掌理業務[3]

1. 飛航事故之通報處理、調查、鑑定原因、調查報告及飛航安全改善建議之提出。
2. 國內、外飛航事故調查組織與飛航安全組織之協調及聯繫。
3. 飛航事故趨勢分析、飛航安全改善建議之執行追蹤、調查工作之研究發展及重大影響飛航安全事件之專案研究。
4. 飛航事故調查技術之能量建立、飛航紀錄器解讀及航機性能分析。
5. 飛航事故調查法令之擬訂、修正及廢止。
6. 其他有關飛航事故之調查事項。

三、交通部觀光局[4]

（一）組織

目前該局下設：企劃、業務、技術、國際、國民旅遊等 5 組，及秘書、人事、會計、政風等 4 室。爲加強來華及出國觀光旅客之服務，先後設立以下旅客服務中心，及臺中、臺南、高雄服務處。

1. 臺灣桃園國際機場旅客服務中心。
2. 高雄國際機場旅客服務中心。
3. 臺北設立觀光局旅遊服務中心。

另爲直接開發及管理國家級風景特定區觀光資源，成立以下 13 個風景區管理處：

1. 東北角暨宜蘭海岸國家風景區管理處。
2. 東部海岸國家風景區管理處。
3. 澎湖國家風景區管理處。
4. 大鵬灣國家風景區管理處。
5. 花東縱谷國家風景區管理處。
6. 馬祖國家風景區管理處。
7. 日月潭國家風景區管理處。

---

3 資料來源：飛航安全調查委員會網站。

4 資料來源：交通部觀光局網站。

8. 參山國家風景區管理處。
9. 阿里山國家風景區管理處。
10. 茂林國家風景區管理處。
11. 北海岸及觀音山國家風景區管理處。
12. 雲嘉南濱海國家風景區管理處。
13. 西拉雅國家風景區管理處。

交通部觀光局為輔導旅館業及建立完整體系，設立「旅館業查報督導中心」；為辦理國際觀光推廣業務，陸續在舊金山、東京、法蘭克福、紐約、新加坡、吉隆坡、首爾、香港、大阪、洛杉磯、北京、上海等地設置駐外辦事處。

（二）業務職掌

1. 觀光事業之規劃、輔導及推動事項。
2. 國民及外國旅客在國內旅遊活動之輔導事項。
3. 民間投資觀光事業之輔導及獎勵事項。
4. 觀光旅館、旅行業及導遊人員證照之核發與管理事項。
5. 觀光從業人員之培育、訓練、督導及考核事項。
6. 天然及文化觀光資源之調查與規劃事項。
7. 觀光地區名勝、古蹟之維護，及風景特定區之開發、管理事項。
8. 觀光旅館設備標準之審核事項。
9. 地方觀光事業及觀光社團之輔導，與觀光環境之督促改進事項。
10. 國際觀光組織及國際觀光合作計畫之聯繫與推動事項。
11. 觀光市場之調查及研究事項。
12. 國內外觀光宣傳事項。
13. 其他有關觀光事項。

NOTE

第二章 航空公司組織與產業

第一節 航空公司業務與組織

第二節 產業之關聯性

本章主要在說明航空公司主要業務內容、組織架構及各處室之職掌。另將其相關的上、中、下游產業簡單介紹，航空公司載客量增加，其他相關產業亦將受惠。

第一節 航空公司業務與組織

一、業務主要內容

一般人對航空公司的營業內容，總以爲載運旅客及貨物，其實它的營業項目及範圍非常廣泛，且有擴大趨勢，茲簡述其主要內容如下：

1. 客運、貨運、郵運等。
2. 空運業務代理，包括營業、運務、維修等。
3. 水利觀測、海上救護、空中照相、漁群搜索、農藥散佈等。
4. 飛機修護及車輛修護等。
5. 航空電腦作業承攬。
6. 空中廚房業務之經營。
7. 飛機設備之銷售。
8. 飛機之出租及銷售。
9. 有關航空雜誌之發行。
10. 飛航訓練器材維修業務。

二、組織與各主要部門

圖 2-1 爲航空公司的組織圖，主要部門如下：

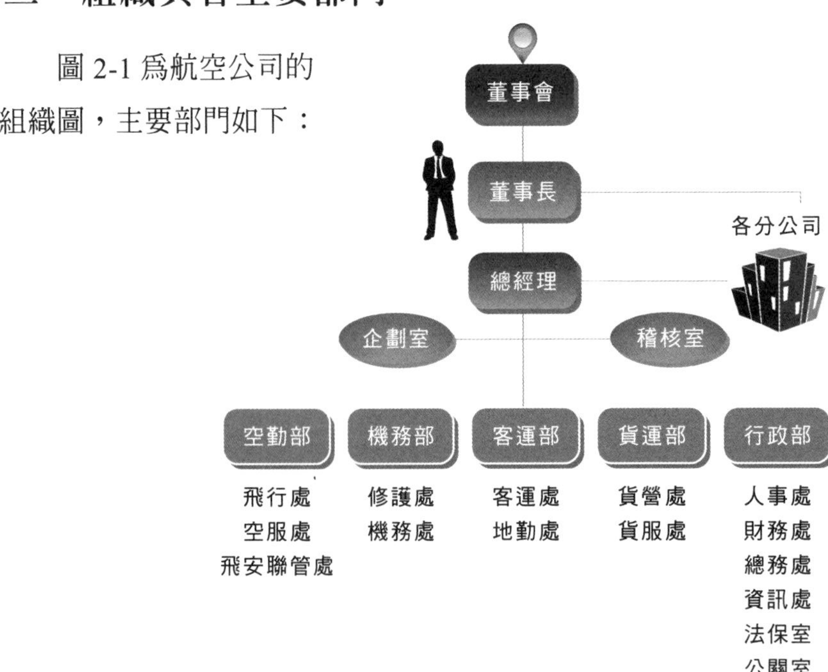

圖 2-1 航空公司組織圖

1. 空勤部：含飛行處、空服處、飛安聯管處
2. 機務部：修護處、機務處
3. 客運部：客運處、地勤處
4. 貨運部：貨營處、貨服處
5. 行政部：人事處、財務處、總務處、資訊處、法保室、公關室
6. 幕僚單位：稽核室、企劃室
7. 各分公司

各處室職掌如下：

1. 飛行處：負責飛行組員培訓與管理、航空保安教育訓練、執行調查飛安事件、航機簽派等業務。
2. 空服處：負責空服員之調派管理與訓練、規劃空中用品、機售商品之供應等業務。
3. 飛安聯管處：負責航機簽派作業等。
4. 修護處：負責航機維修執行。
5. 機務處：負責航材補給管理、訓練計畫之建立與規劃。
6. 客運處：負責督導全線客運營業等業務。
7. 地勤處：負責制訂地勤服務作業計畫與執行等。
8. 貨營處：督導全線貨運營業之業務。
9. 貨服處：貨運服務及作業標準。
10. 人事處：公司組織與人力資源規劃等業務。
11. 財務處：負責規劃公司資金管理運用、投資業務控管。
12. 總務處：負責辦理總務採購、秘書業務以及總收發文、督導環安、地安、勞安等業務。
13. 資訊處：結合資訊科技與業務知識，推動公司資訊化。
14. 法保室：負責審查公司各項對外合約與契約、訴訟及保險事宜。
15. 公關室：策訂公司形象、促銷廣告策略等。
16. 稽核室：負責稽核內部控制制度、年度業務計畫執行成效。

航機飛行前是由誰同意放行的呢？

是由航務處或飛行處所屬簽派中心簽派員同意簽放，其中簽派員必須擁有證照及檢定，簽派員之任務有：

1. 飛航組員指派。
2. 裝載計畫。
3. 選定航空器航路。
4. 飛航計畫。
5. 航機維護簽放。
6. 載重平衡。
7. 飛行監視。

17. 企劃室：負責公司中長程經營策略規劃、機隊計畫以及年度計畫、飛機購售等業務。
18. 各分公司：開發及推廣各分公司客貨運營業。

第二節 產業之關聯性

航空運輸服務業係以提供客、貨運輸服務爲主要內容，而其營運有賴上、中、下游各相關產業的支援及配合才得以提供完善的服務流程並滿足客戶需求。

航空公司之上、中、下游各產業關聯性[1]，如圖 2-2 所示。

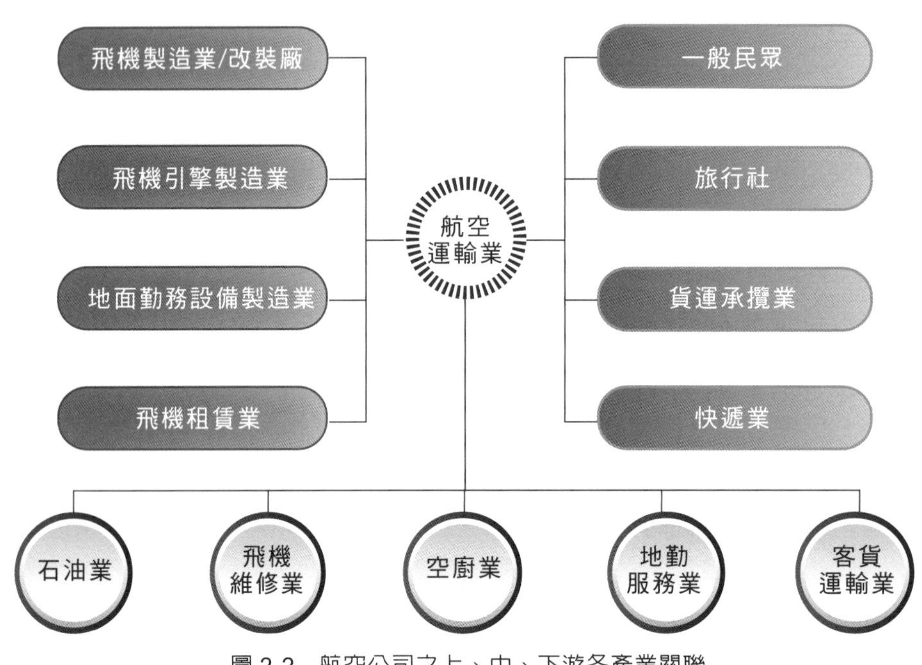

圖 2-2 航空公司之上、中、下游各產業關聯

（一）上游產業

1. 飛機製造業及改裝廠：飛機製造廠商，例如：美國的波音及法國的空中巴士。
2. 飛機引擎製造業：世界主要的飛機發動機製造商爲奇異、普惠、勞斯萊斯等。
3. 地面勤務設備製造業：機坪作業所需牽引車輛及相關機具設備，均屬於地面勤務設備。
4. 飛機租賃業：飛機租賃業者亦爲航空運輸業之上游業者。

1 資料來源：長榮航空公司公開說明書。

（二）中游產業

1. 石油業：為穩定燃油成本，航空公司須與世界主要燃油供應商簽訂長期合約。
2. 飛機維修業：飛機定期及不定期（緊急或特殊情況）檢查、保養及維修與飛航品質及安全息息相關。
3. 空廚業：餐點為飛航品質重要之一環，皆慎選當地合格空廚業者負責相關業務。
4. 地勤服務業：地勤服務為機場整體作業中之一環，國外場站則將不同地勤項目委託國際同業，或當地機場專業地勤公司代理。
5. 客貨運輸業：負責飛航、空服人員，往返機場間的接駁運輸作業。

（三）下游產業

1. 一般民眾：商務或觀光旅客。
2. 旅行社：航空公司與旅行社搭配共同行銷。
3. 貨運承攬業：包括進口貨運、出口貨運、轉口貨運，以及航空貨櫃、報關業務。
4. 快遞業：陸上快遞公司與空運運輸服務相互結合，以提供更便捷之服務，如：Federal Express、DHL、UPS。

NOTE

第三章 航空公司特性與分類

本章主要在介紹航空公司 16 項特性及 8 種類型，同學閱後可對航空公司有進一步認識，將來至業界工作與航空公司接觸，可迅速瞭解其屬性。

第一節 航空公司的特性

從每次空服員及機師招考，僧多粥少，非常競爭，錄取率很低，可知航空業的魅力及特殊，從下述特性中可瞭解其一。

1. 國際性：航空公司之空服、航務、運務、修護、營運、票務、清帳、電腦資訊與保險等業務，皆須與國際接軌，故各國語言使用及交流，皆爲高度國際性。
2. 專業性：航空公司之修護、機師、業務、機票清帳、資訊維護及安全管理皆屬高度專業職場知識與技能，很多在學校無法學到，需要實際在航空公司工作多年後，才能獲得。
3. 可變性：航空公司就旅客擬定的商品（或行程）中，給予充分的資訊與說明。但有可能因時、因地或因事或人力不能抗拒的環境下，不得不改變服務的內容，遂產生服務的可變性 (Variability)，如颱風或航機機械故障，皆須立即應變。
4. 永續性：航空公司爲永續經營，皆需大量投入資金維修與更新機型，多元化的行銷與營運，尋求獲利。
5. 競爭性：航空公司爲採用各式各樣票價與服務，吸引旅客，除需面對本國航空公司，更需面對外國航空競爭，尤其是廉價航空興盛後，航空公司間的激烈競爭是屬必然。
6. 服務性：航空公司乃服務業之一種，故服務業的許多特性爲航空公司所共同具備。航空公司亦含有公共服務性，因運輸事業係一公共服務事業，服務對象爲社會大眾，所產生的效益與民生、經濟及國防有密切的關係，空中服務人員形象及態度更是航空公司競爭一大特色。
7. 季節性：航空公司營運深受季節性影響，即淡季與旺季。主要原因有觀光資源國家的自然氣候、制度上的因素如學校寒暑假，以及旅遊地特殊景色或節慶帶來觀光需求，而無法平均的分配於全年各月份，所以營運需求有其季節性。
8. 整體性：航空公司的營運代表一個國家整體經濟力的表現，其產業亦創造上下游產業興盛及就業機會，改善國際收支平衡，促進國際貿易，增加國民所得及政府稅收，提高人文、自然資源的附加價值。
9. 替代性：國外旅行的交通，目前唯有海洋運輸可替代航空運輸，雖然交通費可減少許多，但在分秒必爭的今日，就時間與方便性來考量，節省的金錢，仍抵不上搭乘飛機所省下的時間成本，因此海運客貨輪運輸替代性較小。

10. 障礙性：航空公司的經營障礙，可就「進入市場的障礙」與「退出市場的障礙」兩個面向說明。

(1) 進入市場的障礙

- 航空業為資本密集和勞力密集的產業，經營具規模經濟：飛機、廠房、航站設施、機組與修護以及其他後勤人員之相關訓練調派等（圖 3-1），在在都需要大筆資金的投資，若未經審慎評估與規劃而貿然投入經營，從籌集資金開始到實際投資與經營時，往往不易獲致效率。

圖 3-1　華航空服訓練設備

- 受政府政策及航權之限制：政府部門對航空業發展的政策（如：只有特許少數幾家公司的經營，到完全開放互相競爭的方式、航線的規劃與分配、機場設施建設與使用權的核准，還有針對特殊政策所要求的規定等）皆對航空業的投資經營有很大的影響。

  例如：對國際航線的部分，由於牽涉國家主權，常須由政府部門先行與外國達成航權的協定，再進行分配；或是由航空公司對航空公司的方式，以航權交換的協定，來開闢新航路。

- 既有業者之威脅：既有業者已經進入市場經營多年，一般而言，其市場占有之情況已經相當固定，而且常投資上下游相關產業多角化經營，以相對降低經營之成本與風險，新加入者若無法在成立時，即已形成一相當規模的經營，並以強勢行銷迅速打入市場獲致占有率，則相當難有生存空間。

(2) 退出市場的障礙

- 固定成本高，飛航設備不易處分：原有航空業者欲退出經營時，飛機、廠房人員之處理與遣散，會由於當初的高額投資成本，而使得處理時不易達成。尤其是飛機的部分，由於飛機本身的單價甚高，能否找到願意承接的同業，或是否能獲得所期望的理想價格，相當程度的影響其處分結果。
- 牽涉上下游相關產業：一家航空業者欲退出市場，除了該業者本身之員工安置問題，也因爲市場的分配態勢發生變化，上下相關產業連帶受到衝擊，且影響消費者權益甚大，造成市場不安，不只是單一業者本身的問題而已（圖 3-2）。

圖 3-2　航空業所牽涉到的上下游產業影響很大。

11. 高資本性：航空公司資本額動輒以數十億至數百億，每架飛機成本皆數億元，並非一般企業所能經營。
12. 高風險性：航空公司除有飛安、航線拓展不易及國際恐怖攻擊之風險性外，由於其資產及人力皆屬高成本，費用有時無法自我控管（如油價），營運若欠佳，將立即造成資金缺口，導致倒閉。
13. 景氣影響性：經濟良好，商業往來興盛，人民所得增長，才有餘力出國，若遇景氣欠佳或傳染病的影響，如 2020 年新冠肺炎期間人民不敢搭機，對航空公司的營運造成很大壓力。

14. 無法儲存性：航空公司之艙位出售，特質上屬無法儲存性 (Perishable)，可謂服務的不可觸摸性 (Intangible Nature of the Service)。
15. 不可分割性：航空公司的各部門運作皆環環相扣，所有的作業程序皆須依照標準作業流程 (Standard Operation Procedures, SOP)。
16. 高度管制性：各國爲維護主權，傳統上皆管制航空公司負責人或多數股權須爲本國人所有，但目前已有逐漸開放的趨勢。

第二節 航空公司的分類

航空公司是指：以各種航空飛行器爲運輸工具，以空中運輸的方式運載人員或貨物的企業。航空公司使用的飛行器可爲自有，也可以是租賃而來，它們可以獨立提供服務，或者與其它航空公司合夥或者組成聯盟。航空公司的規模，可以從只有一架運輸郵件或貨物的飛機，到擁有數百架飛機，提供各類全球性服務的國際航空公司。航空公司的服務範圍可以分國際的、國內的，也可以分定期航班服務和包機服務。

近年來，各國的廉價航空興起，我國航運的發展從國內原傳統航空公司，興起籌設廉價航空子公司，可見其服務型態已發生變化，如華航的虎航（圖3-3）。

圖 3-3 廉價航空

一、依服務型態區分

航空公司依服務型態，可區分爲「全服務航空公司」及「廉價航空公司」。

1. 全服務航空公司 (Full Service Carriers, FSC)：全服務航空公司需要比較高的營運成本和固定成本來維持其空中服務（如：勞工、燃料、飛機、引擎、資訊處理服務和網路、機場設施、機場處理服務、銷售、飲食、訓練、航空保險等），因此大部分機票收入用來支付許多外部服務企業或內部成本。全服務航空公司如：華航、長榮、聯合 (United)、國泰、新航、日航、泰航等航空公司，多爲大型傳統航空公司。

2. 廉價航空公司 (LCC, Low Cost Carriers)

(1) 廉價航空公司的定義：低成本航空公司英文爲 Budget airlines 或 Low fare[1]and no-frills[2] airlines。Berster and Wilken(2004) 對「低成本航空公司」所下的定義是，某航空公司在其企業營運管理及運作方面上，較大型傳統航空公司，或全服務航空公司更具成本方面的競爭優勢，其經營策略一切以簡單和節省成本爲基本原則[3]。

(2) 廉價航空的優勢：廉價航空的最大優勢，並不是在於它的低票價策略，而是來自於低成本。例如，美國一些區域性航空公司如捷藍 (JetBlue)、西南 (Southwest) 等航空公司。

(3) 廉價航空的特點

- 飛機上沒有提供餐飲，或僅免費供應小點心和飲料，目的爲減少食品採購、製作、運送、保存、裝卸等成本。
- 無退票或退票手續費超高、無客服，減少後勤人力。
- 行李計件或計重額外收費，不提供免費託運行李（圖 3-4）。

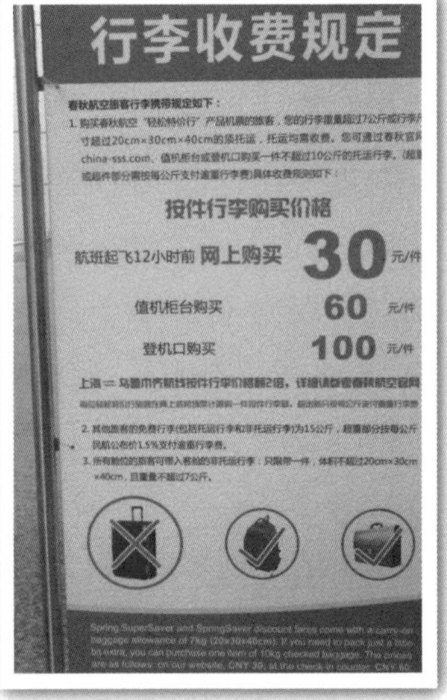

圖 3-4　廉價航空機場櫃檯與行李收費規定

1 Low fare ＝低價。

2 no-frills ＝無額外服務。

3 資料來源：陳明達，2005。

(4) 廉價航空降低成本的方式[4]

- 航線結構簡單，準點率高、省開支，多為點對點航線、短程，或稱為城市對城市航線，類似巴士或捷運。
- 航班密集、機艙座椅密度高，單一走道，以便達到高利用率。
- 使用單一機型（機型少），以便減少飛行員的培訓費用及飛機的維修成本。
- 高頻率、縮短地停時間。
- 在較便宜的次級機場起降、航班只設經濟艙。
- 無轉機服務、須付費服務、自有網站銷售、腹艙不載貨。
- 服務盡量自動化，節約人力成本。
- 開闢熱門路線，直接銷售，減少佣金支出。

二、依飛行範圍區分

航空公司依飛行範圍可區分為「國際航空公司」及「國內航空公司」。

1. 國際航空公司 (International airlines)：飛行兩國之國際航線航空公司屬之。目前我國長榮、華航、星宇、立榮、華信五家航空公司皆有國際線航班，屬於國際航空公司；另有日本航空、泰國航空、紐西蘭航空、馬來西亞航空、國泰航空公司等外國航空公司。
2. 國內航空公司 (Domestic airlines)：飛行該國國內城市的國內航線航空公司屬之，如澳洲之 Qantas Jetstar Airlines、澳洲維珍航空 (Virgin Blue)。

三、依運輸種類區分

航空公司依運送的內容區分為「客運航空公司」及「貨運航空公司」。

1. 客運航空公司 (Passenger airlines)：以載客為主收入，行李或部分貨運收入為輔之航空公司，如國泰航空公司。
2. 貨運航空公司 (Cargo airlines or Airfreight carriers)：以載貨為主收入，其餘收入為輔之航空公司，如聯邦快遞 (FedEx Express) 航空公司。

---

4 資料來源：洪宛萱 , 金燕汝 , 林家慶 ,2010.11, 探討廉價航空通路發展現況之研究—以臺灣地區為調查對象。

四、依班次時間區分

航空公司依班次時間區分爲「定期班機航空公司」及「不定期班機航空公司」。

1. 定期班機航空公司 (Schedule airlines)：班機時刻表固定，含 (1) 航班每週飛行日 (Frequency)、(2) 出發時間 (Departure time)、(3) 抵達時間 (Arrival time)、(4) 起降站 (From/To)、(5) 班號 (Flight number) 等之航空公司。例如：中華航空公司或長榮航空公司（圖 3-5）。

圖 3-5 航空班時刻表

2. 不定期班機航空公司 (Non-Schedule airlines) 或包機公司 (Charter flight airlines)：班機時刻表非固定之航空公司。例如：Aethereal Aviation 或 Wizz Air。

五、依公司規模區分

航空公司依公司規模，區分爲「大型航空公司」及「小型航空公司」。

1. 大型航空公司 (Bigger-scale airlines)：投入資金大且班機、班次較多或機型較大之航空公司。
2. 小型航空公司 (Smaller-scale airlines)：投入資金小且班機、班次較少或機型較小之航空公司。

六、依航行區域區分

航空公司依航行區域，區分爲「越洋航空公司」及「區域航空公司」。此標準是相對比較下，以飛越太平洋或大西洋或由亞洲直飛歐洲等航線來區分。

1. 越洋航空公司 (Transocean airlines)：例如：中華航空、長榮航空。
2. 區域航空公司 (Regional airlines)：例如：華信航空、立榮航空。

七、依營運方式區分

航空公司依營運方式區分爲以「航空公司」或「總代理 (GSA)」方式營運。

1. 航空公司 (Airlines)：例如：新加坡航空公司在臺灣設立分公司，並以新航名義在臺營運及廣告。
2. 總代理 (General Sales Agent, GSA)：GSA 以總代理的方式營運，其本身是旅行社，實質上代理航空公司局部或全部之業務。例如：統領國際運通股份有限公司是捷克航空公司 (Czech Airlines) 之總代理。

> 小知識
>
> **星宇航空公司**
>
> 
>
>
> 前長榮航空股份有限公司董事長張國煒積極籌設「星宇航空公司」，將依政府相關規定申請設立登記，已於 2020 年 1 月正式起飛，以成為國際級一流的航空公司為目標。
>
> 星宇航空第一階段計畫，會率先飛航東南亞，陸續增加東北亞；預計開航 1 年後，開始營運長程線，先飛航美國西部航點。成立後第一個 6 年，機隊規模達 24 架、員工 3500 人；第二個 6 年，機隊預計增加到 50 架、員工 7000 人到 8000 人。
>
> 星宇航空公司提供良好的工作環境，歡迎有志從事航空業的優秀夥伴加入，共同為開創嶄新的航空事業而努力！
>
> 星宇航空地址：臺北市南京東路六段 382 號。

八、依航線到達區分

航空公司依航線到達區分爲「ON-LINE 航空公司」及「OFF-LINE 航空公司」。以飛行至臺灣爲例說明如下：

1. ON-LINE AIRLINES：ON-LINE AIRLINES 指班機飛抵該國之航空公司。例如：馬來西亞航空 (MH)、澳門航空 (NX)、菲律賓航空 (PR)、新加坡航空 (SQ)、泰國航空 (TG)、越南航空 (VN) 等。
2. OFF-LINE AIRLINES：OFF-LINE AIRLINES 指班機未飛抵該國之航空公司。如：阿根廷航空 (AR)、阿拉斯加航空 (AS)、英國航空 (BA)、奧地利航空 (OS) 等。

第三節 目前飛行臺灣的航空公司

大陸直航及開放天空政策，已使更多航空公司進入我國營業，亦使我國觀光產業蓬勃發展，桃園機場已計畫籌建第三航廈，謹簡列各國飛行臺灣之航空公司如表3-1：

表 3-1 飛行臺灣的客運航空公司

航空公司	代號	英文全稱	隸屬
中華航空	CI	China Airlines	中華民國
長榮航空	BR	Eva Airways	
華信航空	AE	Mandarin Airlines	
立榮航空	B7	UNI Airways	
臺灣虎航	IT	Tiger Air	
星宇航空	JX	STARLUX Airlines	
中國國際航空	CA	Air China	中國
中國南方航空	CZ	China Southern Airlines	
上海航空	FM	Shanghai Airlines	
海南航空	HU	Hainan Airlines	
廈門航空	MF	Xiamen Airlines	
中國東方航空	MU	China Eastern Airlines	
山東航空	SC	Shandong Airlines	
深圳航空	ZH	Shenzhen Airlines	
四川航空	3U	Sichuan Airlines	
春秋航空	9C	Spring Airlines	
吉祥航空	HO	Juneyao Airlines	
河北航空	NS	HEBEI AIRLINES	
日本亞細亞航空	EG	Japan Asia Airways	日本
日本航空	JL	Japan Airlines	
全日空航空	NH	All Nippon Airways	
樂桃航空	MM	Peach Aviation	
香草航空	JW	Vanilla Air	
捷星日本航空	GK	Jetstar Japan	
星悅航空	7G	Starflyer	

（續下頁）

（承上頁）

航空公司	代號	英文全稱	隸屬
印尼國家航空	GA	Garuda Indonesia	印尼
印尼亞洲長途	QZ	Wagon Air	
美國聯合航空	UA	United Airlines	美國
達美航空	DL	Delta Airlines	
美國航空	AA	American Airlines	
全美航空	US	US Airways	
夏威夷航空	HA	Hawaiian Airlines	
帛琉航空	P7	Palau Airways	帛琉
國泰航空	CX	Cathay Pacific Airways	香港
港龍航空	KA	Dragon Air	
香港航空	HX	HongKong Airlines	
香港快運航空	UO	HK Express	
澳門航空	NX	Air Macau	澳門
大韓航空	KE	Korean Air	韓國
韓國亞細亞航空	OZ	Asiana Airlines	
釜山航空	BX	Air Busan	
眞航空	LJ	Jin Air	
濟洲航空	JC	Jeju Air	
易斯達航空	ZE	Eastar Jet	
德威航空	TW	T'way Air	
越南航空	VN	Vietnam Airlines	越南
越捷航空	VJ	Viet Jet Air	
越竹航空	QH	BAMBOO Airways	
捷星太平洋	BL	Jetstar Airways	
澳洲航空	QF	Qantas Airways	澳洲
泰國國際航空	TG	Thai Airays International	泰國
泰國亞洲航空	FD	Thai AirAsia	
泰國微笑航空	WE	THAI Smile Airways	
泰國獅子航空	SL	Thai Lion Air	
酷鳥航空	XW	NokScoot	

（續下頁）

（承上頁）

航空公司	代號	英文全稱	隸屬
菲律賓航空	PR	Philippine Airlines	菲律賓
宿霧太平洋航空	5J	CEBU Pacific Air	
馬尼拉精神航空	SM	Spirit of Manila Airlines	
菲亞洲航空	PQ	Air Asia	
馬來西亞航空	MH	Malaysia Airlines	馬來西亞
全亞洲航空	D7	AirAsia X	
馬亞洲航空	AK	AirAsiaBerhad	
荷蘭航空	KL	KLM Royal Dutch Airlines	荷蘭
新加坡航空	SQ	Singapore Airlines	新加坡
捷星亞洲航空	3K	JetStar Asia （第一家進駐臺灣 LCC）	
酷航	TZ	Scoot	
漢莎航空	LH	Lufthansa	德國
土耳其航空	TK	Turkish Airlines	土耳其
阿聯酋航空	EK	Emirates Airlines	阿拉伯聯合大公國
加拿大航空	AC	Air Canada	加拿大
汶萊皇家航空	BI	Royal Brunei Airlines	汶萊
柬埔寨景成國際航空	QD	JC International Airlines	柬埔寨
俄羅斯皇家航空	RL	Royal Flight	俄羅斯
西伯利亞航空	S7	Siberia Airlines	
法國航空	AF	Air France	法國
紐西蘭航空	NZ	Air New Zealand	紐西蘭

2 中級篇

航空票務(一)

第四章 航權與指標

第一節 空中航權

第二節 三個區域

第三節 全球飛行指標

第四節 跨區飛行

第五節 時間換算

本章介紹九大航權，其中第一至第五航權係標準航權，其餘為衍生航權；另三大區域的概念是票務計算最基本的地理概念，而環球飛行指標代表旅客行走路線，對票價金額有決定性影響；計算飛行時間為考試必考內容。

第一節 空中航權

所謂「空中航權」（Freedoms of The Air）是指民用航空飛越領空和營運業務的相關權利，是國家的主權之一。

在不同的兩個國家交換與協商這些權利時，一般採取對等原則，有時候某一國會提出較高的交換條件或收取補償費，以適當保護該國的權益。

依 IATA 手冊指出，第一航權至第五航權是正式航權，其餘爲非正式航權。

一、第一航權（First Freedom Right）

「第一航權」簡稱「通過權」，即飛越一國領空而到達另一國家。例如：A 國航空公司飛越 B 國領空至 C 國降落下卸客貨，謂 B 國提供 A 國航空公司第一航權（圖 4-1）。

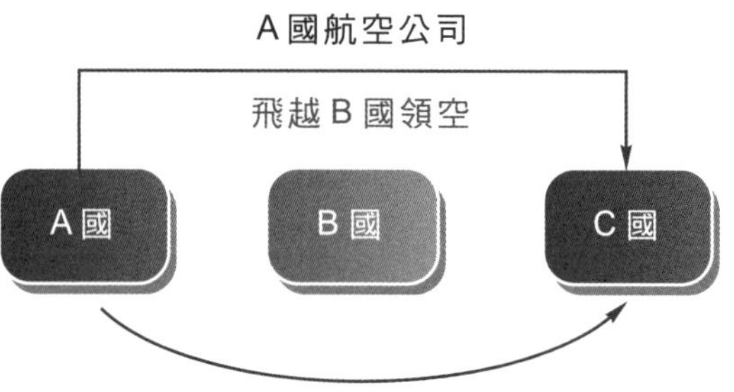

圖 4-1　第一航權

二、第二航權（Second Freedom Right）

「第二航權」簡稱「技術降落權」，即降落另一國家作技術性的短暫停留（如：加油、保養……）但不裝載或下卸客貨。例如：A 國航空公司飛至 B 國作技術性的短暫停留（加油、保養……）再飛至 C 國降落裝卸客貨，謂 B 國提供 A 國航空公司第二航權（圖 4-2）。

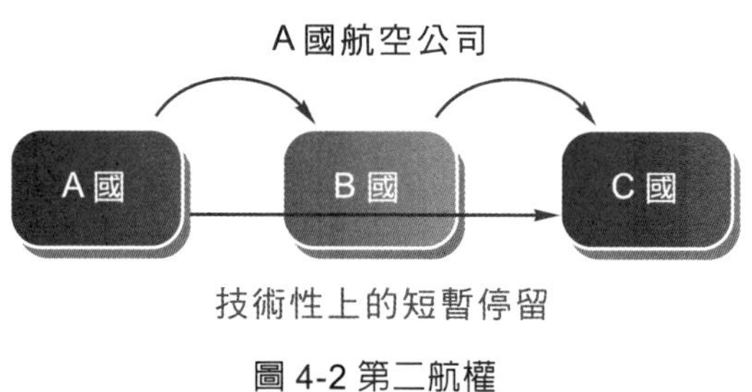

圖 4-2 第二航權

三、第三航權（Third Freedom Right）

「第三航權」簡稱「下卸權」，即 A 國航空公司有權在 B 國下卸從 A 國載來的客貨（下卸客貨權），謂 B 國提供 A 國航空公司第三航權（圖 4-3）。

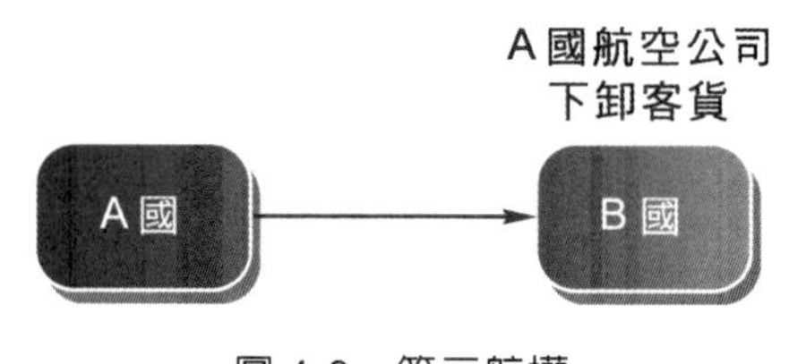

圖 4-3　第三航權

四、第四航權（Fourth Freedom Right）

「第四航權」簡稱「裝載權」，即 A 國航空公司有權在 B 國裝載客貨返回 A 國（裝載客貨權），謂 B 國提供 A 國航空公司第四航權（圖 4-4）。

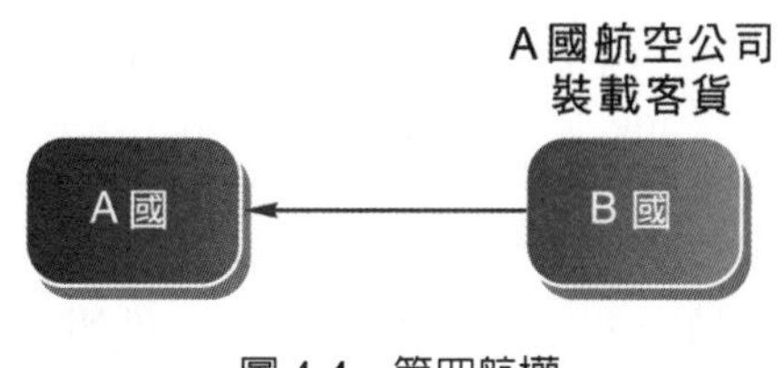

圖 4-4 第四航權

五、第五航權（Fifth Freedom Right）

「第五航權」簡稱「航線延伸權」，又稱「完整航權」，即 A 國航空公司有權在 B 國下卸客貨及另裝載客貨飛往 C 國，回程將 C 國客貨載至 B 國下卸及另裝載客貨飛往 A 國，只要該飛行的啓程點或終點爲 A 國，謂 B 國提供 A 國航空公司第五航權（圖 4-5）。

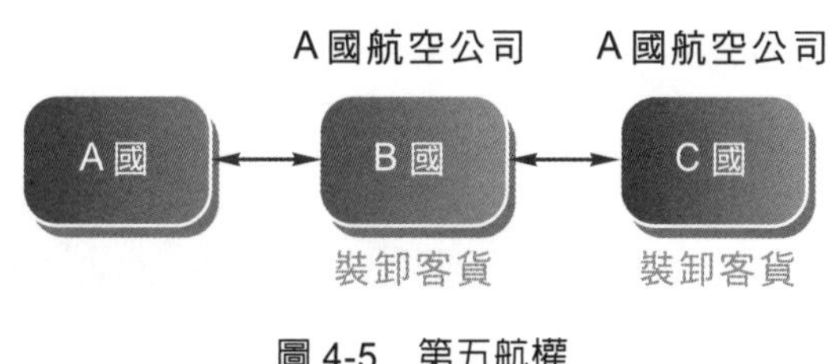

圖 4-5 第五航權

六、第六航權（Sixth Freedom Right）

「第六航權」簡稱「轉運權」，即 A 國航空公司有權裝載客貨通過 A 國的關口，然後再去別國，此飛行在 A 國既非啓程點亦非最終目的地。例如：從 D 國裝載客貨經 A 國轉至 B 國下卸，謂 B 國提供 A 國航空公司第六航權（圖 4-6）。

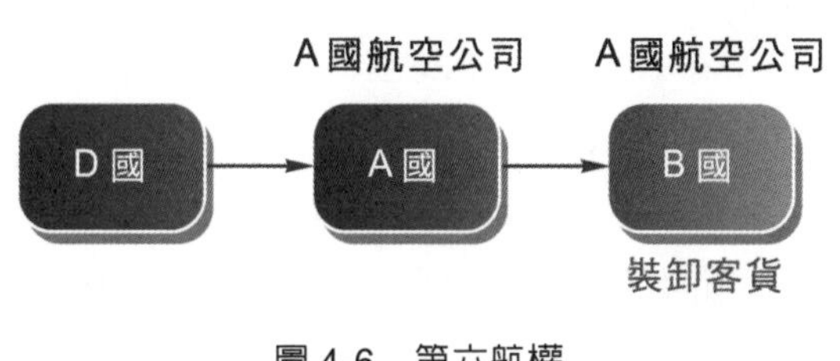

圖 4-6 第六航權

七、第七航權（Seventh Freedom Right）

第七航權簡稱「境外營運權」，即 A 國航空公司有權經營 A 國以外之其他兩國（C 國及 D 國）之間運送客貨，謂 C 國及 D 國提供 A 國航空公司第七航權（圖 4-7），例：2004 年歐盟實施的單一歐洲天空政策，允許成員國互相開放航權，英國瑞恩航空在歐洲大陸經營法國飛波蘭，西班牙飛捷克等往返航線。

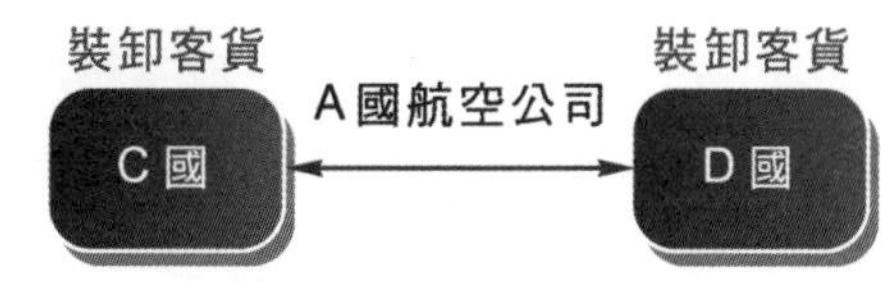

圖 4-7 第七航權

八、第八航權（Eighth Freedom Right）

第八航權（Eighth Freedom Right），簡稱境外多點營運權，此有兩種案例：

1

A 國航空公司飛至 B 國第一地點及第二地點，有權在 B 國國內的第一地點下卸客貨，再從第一地點裝載客貨回 A 國；及從第二地點下卸客貨，再從第二地點裝載客貨回 A 國，（但不可從 B 國第一地點新增裝載客貨至第二地點，也不可從 B 國第二地點新增裝載客貨至第一地點，即 A 航不可經營 B 國第一地點及第二地點客貨權）即 B 國提供 A 國航空公司第八航權。

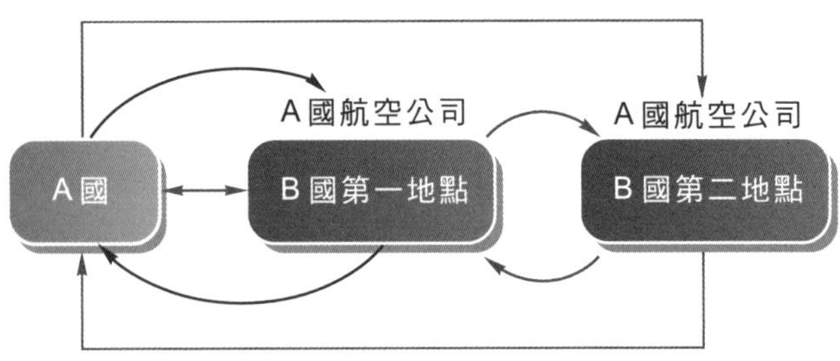

裝卸客貨回A國

圖 4-8A　第八航權

實例：華航前 CI-012 路線，TPE-ANC-NYC，華航不准載客貨往返 ANC 及 NYC。

2

「延續的境內營運權」：A 國航空公司飛至 B 國第一地點及第二地點，有權在 B 國國內的第一地點下卸客貨，再從第一地點裝載客貨回 A 國；及從第二地點下卸客貨，再從第二地點裝載客貨回 A 國，（也可以從 B 國第一地點新增裝載客貨至第二地點，也可以從 B 國第二地點新增裝載客貨至第一地點，即 A 航可經營 B 國第一地點及第二地點客貨權），即 B 國提供 A 國航空公司第八航權。

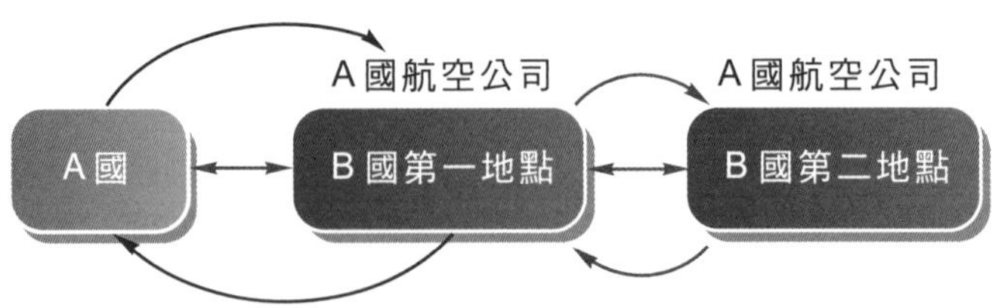

裝卸客貨回A國

圖 4-8B　第八航權

實例：美籍航空公司由紐約飛前往目的地法國尼斯，途中得在巴黎降落並搭載旅客。

九、第九航權（Ninth Freedom Right）

第九航權簡稱「境內營運權」，即A國航空公司有權在B國國內的任何兩地之間下卸及裝載客貨，此爲B國委託經營或對A國特別授權；若對多國大幅開放，則屬於「開放天空」航權，謂B國提供A國航空公司第九航權。

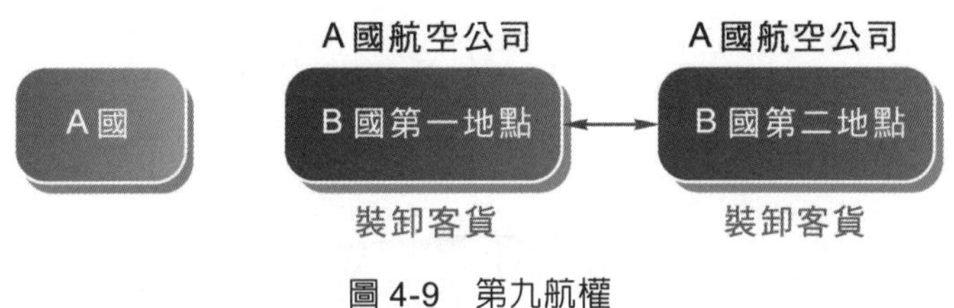

圖 4-9　第九航權

表 4-1　空中航權差異表

航　權	簡　　稱	說　　明
第一航權	通過權	飛越一國領空而到達另一國家
第二航權	技術降落權	技術性的短暫停留但不裝載或下卸客貨
第三航權	下卸權	在B國下卸從A國載來的客貨
第四航權	裝載權	在B國裝載客貨返回A國
第五航權	航線延伸權	有權來回程在B國上下卸客貨及飛往C國，
第六航權	轉運權	從他國裝載客貨經本國轉至另一他國
第七航權	境外營運權	經營本國以外之其他兩國（C國及D國）之間運送客貨
第八航權	境外多點營運權	・有權在B國國內的第一及第二地點上下卸客貨回A國（但第一及第二地點之間不可） ・有權在B國國內的第一及第二地點上下卸客貨回A國
第九航權	境內營運權	在B國國內的任何兩地之間下卸及裝載客貨

第二節 三個區域

國際航空運輸協會（IATA）爲統一，便於管理制定計算票價起見，將全球劃分爲「東半球」及「西半球」，亦將全球劃分爲「Area 1」、「Area 2」與「Area 3」等三大區域。。

1. 東半球（EH, Eastern Hemisphere），包括 TC2 和 TC3。
2. 西半球（WH, Western Hemisphere），包括 TC1（圖 4-10）。

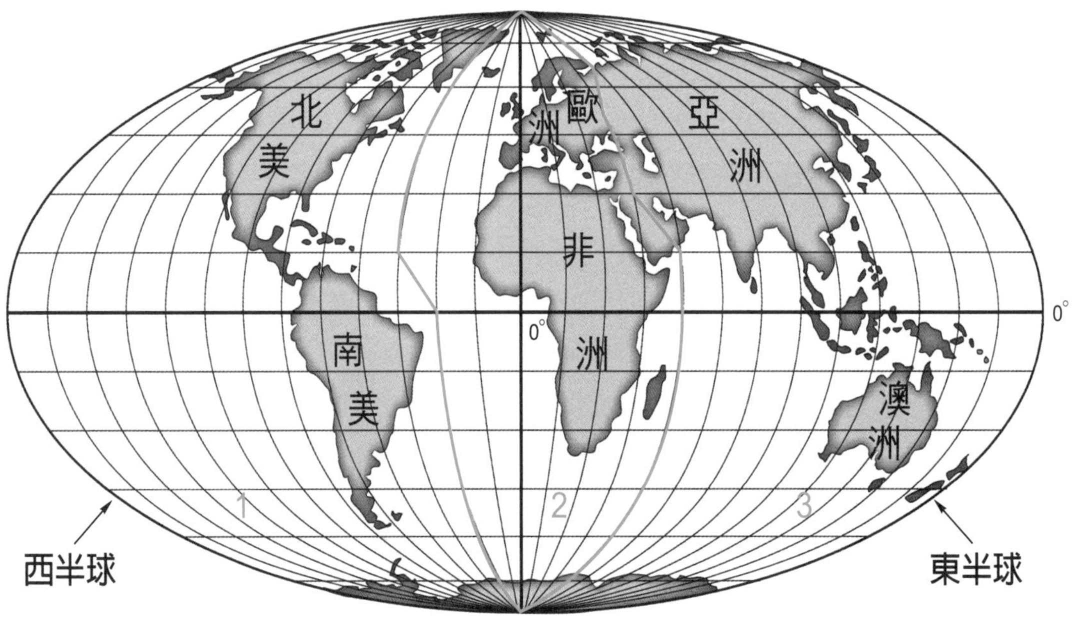

圖 4-10　三大區域分佈圖

一、第一大區域（Area 1, Traffic Conference 1）

第一大區域（TC1, Traffic Conference 1）即美洲區，西起白令海峽，包括阿拉斯加，北、中、南美洲，與太平洋中之夏威夷群島及大西洋中之格陵蘭嶼百慕達爲止。涵蓋北美洲（North America）、中美洲（Central America）、南美洲（South America）、加勒比海島嶼（Caribbean Islands）。

二、第二大區域（Area 2, Traffic Conference 2）

第二大區域（TC2, Traffic Conference 2）即歐非區，西起冰島，包括大西洋中的 Azores 群島、歐洲、非洲及中東全部，東至烏拉山脈及伊朗爲止。涵蓋歐洲（Europe）、中東（Middle East）、非洲（Africa）。

三、第三大區域（Area 3, Traffic Conference 3）

第三大區域（TC3, Traffic Conference 3）即亞澳區，西起烏拉山脈、阿富汗、巴基斯坦，包括亞洲全部、澳大利亞、紐西蘭，太平洋中的關島及威克島、南太平洋中的美屬薩摩亞及法屬大溪地。涵蓋東南亞（South East Asia）、東北亞（North East Asia）、亞洲次大陸（South Asian Subcontinent）、大洋洲（South West Pacific）。

將三大區域的劃分統整成表（表 4-2）。

表 4-2 三大區域

半球 Hemisphere	區域 Area	次區 Sub Area
西半球 Western Hemisphere（WH）	第一大區域 Area 1（TC1）	北美洲 North America 中美洲 Central America 南美洲 South America 加勒比海島嶼 Caribbean Islands
東半球 Eastern Hemisphere（EH）	第二大區域 Area 2（TC2）	歐洲 Europe 非洲 Africa 中東 Middle East
	第三大區域 Area 3（TC3）	東南亞 South East Asia 東北亞 North East Asia 亞洲次大陸 South Asian Subcontinent 大洋洲 South West Pacific

註：臺灣及中國屬於東半球第三區。

第三節 全球飛行指標

「全球飛行指標」（GI, Global Indicator）係指旅客在全球飛行或航程之路線代號。分別說明如下：

路線	內容
PA 路線	PA 意指太平洋（Via Pacific），路線經由 TC3 和第 TC1 之間，即經北、中、南太平洋。
AT 路線	AT 意指經大西洋（Via Atlantic），路線經由 TC2 和第 TC1 之間。
AP 路線	AP 意指大西洋及太平洋（Via Atlantic and Pacific），路線經由大西洋及太平洋，在 TC1、TC2、TC3 之間。
TS 路線	TS 意指經西伯利亞（Via Siberia），路線經由 TC2 和第 TC3 之間，經西伯利亞路線，中間無任何的停留，經日本、韓國飛往歐洲。
PO 路線	PO 意指經北極（Via Polar），在 TC1 和第 TC3 之間，由亞洲至美國，經 TC1 但不觸及北緯 60 度以南之路線，中間僅可停留在美國一點，通常此點係指安克拉治（Anchorage），例如由臺北經安克拉治到紐約。
EH 路線	EH 意指經東半球（Via Eastern Hemisphere），路線在東半球內，亦即 TC2 和 TC3 之間，或單獨在 TC2，或單獨在 TC3。
WH 路線	WH 意指經西半球（Via Western Hemisphere），路線全部在西半球，亦即在 TC1。
RU 路線	RU 意指經東北亞路線（Between Russia and JP/KR），飛越俄羅斯到東北亞（日本、韓國），在 TC2 和第 TC3 之間。例如：「莫斯科－首爾」或「莫斯科－東京」。
FE 路線	FE 意指經遠東路線（Between Russia and TC3），俄羅斯、烏克蘭不中停飛越俄羅斯到東南亞，在 TC2 和第 TC3 之間。例如：「莫斯科－曼谷」或「莫斯科－香港」。
PN 路線	PN 意指經北美（Via North America），南美至西南太平洋之間，但不經北中太平洋，在 TC1 和第 TC3 之間。
SA 路線	SA 意指經南大西洋（South East Asia via Atlantic），阿根廷、巴西、智利、巴拉圭、烏拉圭及東南亞之間，經大西洋及中、南非洲之點、印度洋島嶼或直飛，在 TC123 之間而非 AP 路線。

第四節 跨區飛行

為了使旅客票價計算合理及最惠價格，飛行經過區域應採「接續運輸」觀念，以下介紹跨區飛行路徑。

1. 第一、二區

航行第一區及第二區時，經由大西洋之票價路線計算。（JT1/2）

範例 3 第一、二區票價計算

紐約至巴黎之票價，必須以 AT 路線計價，不可以其它路線計算，除非有特殊狀況。

2. 第一、二、三區

航行第一區及第三區時，經由第二區之票價路線計算。（JT1/2/3）

範例 4 第一、二、三區票價計算

紐約至新加波經由巴黎之票價，必須以 AT 加上 EH 路線計價。

3. 第二、三區

航行第二區及第三區時之票價路線計算。（JT2/3）

範例 5 第二、三區票價計算

臺北至巴黎之票價，必須以 EH 路線計價，不可以其它路線計算，除非有特殊狀況。

4. 第一、三區

航行第一區及第三區時之票價路線計算。（JT1/3）

範例 6 第一、三區票價計算

臺北至洛杉磯之票價，必須以 PA 路線計價，不可以其它路線計算，除非有特殊狀況。

第五節 時間換算

一、國際時間換算概論

由於航空公司航班時間表上的起飛和降落時間均是當地時間，而二個不同城市之時區可能不同，飛行時間就無法直接用到達時間減去起飛時間來表示，因此要計算實際飛行時間，就必須將所有時間先調整成「世界標準時間」(UTC, Universal Time Coordinated)，或稱「格林威治標準時間」(GMT, Greenwich Mean Time)，再加以換算成實際飛行時間。

GMT(Greenwich Mean Time) 就是「格林威治標準時間」。1884 年採納了格林威治子午線爲量度經度的本初子午線。此子午線亦用於釐定時區，以及原始時間或 GMT（格林威治標準時間）。

UTC(Universal Time Coordinated) 則是「世界標準時間」。1967 年國際天文學聯合會啓用。由於 UTC 直接與國際度量衡標準相聯繫，所以目前所有的國際通訊系統，像是衛星、航空、GPS 等等，全部都協議採用 UTC 時間。一般皆以「GMT」時間與「UTC」時間相同。

爲了便於不同地區的交流，1884 年國際上按統一標準劃分時區，實行分區計時的辦法。按照這個劃分方法，地球上每 15° 作爲一個時區，全球共分 24 個時區，每個時區中央經線的地方時即爲該時區的標準時間時區，時區乘以 15 再加減 7.5 度即是其對應的經度範圍。

0 度線以東時區爲東區，即是東經時間，0 度線以西時區爲西區，即是西經時間，當倫敦（格林威治）爲 0 時，其經度爲（－ 7.5 度～＋ 7.5 度），向東每隔 15 經度，加一個小時爲東經度數，向西每隔 15 經度，減一個小時爲西經度數。凡向西走，每過一個時區，就要把錶撥慢 1 小時（比如 2 點撥到 1 點）；凡向東走，每過一個時區，就要把錶撥快 1 小時（比如 1 點撥到 2 點）。例如：臺灣約位於東經 120° 至東經 122° 之間，臺灣時區是東八區（UTC ＋ 8 或 GMT ＋ 8）。

國際換日線在地球另一邊、格林威治子午線的對面。碰到跨年、月時，要注意大月、小月、平年、閏年。實務上，各國都市時區的設定不一定以經度爲準，有些是政治問題，因此同學仍以該國公告時區爲準。

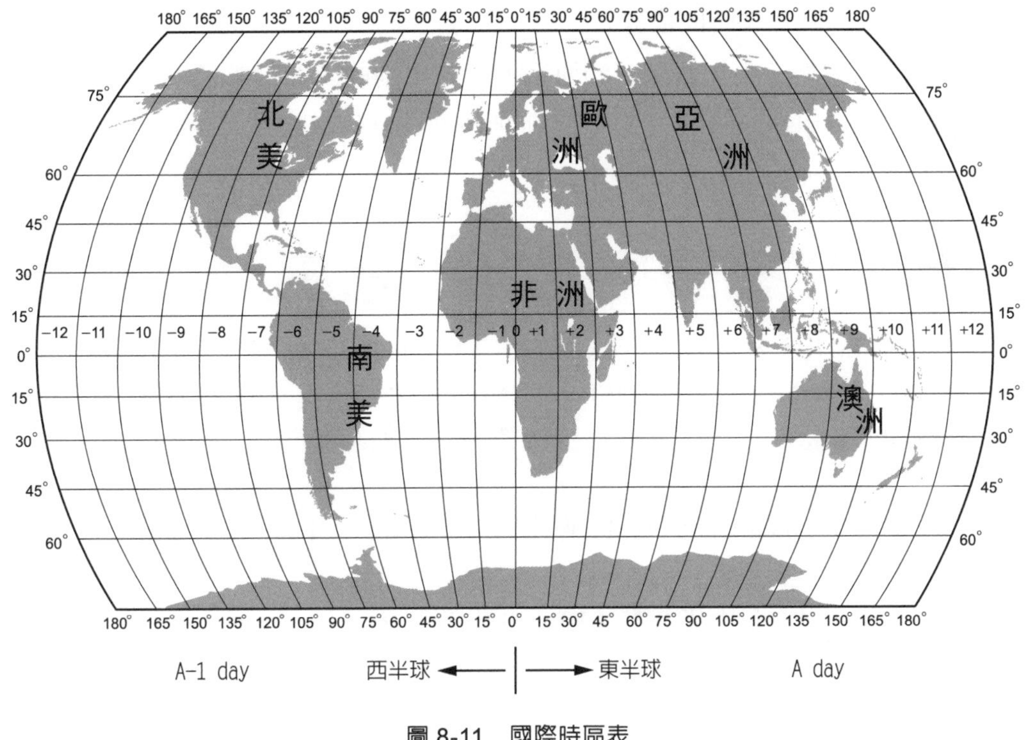

圖 8-11 國際時區表

二、國際時間換算

(一) 地理區時的計算

區時的計算分為定點時區的計算、定點之不同區時標準時間換算及定點地理區時差的計算。

1. 定點時區的計算

如果要求某一經度的區時，首先要計算出該經度所在的時區。假設計算 M 時區所跨的經度範圍，即：15°×M（時區數）±7.5°（15°× 時區數為這個時區的中央經線的經度）。

範例 7 已知經度換時區

阿拉伯聯合大公國的杜拜 (Dubai) 經度為東經 55 度，請問其標準時區為何？

解：

15 度 ×4 區 ±7.5 =（52.5°，67.5°）之間

所以是 GMT + 4（東 4 區）

2. 定點之不同區時標準時間換算

區時的計算遵循「東加西減」的原則。已知甲地的時間，求乙地的時間，那麼乙地的時間＝甲地的時間 ± 甲、乙兩地所在時區的區時差（乙地在甲地的東側用「＋」，乙地在甲地的西側用「－」）。

範例 8 標準時間對照（正點計算）

臺北為 GMT ＋ 8，雅加達為 GMT ＋ 7，東京為 GMT ＋ 9，澳大利亞西部為 GMT ＋ 8，法蘭克福為 GMT ＋ 1，紐約為 GMT － 5，洛杉磯 GMT － 8（標準時間），當 3 月 2 日臺北早上 10 點時，其他時間為何？

解：

臺北為上午 10 點，回到 GMT 標準時間，GMT ＝ 10 － 8 ＝ 2 再依當地時差調整。

雅加達為 3 月 2 日上午 9 點（10 － 8 ＋ 7 ＝ 9）
東京為 3 月 2 日上午 11 點（10 － 8 ＋ 9 ＝ 11）
澳大利亞西部為 3 月 2 日上午 10 點（10 － 8 ＋ 8 ＝ 10）
法蘭克福為 3 月 2 日上午凌晨 3 點（10 － 8 ＋ 1 ＝ 3）
紐約為 3 月 1 日下午 9 點（10 － 8 ＋ 24 － 5 ＝ 21 前一天）
洛杉磯為 3 月 1 日下午 6 點（10 － 8 ＋ 24 － 8 ＝ 18 前一天）

範例 9 標準時間對照（非正點計算）

臺北為 GMT ＋ 8，維也納為 GMT ＋ 2，夏令時間紐約為 GMT － 4，西雅圖夏令時間 GMT － 7，當 10 月 18 日臺北早上凌晨 0 點 40 分，其他地方當地時間（Local Time）為何？

解：

臺北為 10 月 18 日早上凌晨 0 點 40 分時，回到 GMT 標準時間，
GMT ＝ 0：40 － 8：00 ＋ 24：00 ＝ 16：40（10 月 17 日 GMT 時間）
再依另一地時差調整。

歐美夏令時間時區：
奧地利維也納（GMT ＋ 2）為
10 月 17 日下午 18：40（16：40 ＋ 2 ＝ 18：40）
紐約為（GMT － 4）
10 月 17 日中午 12 點 40 分（10 月 17 日 16：40 － 4：00 ＝ 12：40）
西雅圖（GMT － 7）為
10 月 17 日上午 9 點 40 分（10 月 17 日 16：40 － 7：00 ＝ 9：40）

亞洲各國時區表－ GMT 標準時間（同一日）（以英文名稱順序排列）

國家	時區	國家	時區	國家	時區
Afghanistan 阿富汗	GMT ＋ 4.5	Iraq 伊拉克	GMT ＋ 3	Oman 阿曼	GMT ＋ 4
		Israel 以色列	GMT ＋ 2	Pakistan 巴基斯坦	GMT ＋ 5
Azerbaijan 亞塞拜然	GMT ＋ 4	Japan 日本	GMT ＋ 9	Palestinian Territory 巴勒斯坦	GMT ＋ 2
Bahrain 巴林	GMT ＋ 3	Jordan 約旦	GMT ＋ 2	Philippines 菲律賓	GMT ＋ 8
Bangladesh 孟加拉	GMT ＋ 6	Kazakhstan 哈薩克	GMT ＋ 6	Qatar 卡達	GMT ＋ 3
Bhutan 不丹	GMT ＋ 6	Kuwait 科威特	GMT ＋ 3	Saudi Arabia 沙烏地阿拉伯	GMT ＋ 3
Brunei Darussalam 汶萊	GMT ＋ 8	Korea (North) 北韓	GMT ＋ 8.5	Singapore 新加坡	GMT ＋ 8
		Korea(South) 南韓	GMT ＋ 9	Sri Lanka 斯里蘭卡	GMT ＋ 5.5
Cambodia 柬埔寨	GMT ＋ 7	Kyrgyzstan 吉爾吉斯	GMT ＋ 6	Syrian Arab Republic 敘利亞	GMT ＋ 2
China 中國	GMT ＋ 8	Lao 寮國	GMT ＋ 7	Taiwan 臺灣	GMT ＋ 8
East Timor 東帝汶	GMT ＋ 7	Lebanon 黎巴嫩	GMT ＋ 2	Tajikistan 塔吉克	GMT ＋ 5
		Macau 澳門	GMT ＋ 8	Thailand 泰國	GMT ＋ 7
Georgia 喬治亞	GMT ＋ 4	Malaysia 馬來西亞	GMT ＋ 8	Turkmenistan 土庫曼	GMT ＋ 5
Hong Kong 香港	GMT ＋ 8	Maldives 馬爾地夫	GMT ＋ 5	United Arab Emirates 阿拉伯聯合大公國	GMT ＋ 4
India 印度	GMT ＋ 5.5	Mongolia 蒙古	GMT ＋ 8	Uzbekistan 烏茲別克	GMT ＋ 5
Indonesia 印尼	GMT ＋ 7	Myanmar 緬甸	GMT ＋ 6.5	Vietnam 越南	GMT ＋ 7
Iran 伊朗	GMT ＋ 3.5	Nepal 尼泊爾	GMT ＋ 5.75	Yemen 葉門	GMT ＋ 3

臺灣與歐洲各時區的時差比較表（同一日）

臺灣時間 GMT + 8	1	2	3	4	5	6	7	8	9	10	11	12	13	14	15	16	17	18	19	20	21	22	23	24
西歐 (WET) GMT + 0	17	18	19	20	21	22	23	24	1	2	3	4	5	6	7	8	9	10	11	12	13	14	15	16
中歐 (CET) GMT + 1	18	19	20	21	22	23	24	1	2	3	4	5	6	7	8	9	10	11	12	13	14	15	16	17
東歐 (EET) GMT + 2	19	20	21	22	23	24	1	2	3	4	5	6	7	8	9	10	11	12	13	14	15	16	17	18
莫斯科 GMT + 4	21	22	23	24	1	2	3	4	5	6	7	8	9	10	11	12	13	14	15	16	17	18	19	20
以下為夏令時間 < 歐盟已決定自 2021 年廢除 >																								
西歐 (WET) 夏 GMT + 1	18	19	20	21	22	23	24	1	2	3	4	5	6	7	8	9	10	11	12	13	14	15	16	17
中歐 (CET) 夏 GMT + 2	19	20	21	22	23	24	1	2	3	4	5	6	7	8	9	10	11	12	13	14	15	16	17	18
東歐 (EET) 夏 GMT + 3	20	21	22	23	24	1	2	3	4	5	6	7	8	9	10	11	12	13	14	15	16	17	18	19
莫斯科 Moscow 夏 GMT + 3	20	21	22	23	24	1	2	3	4	5	6	7	8	9	10	11	12	13	14	15	16	17	18	19

臺灣與美國、加拿大各時區的時差比較表（美加為前一日）

臺灣時間 GMT + 8	1	2	3	4	5	6	7	8	9	10	11	12	13	14	15	16	17	18	19	20	21	22	23	24
太平洋 (PST)GMT-8	9	10	11	12	13	14	15	16	17	18	19	20	21	22	23	24	1	2	3	4	5	6	7	8
山區 (MST) GMT-7	10	11	12	13	14	15	16	17	18	19	20	21	22	23	24	1	2	3	4	5	6	7	8	9
中部 (CST) GMT-6	11	12	13	14	15	16	17	18	19	20	21	22	23	24	1	2	3	4	5	6	7	8	9	10
東部 (EST) GMT-5	12	13	14	15	16	17	18	19	20	21	22	23	24	1	2	3	4	5	6	7	8	9	10	11
以下為夏令時間																								
太平洋 (PST) (夏)GMT-7	10	11	12	13	14	15	16	17	18	19	20	21	22	23	24	1	2	3	4	5	6	7	8	9
山區 (MST) (夏)GMT-6	11	12	13	14	15	16	17	18	19	20	21	22	23	24	1	2	3	4	5	6	7	8	9	10
中部 (CST) (夏)GMT-5	12	13	14	15	16	17	18	19	20	21	22	23	24	1	2	3	4	5	6	7	8	9	10	11
東部 (EST) (夏)GMT-4	13	14	15	16	17	18	19	20	21	22	23	24	1	2	3	4	5	6	7	8	9	10	11	12

小知識

1 中國全國都是東（半球）八區（GMT ＋ 8）。
2. 請注意各地區夏令時間起訖日期。
夏令時間 DST（註：各國每年日期及區域會變動）

國家	夏令時間 - 開始	夏令時間 - 結束
美國、加拿大	2021 年 3 月 14 日 02:00 起提前一小時（時間加一小時 03:00）	2021 年 11 月 7 日 02:00 起減一小時（調回原時間 01:00）
歐洲各國	2021 年 3 月 28 日 02:00 起提前一小時（時間加一小時 03:00）	2021 年 10 月 31 日 03:00 起減一小時（調回原時間 02:00）
紐西蘭	2021 年 9 月 26 日 02:00 起提前一小時（時間加一小時 03:00）	2021 年 4 月 4 日 03:00 起減一小時（調回原時間 02:00）

3. 定點地理區時差的計算：計算兩地的區時差。

(1) 如果甲、乙兩地位於 0 度線（中時區）的同側，計算區時差用減法。

(2) 如東八區與東二區差 6 個區時，西九區與西二區差 7 個區時。

(3) 如果甲、乙兩地位於中時區的兩側，計算區時差用加法，如西六區與東六區差 12 個區時。

範例 10　同時點兩地的時差

兩個時區標準時間（即時區數）相減就是時差，時區的數值大的日期時間早。例如臺北是東（半球）八區（GMT ＋ 8），美國東部是西（半球）五區（GMT-5），求兩地時差？

解：

標準時間 : 兩地的時差是 13（＝ 8 ＋ 5）小時，臺北比紐約要早 13 個小時；如果是美國夏令時間 : 時差是 12（＝ 8 ＋ 4）小時。

（二）飛行時間的計算

飛行時間的計算分爲飛行時間加上時差計算（同一半球）、飛行時間加上時差計算（不同一半球）及跨日與時差的飛行時間計算

1. 飛行時間加上時差計算（同一半球）

由於全天採用 24 小時制，所以計算結果若大於 24 小時，要減去 24 小時，日期加一天，即爲所求的時間；計算結果若爲負值，要加 24 小時，日期減一天，即爲所求的時間。碰到跨年、月時，要注意大月、小月、平年、閏年。

範例 11 飛行時間計算（同一東半球）

10 月 5 日臺北 / 東京 08：55/13：25，臺北（GMT ＋ 8）→東京（GMT ＋ 9），實際飛行多久？

解：

1. 由表面時間計算：13：25 － 08：55=4：30（4 小時 30 分）＜錯誤的計算＞
2. 正確換算

   臺北起飛時間 08：55 減 8 小時換成 GMT 是 00：55

   東京到達時間 13：25 減 9 小時換成 GMT 是 04：25

   04：25 － 00：55 ＝ 3：30

   實際飛行時間是 3 小時又 30 分鐘。

範例 12 飛行時間計算（同一東半球）

10 月 6 日東京 / 臺北 16：25/18：55，東京（GMT ＋ 9）→臺北（GMT ＋ 8），實際飛行多久？

解：

1. 表面時間計算：18：55 － 16：25 ＝ 2：30（2 小時 30 分）＜錯誤的計算＞
2. 正確換算

   東京起飛時間 16：25 減 9 小時換成 GMT 是 07：25

   臺北到達時間 18：55 減 8 小時換成 GMT 是 10：55

   10：55 － 07：25 ＝ 3：30

   實際飛行時間是 3 小時又 30 分鐘

範例 13 到達時刻計算（同一東半球）

4 月 15 日臺北 / 奧克蘭 22：00 起飛，飛行時間 11 小時，臺北（GMT ＋ 8）→奧克蘭（GMT ＋ 13），請問到達奧克蘭時間爲何？

解：

1. 起飛時間臺灣 22：00，22 － 8=14 換成 GMT 是 4 月 15 日 14：00
2. 飛行時間 11 小時，14 ＋ 11=25
   換成 GMT 是 4 月 15 日 25：00 ＝ GMT 是 4 月 16 日 01：00
3. 到達時間換算 01：00 ＋ 13：00=14：00（GMT ＋ 13）
   GMT4 月 16 日 01：00 ＝奧克蘭 4 月 16 日 14：00（到達時刻）

範例 14 飛行時間計算（同一東半球）

CI-061 從臺北 10 月 8 日 23：00 起飛至法蘭克福 10 月 9 日 06：50。臺北（GMT ＋ 8）→法蘭克福（GMT ＋ 1），實際飛行多久？

解：

1. 10 月 8 日起飛時間 23：00 換成 GMT 是 10 月 8 日 15：00（＝ 23 － 8）
2. 到達時間 10 月 9 日 06：50
   換成 GMT 是 10 月 9 日 05：50（＝ 06：50 － 1：00）
   10 月 9 日的 05：50 ＝ 10 月 8 日的 29：50
   29：50 － 15：00 ＝ 14：50
   實際飛行時間是 14 小時又 50 分鐘

2. 飛行時間加上時差計算（不同一半球）

範例 15 飛行時間計算（不同一半球）

10 月 17 日 BR-026 於臺北 23：00 起飛，到達西雅圖（SEA）爲 10 月 17 日 18：50（夏令時間）。臺北（GMT ＋ 8）→西雅圖（GMT-7），實際飛行多久？

解：

起飛時間 23：00 換成 GMT 是 10 月 17 日 15：00（=23 － 8）

到達時間 18：50 換成 GMT 是 10 月 17 日 25：50（18：50 ＋ 07：00）

25：50 － 15：00 ＝ 10：50

實際飛行時間是 10 小時又 50 分鐘

3. 跨日與時差的飛行時間計算

地理時區計算方法爲「日界線」。日界線簡單地說就是「今天」和「昨天」的分界線。從本初子午線開始，如果向東到 180° 經度線，東 180° 經度線比本初子午線要早 12 小時；如果向西到 180° 經度線，西 180° 經度線比本初子午線要晚 12 小時。如此，同是 180° 經度線，時間卻相差 24 小時。因此，國際上規定，把 180° 經度線作爲國際日期變更線，它既是一天的開始，又是一天的結束，即東十二區（東半球）和西十二區（西半球）時刻相同，日期相差一天，東十二區比西十二區早一天。所以北美洲及南美洲的日期比臺灣少一日。

範例 16 飛行時間計算（不同一半球）

10 月 25 日 CI-019 於紐約（NYC）15：00 起飛，到達大阪（KIX）爲 10 月 26 日 18：15；經過 1 小時 35 分鐘後，也就是 10 月 26 日 19：50 再起飛，於 21：40 抵達臺北。請問實際飛行時間多久？

10 月 25 日仍是夏令時間，紐約爲（GMT-4）大阪爲（GMT ＋ 9），臺北爲（GMT ＋ 8）

解：

1. 紐約起飛時間 15：00 換成 GMT 是 10 月 25 日 19：00（＝ 15 ＋ 4）
   到達大阪時間 18：15 換成
   GMT 是 10 月 26 日 33：15（18：15 － 09：00 ＋ 24：00）
   33：15 － 19：00 ＝ 14：15（實際飛行時間）
2. 大阪 10 月 26 日 19：50 再起飛
   換成 GMT 爲 10：50（19：50 － 09：00）
   到達臺北時間爲 10 月 26 日 21：40
   換成 GMT 爲 13：40（21：40 － 08：00）
   13：40 － 10：50 ＝ 2：50（實際飛行時間）
3. 實際飛行時間是 14：15 ＋ 2：50 ＝ 17 小時又 5 分鐘

二、美國時區

1. 美國大陸地區採用的時區「自東向西」爲：
   (1) 東岸標準時區（EST；UTC-5 小時、R 區）
   (2) 中部標準時區（CST；UTC-6 小時、S 區）
   (3) 山嶽標準時區（MST；UTC-7 小時、T 區）
   (4) 太平洋標準時區（PST；UTC-8 小時、U 區）
2. 美國大陸地區以外地區採用的時區
   (1) 阿拉斯加標準時區（AKST；UTC-9 小時、V 區）
   (2) 夏威夷時區（HST；UTC-10 小時、W 區）

三、美加夏令時間

（一）美國和加拿大的夏令時間（DST, Daylight Saving Time）

1. 以 2021 年美國、加拿大及墨西哥之夏令時間爲例：(註：每年日期不相同)
   (1) 開始：3 月 14 日上午 2 點。
   (2) 結束：11 月 7 日上午 2 點。
2. 美國和加拿大的夏令時間規則：以 02：00 GMT 格林威治標準時間爲基準，每年開始於 3 月的第二個星期日上午 2 點鐘開始（時間加一小時 03:00），結束於 11 月的第一個星期日，上午 2 點鐘結束（調回原時間 01:00）。
3. 美國實施夏令時間的地區，並不包含美國的夏威夷、薩摩亞、關島、波多里哥、維京群島和亞利桑那州等地區。
4. 夏令時實施期間，將當地的時間撥快一個小時，也就是以當地的標準時間 +1 小時，夏令時間結束就恢復到當地原來的標準時間。
   (1) 美國大陸地區夏令時間採用的時區自東向西爲：
      ① 東岸夏令時區（EDT；UTC-4 小時；R 區）。
      ② 中部夏令時區（CDT；UTC-5 小時；S 區）。
      ③ 山嶽夏令時區（MDT；UTC-6 小時；T 區）。
      ④ 太平洋夏令時區（PDT；UTC-7 小時；U 區）。
   (2) 美國大陸地區以外地區採用的時區：
      ① 阿拉斯加夏令時區（AKDT；UTC-8 小時；V 區）。
      ② 夏威夷時區（HST；UTC-10 小時；W 區）「此區不調整」。

表 4-3　世界標準時間表

描　　述	與 GMT 的偏移量	DST 夏令時間	DST 生效期間
太平洋國際換日線，東邊	+12:00		
紐西蘭標準時間	+12:00	+13	31Oct-05Mar
關島標準時間	+10:00		
澳大利亞墨爾本時間	+10:00	+11:00	31Oct-05Mar
中澳大利亞標準時間	+9:30	+10:30	31Oct-05Mar
南澳大利亞標準時間	+9:30	+10:30	31Oct-05Mar
日本標準時間，（USSR Zone 8）	+9:00		
韓國標準時間	+9:00		
模里西斯時間	+8:30		
澳大利亞西部標準時間	+8:00	+9:00	31Oct-05Mar
中國時間（北京時間）	+8:00		
爪哇時間	+7:00		
伊朗時間	+3:30		
巴格達時間	+3:00		
東歐，（USSR Zone 1）	+2:00	+3:00	每年三月份的最後一個周日 1:00（格林尼治時間）開始，至十月份最後一個周日 1:00
法國冬時制	+2:00		
以色列標準時間	+2:00		
中歐白晝時間	+2:00		
英國夏時制	+1:00		
中歐時間	+1:00	+2:00	
丹麥標準時間	+1:00		
法國夏時制	+1:00		
中歐時間	+1:00		
中歐冬時制	+1:00	+2:00	
中歐時區	+1:00		

（續下頁）

（承上頁）

描　　述	與 GMT 的偏移量	DST 夏令時間	DST 生效期間
挪威標準時間	+1:00		
塞席爾時間 Seychelles Time	+1:00		
瑞典冬時制	+1:00	+2:00	
西歐光照利用時間（夏時制）	+1:00		
格林威治標準時間	0:00		
西歐	0:00		
西非時間	-1:00		
紐芬蘭（新大陸）白晝時間	-2:30		
大西洋白晝時間	-3:00		
紐芬蘭（新大陸）標準時間	-3:30		
大西洋標準時間（加拿大）	-4:00		
（美國）東部標準時間	-5:00	-4	3 月第二個星期日凌晨 2:00 開始，11 月第一個星期日凌晨 2:00 結束
（美國）中部標準時間	-6:00	-5	
（美國）山地標準時間	-7:00	-6	
（美國）太平洋標準時間	-8:00	-7	
阿拉斯加白晝時間	-9:00	-8	
夏威夷 - 阿拉斯加標準時間	-10:00		
太平洋國際換日線，西邊	-12:00		

NOTE

第五章 訂位系統與客運

本章介紹各主要的訂位系統，其中主要在介紹 ABACUS 的主要功能，因其爲臺灣旅行社使用市占率最高之系統；另對銀行清帳計畫（BSP）稍加介紹；加入航空聯盟已成爲擴大營收的重要計畫，我國華航及長榮皆已加入天合及星空聯盟，顯見其經營績效已獲他航認同；共掛班號亦是擴展業務之手段之一種。

在機票使用及行李相關使用規定，與每位旅客之權益相關，應多加注意，考試亦常考相關內容。

第一節 訂位系統

一、電腦訂位系統（CRS, Computer Reservation Systems）

1970 年左右，當時美國航空公司與聯合航空公司，首先開始在其主力旅行社裝設各自之訂位電腦終端機設備，以供旅行社自行操作訂位，爲開啓「旅行社電腦訂位系統」（CRS）起源。此種連線方式因只能與一家航空公司之連線系統作業，故被稱爲 SINGLE-ACCESS；其他國家地區則仿傚此種方式而建立 MUTI-ACCESS。

CRS 除了航空訂位作業外，也加入訂房、租車、訂火車票、訂團等各種非航空範圍業務，近年來全球 CRS 之非航空範圍業務訂位量每年成長迅速，並提供相關旅遊資料庫的查詢功能。

1982 年左右，美國國內各航空公司所屬的 CRS（特別是 SABRE 與 APOLLO 系統），爲因應美國國內 CRS 市場飽和，及國際航線之需求，開始向國外市場發展。他國之航空公司爲節省支付 CRS 費用，紛紛共同合作成立新的 CRS（如 AMADEUS、GALILEO、FANTASIA、ABACUS），各 CRS 之間爲使系統使用率能達經濟規模，以節省經營 CRS 之成本，經由合併、聯盟、技術合作、股權互換等方式進行各種整合，而逐漸演變至今具有全球性合作的全球訂位系統（Global Distribution System, GDS）。

透過 CRS 還可以直接取得全世界各地旅遊相關資訊，包括航空公司、旅館、租車公司的班表，機場的設施、轉機的時間、機場稅、簽證、護照、檢疫、信用卡查詢、超重行李計費等資訊。CRS 系統已成爲旅遊從業人員所必備的工具，也是航空公司、飯店業者及租車業者的主要銷售通路。

二、全球主要 CRS 介紹

（一）ABACUS

表 5-1 ABACUS

縮寫代號	1 B
成立時間	1988 年
合夥人	BI/ BR/ CI/ CX/ GA/ KA/ MH/ MI/ PR/ SQ/ NH/ Sabre
主要市場	亞太地區、中國大陸、印度及澳洲（日本除外）
總公司	新加坡
系統中心	美國 TULSA

（二）AMADEUS

表 5-2 AMADEUS

縮寫代號	1 A
成立時間	1987 年成立，1995 年與美國之 CRS SYSTEM ONE 合併
合夥人	AF/ LH/ IB/ CO
主要市場	歐、美、亞太地區及澳洲
總 公 司	西班牙馬德里
系統中心	法國 Antipolis

（三）GALILEO

表 5-3 GALILEO

縮寫代號	1 G
成立時間	1987 年成立，1993 年與 COVIA 合併
合夥人	UA/ BA/ KL/ SR/ AZ/ US/ 01ympic/ AC/ Aer Lin/ Austrian/ Tap port
主要市場	Galileo- 英國、瑞士、荷蘭、義大利
總公司	芝加哥
系統中心	丹佛

（四）E-TERM（中國航信，TravelSky）

表 5-4 E-TERM

縮寫代號	1 E
成立時間	2000 年 10 月成立
合夥人	中國民航資訊網路股份有限公司（TravelSky Technology Limited）（中國航信）
主要市場	中國
總公司	北京
系統中心	北京

（五）AXESS

表 5-5 AXESS

縮寫代號	1 J
成立時間	1992CRS 公司正式成立
合夥人	JL 百分之百持股
主要市場	日本
總公司	東京
系統中心	東京

（六）GETS

表 5-6 GETS

縮寫代號	1 X
成立時間	1989 年由 17 家航空公司共同成立，使用 SITA 之 Gabriel Reservation System
合夥人	目前全世界有 46 家航空公司加入股東，分佈於亞洲、南美、非 洲及東歐
主要市場	分佈於亞洲、南美、及非洲、及東歐共約 50 個國家
總公司	公司登記在盧森堡，總部設於亞特蘭大
系統中心	亞特蘭大

（七）INFINI

表 5-7 INFINI

縮寫代號	1 F
成立時間	1990 年
合夥人	NH/ Abacus
主要市場	日本
總公司	東京
系統中心	東京

（八）SABRE

表 5-8 SABRE

縮寫代號	1 W，目前使用 AA
成立時間	1978 年
合夥人	AA 百分之百持股
主要市場	北美、歐洲、亞洲共約 50 個國家
總公司	DFW
系統中心	TUL 於 1998 年與 Abacus 簽署合作聯盟合約

三、臺灣地區 CRS 概況

民國 79 年國內引進第一家 CRS「ABACUS」，其後陸續有其他 CRS 引進，像 AMADEUS、GALILEO、AXESS 三家也陸續進入臺灣市場。每家 CRS 均有其市場的占有率，目前旅行業所使用之系統以 ABACUS 為最高，故在此僅以其系統為例說明。

（一）ABACUS 簡介

ABACUS 成立於 1988 年，總公司設於新加坡，目前各地的行銷公司分處於澳洲、汶萊、香港、印度、南韓、馬來西亞、菲律賓、新加坡、臺灣及越南等 20 個市場。

ABACUS 是由中華航空、國泰航空、長榮航空、馬來西亞航空、菲律賓航空、皇家汶萊航空、新加坡航空、港龍航空、全日空航空、勝安航空、印尼航空及美國全球訂位系統 Sabre 投資成立的全球旅遊資訊服務系統公司。

（二）ABACUS 主要功能

1. 全球班機資訊的查詢及訂位

ABACUS 以公平的立場，顯示全世界超過 500 家航空公司的時刻表及可售機位顯示，其中還包含亞洲各主要航空公司最後一個機位的顯示。每個訂位均須含有以下「訂位五大要素」才算完整：

P：Phone Field（電話）。

R：Received From（簽收）。

I：Itinerary（行程）。

N：Name Field（姓名）。

T：Ticketing Field（開票期限）。

2. 票價查詢及自動開票功能

ABACUS 提供全球超過九千萬個正確精準的票價，同時給予保證，只要是由系統自動計算出來的票價，ABACUS 都負責到底。

3. 中性機票及銀行清帳計畫（BSP）

利用標準格式之「中性票」，開出各航空公司機票，用戶無須再庫存多家航空公司之機票。ABACUS 目前在許多國家已提供銀行清帳計畫之開票系統，節省用戶往返航空公司開票的時間。

4. 旅館訂位

ABACUS 的 HOTEL WHIZ 是個強而有力的銷售工具，旅行社從業人員可以在 ABACUS PC 上直接且立即的訂房，除了 HOTEL WHIZ 外，ABACUS 亦發展一套旅館批售系統 HotelSmart，可以減少旅遊同業間互相以電話或傳眞去訂房所浪費的時間與金錢。

> **小知識**
>
> 所謂中性票：即 Airline Code 空白，可任意填入那一家航空公司 3 碼數字代碼（見第六章），當旅行社填入 Airline Code 後，即必須將此機票之內容及金額，向此航空公司報帳，並遵守此航空公司開票規則及售價。

5. 租車

ABACUS 系統有 60 多家租車連鎖公司，提供全球超過 16,500 個營業地點及各種汽車款式資料，還可查詢最便宜的價錢。

6. 客戶檔案

ABACUS 客戶檔案系統，可幫用戶儲存長期客戶個別資料，如旅客喜好的航空公司，旅館、汽車款式、機上座位及旅客的地址、電話號碼及信用卡等資料，

訂位時，可以迅速將旅客的資料複製成訂位記錄，節省精力和時間。（大數據功能）

7. 資料查詢系統

ABACUS 資料查詢系統，可提供旅遊事業的相關資訊，例如：ABACUS 的每日新聞，系統指令的更新、旅遊資訊及各航空公司的消息等；此外，旅遊業者本身的產品及價格，亦可經由 ABACUS 龐大的資料庫傳達給每一個 ABACUS 的用戶。

8. 旅遊資訊及其他功能

ABACUS 提供完整的旅遊相關資訊，包括簽證、護照、檢疫等資訊皆可一目瞭然。此外信用卡查詢、超重行李計費等，皆有助於旅行從業人員對旅客提供更完善的服務。

9. 指令功能查詢

FOX 功能是提供 ABACUS 用戶一個簡便快速的指引說明，所有系統及指令上的更新都能放在 FOX 上供旅行社用戶查詢，而 ASSET（Agent Self-Paced Systems Training）更提供用戶可以自行學習各項系統功能的工具。

第二節 銀行清帳計畫（BSP）

「銀行清帳計畫」（BSP, The Billing & Settlement Plan；舊名 Bank Settlement Plan，亦簡稱為 BSP），係國際航空運輸協會（IATA）針對旅行社之航空票務作業、銷售結報、劃撥轉帳作業及票務管理等提出前瞻性規劃、制定供航空公司及旅行社採用之統一作業模式。

TC3 地區實施 BSP 的國家最早為日本（1971 年），目前臺灣地區約有 40 多家 BSP 航空公司及 298 家 BSP 旅行社。

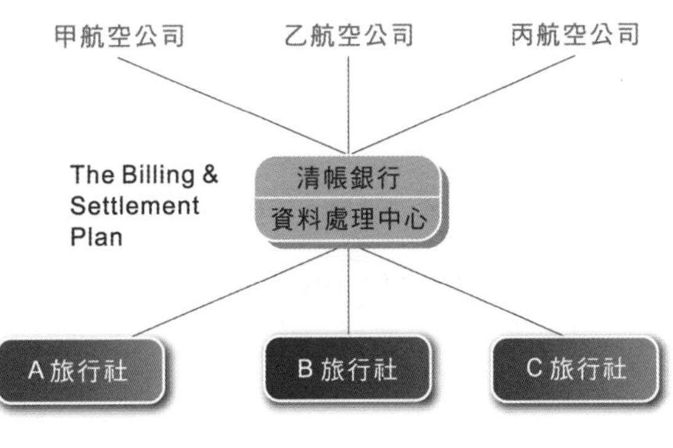

圖 5-1 BSP 往來關係圖

利用標準格式之中性票，開出各航空公司機票，用戶無須再庫存多家航空公司之機票。ABACUS 目前在許多國家已提供銀行清帳計畫之開票系統，節省用戶往返航空公司開票的時間。自 2008 年 6 月 1 日起，IATA 的 BSP 旅行社已不再開立紙本機票，全部改爲電子機票。[1]

第三節 航空聯盟

由於航權與市場的限制，航空公司爲增加全面競爭能力、拓展飛航網路，常透過與同業間之策略聯盟與合作，在部分航線上以「聯營聯運」或「共同維修訓練」等方式經營，以合作代替競爭，提高整體服務品質及旅客行程之完整性與方便性；同時亦可達到經營資源共享及規模經濟的利益而降低成本，進而使航空運輸更加便捷。

一、五大航空聯盟

「星空聯盟」、「天合聯盟」和「寰宇一家」爲原全球三大航空聯盟，後來新增「價值聯盟」及「優行聯盟」，目前爲止，成員公司已占全球航空業 80% 的營業市占率。

（一）星空聯盟（Star Alliance）

星空聯盟成立於 1997 年，是國際性的航空聯盟，初期由加拿大航空、德國漢莎航空、北歐航空、泰國國際航空、美國聯合航空等五家結盟，藉由共用軟硬體資源與航線網等方式，強化聯盟各成員競爭力。目前星空聯盟成員數已發展到 26 個之多，爲迄今歷史最悠久、規模最大的航空公司聯盟。

（二）天合聯盟（SkyTeam Alliance）

天合聯盟成立於 2000 年，由 19 家國際航空公司形成服務網，目前爲全球第二大航空聯盟。

（三）寰宇一家（Oneworld Alliance）

寰宇一家成立於 1998 年，由全球 13 家具有代表性的航空公司組成。

1 資料來源：IATA 中華民國地區銀行清帳計畫 BSP 作業簡介。

（四）價值聯盟（Value Alliance）

價值聯盟成立於 2016 年，由 8 家亞太地區的指標性低成本航空（LCC）組成，包括了酷航、酷鳥航空、皇雀航空、欣豐虎航、澳洲虎航、香草航空、宿霧太平洋航空以及濟州航空，共同串聯起亞洲與澳洲間的廣大飛行網路。

價值聯盟的飛行網絡涵蓋了全球三分之一、超過 160 個航點，旅客將可在全新的訂票平臺 ABB（Air Black Box）上查詢、選擇與訂購各家航空最優惠的機票，並能自由搭配航程；服務包含了座位選擇、餐食加購、行李限額加購及其他機上服務等。

（五）優行聯盟（U-FLY Alliance）

優行聯盟於 2016 年 1 月 18 日成立的低成本（LCC）航空聯盟，航點主要遍布大中華地區、東亞及東南亞。成員包括香港快運航空（香港）、祥鵬航空（中國）、烏魯木齊航空（中國）、西部航空（中國）、易斯達航空（韓國）。聯盟成員互相合作建立飛行網絡及航班接駁，以提升個別成員的競爭力。

二、加入航空聯盟的效益

（一）加入航空聯盟對航空公司的效益

加入航空聯盟對航空公司可以帶來以下的效益：

1. 擴大規模與價值，提升競爭力。
2. 成本分攤，共同採購。
3. 小航空公司協助大航空公司招攬旅客。
4. 品牌效益，增加知名度。
5. 資源共享並降低成本，如互為地勤代理、貴賓室或共用班號。
6. 多元且廣泛的合作，如聯合行銷優化產品、酬賓哩程（FFP）。
7. 分帳協議，聯盟收益管理及結算協同產品。
8. 開發市場提高收入。
9. 增加異業結盟機會。
10. 學習他航優點。
11. 成本分攤，共同採購。

表 5-9 五大航空聯盟成員[2]

聯盟	成員	成員
星空聯盟 Star Alliance	Aegean Airlines（A3）愛琴海航空 Air Canada（AC）加拿大航空 Air China（CA）中國國際航空 Air India（AI）印度航空 Air New Zealand（NZ）紐西蘭航空 All Nippon Airways（NH）全日本空輸 Asiana Airlines（OZ）韓亞航空 Austrian Airlines（OS）奧地利航空 Avianca（AV）哥倫比亞航空 Brussels Airlines（SN）布魯塞爾航空 Copa Airlines（CM）巴拿馬航空 Croatia Airlines（OU）克羅埃西亞航空 EVA Airways（BR）長榮航空 Egypt Air（MS）埃及航空	Ethiopian Airline（ET）埃塞俄比亞航空 LOT Polish Airlines（LO）波蘭航空 Lufthansa（LH）漢莎航空 Scandinavian Airlines（SK）北歐航空 Shenzhen Airlines（ZH）深圳航空 Singapore Airlines（SQ）新加坡航空 South African Airways（SA）南非航空 Swiss International Airlines（LX）瑞士國際航空 TAP Portugal（TP）葡萄牙航空 Thai Airways（TG）泰國國際航空 Turkish Airlines（TK）土耳其航空 United Airlines（UA）聯合航空
天合聯盟 Sky Team	Air Europa（UX）歐羅巴航空 Aeroflot Russian Airlines（SU）俄羅斯航空 Aeromexico（AM）墨西哥國際航空 Aerolíneas Argentinas（AR）阿根廷航空 Air France（AF）法國航空 Alitalia （AZ）義大利航空 China Airlines（CI）中華航空 China Eastern Airlines（MU）中國東方航空	CSA Czech Airlines（OK）捷克航空 Delta Air Lines（DL）達美航空 Garuda Indonesia 印尼航空 KLM Royal Dutch Airlines（KL）荷蘭皇家航空 Korean Air（KE）大韓航空 Kenya Airways（KQ）肯亞航空 TAROM（RO）羅馬尼亞航空 Vietnam Airlines（VN）越南航空 Middle East Airlines（ME）中東航空 Saudia（SA）沙烏地阿拉伯航空 Xiamen Air（MF）廈門航空
寰宇一家 Oneworld Alliance	American Airlines（AA）美國航空 British Airways（BA）英國航空 Cathay Pacific（CX）國泰航空 Finnair（AY）芬蘭航空 Iberia Airlines（IB）西班牙國家航空 Japan Airlines（JL）日本航空	Malaysia Airlines（MH）馬來西亞航空 Qantas Airways（QF）澳洲航空 Qatar（QR）卡達航空 Royal Jordanian（RJ）皇家約旦航空 Royal Air Maroc 摩洛哥皇家航空 SriLankan Airlines（UL）斯里蘭卡航空 S7 Airlines（S7）S7 航空
價值聯盟 Value Alliance	Cebu Pacific Air（5J）宿霧太平洋航空 Jeju Air（7C）濟州航空 Conti-Flug（DD）飛鳥航空 NokScoo（XW）酷鳥航空	SCOOT（TZ）酷航 Tiger Airways（TR）欣豐虎航 Tigerair Australia（TT）澳洲虎航 Vanilla Air（JW）香草航空
優行聯盟 U-FLY Alliance	HK Express（UO）香港快運航空 Lucky Air（8L）祥鵬航空 Urumqi Air（UQ）烏魯木齊航空	West Air（PN）中國西部航空 Eastar Jet（ZE）易斯達航空

2 資料來源：Star Alliance, Sky team, One world 官方網站。

（二）加入航空聯盟對客戶的效益

加入航空聯盟使客戶可以享有的好處：

1. 聯運機票購票優惠及確保機位

   航空聯盟內成員，在某些路線訂立雙方清帳互惠合約，以鞏固及增加客源，開立聯運機票（Interline ticket）時，降低票價及後段優先推薦聯盟成員，雙方互利，且在旺季期間，優先將保留位，放給聯盟成員轉機客戶，如此對客人增加優惠及保障。所謂聯運機票即除本身航空公司航段外，亦涵蓋他航航段之機票。

> 小知識
>
> **聯運機票**
>
> 全程機票航段中，除開票之航空公司外亦涵蓋其他航空公司航段之機票。

2. 行李直掛

   行李直掛牽涉到地勤運務和該國法令的問題，而且要看機票轉機和目的地的不同。一般轉機行李皆可直掛，但聯盟成員的行李會優先卸下，方便客戶提早領取。

3. 貴賓室

   接納聯盟成員持某些等級會員卡之客人至貴賓室，或發給貴賓室使用券。

4. 累積哩程

   同一個聯盟的航空公司，互惠累積哩程。

5. 共用班號

   同一個航線上（A到B之間），如果共同有兩家會員飛行的時候，利用共用班號，讓航班的密集度增加，消費者可以有更多選擇，這也是聯盟的好處之一。

   例如：韓航、華航及法航皆為天合聯盟成員，從韓國首爾經臺北到阿姆斯特丹轉機到巴黎的班機，透過一張機票，顧客搭乘三家不同公司的航班，可享有完全不同氣氛的服務。

6. 環球機票

   目前幾乎沒有一家航空公司的服務，可以完美的涵蓋全球各大洲。有了新的會員加入之後，航空公司的聯盟在環球機票及路線上就可以多補足一部分的缺口，方便開票及降低票價，對客人有利。

7. 班表查閱

   航空聯盟成員之班機時刻表，皆會登載對方轉接班機時刻，有利於客人的選擇。

第四節 班號聯營

一、共掛班號

「共掛班號」或「代碼共享」（Code share）是指航空公司之間簽訂合約，可以在對方的班機上掛自己的班號。

以 C 航空公司和 G 航空公司共掛班號爲例，雖是同一架航機但卻有兩家航空公司的班號。C 航空公司派出飛機和組員，大部分的客位是由 C 負責銷售，G 則向 C 購入一定數量的客位，納入自己公司的銷售網內，藉此 G 可以增加航班和擴大占有率，而 C 也因此得益。

範例　共掛班號

華航 CI761/GA9981 由桃園飛雅加達，由中華航空派出航機、組員，地勤由於也是華航代理，該機的客位統制權也在中華航空手上，另一切的行李超重收益亦全歸中華航空，萬一遇上班機延誤或取消，一切的安排和支出也由中華航空負責。

共掛班號之航空公司，其機票售價可能不同，同一架飛機、同一艙等但票價不同，此與各航空公司的成本有關。共掛班號可能兩家或三家以上一起合作。

共掛班號可由兩家對飛，互相共掛班號，或其中一家航空公司單邊派出飛機和組員，另一家支付購買機位費用，但也有因某些國家航空公司機隊及行銷較弱，故約定由飛行的航空公司付出類似佣金之機位，供其行銷收入。

二、共掛班機的主要原因

（一）不影響班機調度下維持既有航線（市場）

譬如 A 航空公司與 B 航空公司在「臺北－溫哥華」共掛班號，可以解決 A 航空公司因開拓其他市場導致飛機不夠，又能維持在臺灣既有的市場。

（二）可減少 / 避免虧損

A 航空公司和 B 航空公司在「高雄－曼谷」共掛班機，可以解決因彼此競價，造成價格過低引發的連連虧損，透過共掛班機幫助兩家航空公司互相把飛機載滿以減少虧損金額。

當航空公司發現某特定市場具有發展潛力，礙於客源不足無法直飛，則可採取與其他航空公司一起共掛班機。例如：B 航空公司與 A 航空公司在美國多條航線上共掛班機，透過共掛班機起碼可使 B 航長期耕耘該特定市場。

（三）提升競爭力

在日本 A 航空公司享有國內龍頭寶座，但在國際線的班次只有 J 航的 15～20%，所以透過與其他航空公司共掛班機，A 航可增加自己在國際線的競爭力。

（四）旅客有更多選擇

以 A 航和 K 航為例，A 航每日飛「東京（Tokyo Narita）－首爾（Seoul）」線只有一班，無法吸引旅客（選擇性太少），而 K 航每日有五班，透過共掛班機 A 航可為旅客提供每日 6（1+5）班次「東京－首爾」線。

三、聯營的利益

C 航是以亞洲為基地之越洋國際航空公司，D 航是美國國內航線密集之航空公司，兩家航空公司採聯營模式帶來的利益說明如下：

（一）降低彼此的飛航成本

以 C 航及 D 航聯營來看，對 D 航的好處，是不用派自家飛機飛航，就可以利用與 C 航聯營共掛班號的航班，將旅客由美國某地載運到亞洲聯營的地點；同樣的，對 C 航的好處，也是可將旅客載送到 D 航聯營的美洲航點。

（二）提高載客率

兩家航空公司聯營，表示是兩家航空公司賣票，是兩家航空公司的客人一起搭乘這架航班，有利航班提升載客率。

（三）提高收益率

D 航的美國國內線因聯營的關係，增加了原先搭 C 航到美國轉機的客人，C 航的跨太平洋航線及亞洲線，也因此增加了原先 D 航的客人，兩家航空公司賣到非自家航機飛航的聯營機票，也比原先沒有聯營的利潤要高。

（四）降低聯營航點人事成本

D 航可以利用亞洲聯營的 C 航機場地勤，不用自己聘雇，C 航也不必在美國的聯營航點另外聘人。

（五）提升旅客的服務

對兩家航空公司的乘客而言，透過兩家航空聯營，可以增加更多航點及航班服務，更加便利。

第五節 機票使用[3]

一、機票是一種契約

（一）機票契約

機票是航空公司與機票上所載姓名的旅客之間的運送契約，航空公司只載運持有機票的旅客。

（二）機票要件

除了使用電子機票情形之外，旅客需提出有效之機票，且其機票包括「所搭班機之機票搭乘聯」及「其他未使用的機票搭乘聯」和「旅客存根聯」，否則航空公司不予搭載。

若使用電子機票，旅客需提出明確的身分證明，及儲存於航空公司電腦資料庫中的有效機票，否則航空公司不予搭載。

（三）機票遺失

機票遺失或毀損，開票航空公司得因旅客要求及有效證明，開發新機票以取代之，但酌收手續費。

（四）機票不可轉讓

機票不可轉讓予他人使用。若機票被無權搭乘的人使用或已獲退款，則航空公司對機票權利人不負責任。

3　資料來源：中華航空公司機票使用規定。

二、有效期間

機票的效期為自啓程日起一年有效，若機票未曾使用，則以開票日起算，一年有效；但於開票日起到一年效期最後一天，才開始使用第一航段機票，則自啓程日起一年有效，可到第二年最後一天再使用最後航段；所以最長有效期間為兩年。效期延長處理情形如下：

1. 旅客在機票有效期內不能搭機，係因航空公司：
   (1) 取消旅客訂妥機位的班機。
   (2) 不飛航班機時刻表上的停留點，此點或為旅客的啓程點、終點或中間停留點。
   (3) 不能按班機時刻表飛行班機。
   (4) 造成旅客錯失轉接班機。
   (5) 改變艙級。
   (6) 不能提供已確認的機位。
   若遇以上情形，則旅客機票的效期可延期至與旅客所購機票上，同艙級的航空公司第一班有空位之班機。
2. 旅客在機票之有效期內訂位時，航空公司不能提供所需之機位，則旅客的機票可根據航空公司的規定延長效期。
3. 若旅客啓程之後在機票的有效期之內，因為生病而不能旅行時，航空公司得延長機票效期至醫生證明其適於旅行的日期為止。
4. 若旅客於旅途中死亡，陪伴旅客之親友之機票得排除其最短停留期限要求之規定，而延長效期。

三、票聯使用之順序

1. 航空公司只接受由啓程點依序搭乘班機之機票聯，或電子機票票聯。
2. 國際航線機票，若第一張搭乘聯或電子票聯未曾使用，即開始使用中間航點搭乘聯，航空公司將不接受其機票。
3. 若機票搭乘聯為 OPEN 時，亦可根據票價相關的規定及欲搭乘班機的機位狀況接受搭機。
4. 順向行程：以啓程站順道行程至迴轉站，再返回啓程站。

第六節 行李

一、客艙行李[4]

適合攜帶登機的行李視爲客艙行李，包括「手提行李」、「個人物品」、「特殊物品」及「客艙占位行李」。

（一）手提行李限額

不論任何艙等，手提行李之體積包括輪子、把手及側袋，長 × 寬 × 高不可超過 56×36×23 公分（22×14×9 英吋），重量不可超過 7 公斤。

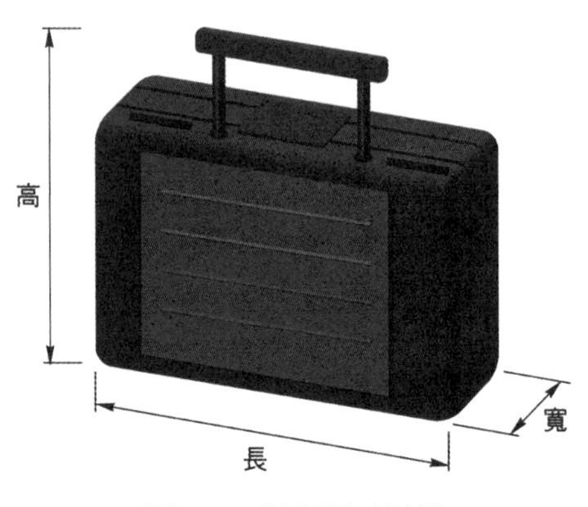

圖 5-2 行李尺寸計算

對於超重或過大之手提行李，將改爲託運。如手提行李已超過免費託運行李之額度，將收取超重（件）行李費。每位旅客依搭乘艙等享有免費手提行李如表 5-10。

表 5-10 免費手提行李

艙 等	可攜件數	手提行李限制及尺寸	重量限制（每件）
頭等艙	2 件	第 1 件：一般手提行李（體積不可超過 56×36×23 公分，22×14×9 英吋）。 第 2 件：一般手提行李或航空西裝袋（折疊後之厚度不可超過 20 公分）	7kg
商務艙	2 件	第 1 件：爲一般手提行李（體積不可超過 56x36x23 公分，22x14x9 英吋） 第 2 件：爲航空西裝袋（折疊後之厚度不可超過 20 公分）	7kg
經濟艙	1 件	1 件：一般手提行李 56×36×23 公分（22×14×9 英吋）	7kg

4 資料來源：中華航空公司客艙行李規定。

（二）個人物品

除了上述手提行李外，每位旅客尚可免費攜帶 1 件下列個人物品登機：

1. 手提袋、錢包。
2. 大衣或毛毯。
3. 輕型相機或望遠鏡。
4. 適量之免稅品。
5. 傘具。
6. 手提電腦。
7. 嬰兒於航程中所需之奶瓶及食物等。
8. 航程中之閱讀物。
9. 於機上食用之食物等物品。

（三）特殊物品

旅客因特殊使用或照護目的，於客艙空間許可下可將下列物品放置於座椅上方置物櫃或衣帽間，如超出手提行李尺寸及重量限制，得視客艙空間接受或機邊託運。

1. 手杖 / 拐杖。
2. 助行設備。
3. 義肢。
4. 醫療器材或輔助用品。
5. 兒童安全座椅。
6 嬰兒籃、兒車。

爲了飛航安全之考量，所有銳利物品必須放入託運行李內（包括任何類型的剪刀、金屬製的指甲銼、剪刀、鑷子等）。如發現攜帶任何以上物品於客艙手提行李內，有可能延遲送達或由機場安檢人員予以沒收充公，不獲發還。航空公司將不會對此負任何責任。

禁止隨身攜帶也不可放入手提或託運行李的物品：噴霧膠水、打火機或汽油易燃品。

(四)客艙占位行李

有時旅客可能需要攜帶不適合託運的大型 / 貴重 / 易碎物品。在這種情況下，可以為行李購買一張機票，如此便可以將其放置於艙壁，或隔板前或後的座位上。旅客需自行攜帶客艙占位行李上機，並交客艙組員執行固定所需之作業程序。

訂位時，務必告知航空公司客服人員有關客艙行李包裝後之尺寸，以利航空公司客服人員確認其尺寸，符合該機型收受條件，並安排適當之座椅，擺放客艙占位行李，此作業必須於班機起飛前 48 小時內完成。

為能辨識手提與客艙行李差異，航空公司地勤人員於報到時，會將客艙占位行李掛上行李牌，並安排最先登機及最晚下機。

如果客艙占位行李的尺寸或重量超過下表之限制，則必須以託運方式辦理。另外，航空公司保有拒絕承運之權利。

表 5-11 客艙占位行李尺寸或重量表

種類	體積限制	重量限制
大件 / 貴重 / 易碎品	1. 經裝箱後，於 42×42×70cm 尺寸規範內，可將行李置於座位上，或將樂器(如提琴等)斜置於地板上。 2. 座位或地板尺寸規範請向航空公司查詢。	75 公斤

客艙占位行李之其他限制如下：

1. 必須妥善裝箱，而箱子不得為玻璃材質，以避免傷及其他乘客。
2. 每一座位僅可放置一件妥善包裝之客艙占位行李。如因尺寸寬度超過一個座椅寬度時，旅客最多可購買 2 個座位(僅限經濟艙座椅)置放一件占位行李，但其重量仍不得超過 75 公斤。
3. 為避免該物品在飛行中移動，必須為其繫好座椅安全帶。
4. 不得接近或使用安全緊急通道或其他客艙通道。
5. 不能阻擋其它乘客視線，須保證其他乘客能看得到安全帶、禁止吸煙或出口標誌。
6. 不得含有危險物品。
7. 必須與持有者在同一個客艙內，並放置在其身旁。
8. 航行中不可更換客艙占位行李之座位。

二、託運行李

(一)託運行李注意事項

1. 使用合適、堅固的行李箱裝妥行李並確定在正常運載的時候不會破損或導致內容物受損。
2. 建議於行李箱外貼妥識別標籤或以英文書寫連絡電話住址之名牌，萬一行李遺失，將可協助航空公司尋回行李。
3. 切莫將易碎物品、易腐壞物品、貴重品及個人重要物品放置於託運行李內，以避免遺失、損壞或延遲送達等情事。
4. 單件託運行李不宜超過 32 公斤，以避免搬運工人職業傷害，尤其對於起飛及降落於澳洲、紐西蘭、南非、斯里蘭卡、阿拉伯聯合大公國及英國的旅客。這是根據當地職業安全法規而定。
5. 若旅客行程有延伸至他航營運之航點，或搭乘原公司與他航聯營之班機（由他航承載），免費託運行李限額可能有不同規定。
6. 航空公司接受行李託運之後，航空公司需負保管之責，每件行李並需開發行李核對標籤交旅客收執。
7. 託運行李將與旅客同班機運送，但經航空公司認定不能同班機運送時，航空公司將負責該託運行李於次班機有空位時運送。

(二)美國境內行李檢查

根據美國運輸安全管理局（TSA）的建議，為便於檢查，乘客所攜帶的行李不要加鎖。對於因為行李加鎖，而必須開鎖執行檢查造成行李箱損害，運輸安全管理局將不負責。如果美國運輸安全管理局檢查員在檢查過程中打開行李，將使用安全密封條將行李封好並貼上通告條碼，以告知行李已被檢查員打開檢查過。

有關美國當局以及運輸安全局的各種規定，請查詢美國 TSA 網站（僅有英文）。特別是旅客攜帶某些特殊行李可能涉及特殊安全規定時（如加壓氣瓶 compressed gas cylinders、彩彈設備 paintball equipment、浮潛設備 scuba equipment 等），除瞭解航空公司的規定外，在出發前先行瀏覽該網站的相關資訊，或直接向該機構詢問。

（三）計重制

1. 適用區域

適用於美洲地區 / 美加屬地以外地區之旅遊行程。若旅客行程有延伸至他航營運之航點，或搭乘原公司與他航聯營之班機（由他航承載），免費託運行李限額可能有不同規定。

2. 每人限額

表 5-12　免費託運行李重量限額表

艙　等	成人及 2 歲以上之兒童	嬰兒（2 歲以下）	晶鑽卡 / 翡翠卡 / 天合聯盟超級精英會員	金卡 / 天合聯盟精英會員
頭等艙	40 公斤	10 公斤 + 1 部摺疊式嬰兒車	額外 20 公斤	額外 10 公斤
商務艙	30 公斤			
經濟艙	20 公斤			

（有些公司皆已放寬重量，請洽詢該公司）

（四）計件制

1. 適用區域

(1) 適用於往 / 返美洲地區及美加屬地之旅遊行程。（若旅客行程有延伸至他航營運之航點，或搭乘原公司與他航聯營之班機，免費託運行李限額可能有不同規定。）

(2) 旅客所持機票行程（需列於同張機票）中含美洲地區時，其機票上任何兩點皆可適用行李計件制。

(3) 全程搭乘航空公司班機往 / 返加拿大者，機票行程內含第三區（亞洲地區、西南太平洋地區）時，若旅客停留第三區航段期間未超過兩個月，則仍適用行李計件制。若採用重量制度對本項旅客較有利時，亦可適用重量制度。

2. **每人限額**

表 5-13 免費託運行李件數限額表[5]

<table>
<tr><th>艙　等</th><th>成人及 2 歲以上之兒童</th><th>晶鑽卡會員①</th><th>晶鑽卡會員②</th><th>金卡 / 翡翠卡會員</th><th>嬰兒（2 歲以下）</th></tr>
<tr><td>頭等艙</td><td rowspan="2">1.每人限 2 件。
2.每件長＋寬＋高總和 158 公分（62 英吋）以內。
3.每件重量 32 公斤（70 磅）以內。</td><td rowspan="2">額外 2 件</td><td rowspan="2">額外 1 件</td><td rowspan="2">額外 1 件</td><td rowspan="3">1.每人限 1 件。
2.長＋寬＋高總和 115 公分（45 英吋）。
3.重量 10 公斤（22 磅）以內。
4.+1 部摺疊式嬰兒車。</td></tr>
<tr><td>商務艙</td></tr>
<tr><td>經濟艙</td><td>1.每人限 2 件。
2.每件長＋寬＋高總和 158 公分（62 英吋）以內。
3.兩件行李總和 273 公分（107 英吋）以內。
4.每件重量 23 公斤（50 磅）以內。</td><td>額外 2 件</td><td>額外 1 件</td><td>額外 1 件</td></tr>
</table>

註：旅客行程如需續接北美洲地區各航空公司時，其免費託運行李限額或有不同之規定，旅客應遵照該續程航空公司之行李規定辦理。
①搭乘華航或華信承載之航班。
②搭乘天合聯盟會員航空公司承載之航班。

三、行李退運

旅客在始發地要求退運行李，必須在行李裝機前提出。如旅客退票，已託運的行李也必須同時退運。以上退運，均應退還已收超重行李費。旅客在中停地點退運行李，該航班未使用航段的已收超重行李費不退。辦理超值申報的行李退運時，在始發地退還已交付的超值申報附加費，在中停地點不退已交付的超值申報附加費。

四、不得以行李託運之物品

旅客不得放置下列物品於其行李中：

1. 非屬行李之物品。
2. 所有可能危及飛機及機上旅客，工作人員及財物的物品，如國際民航組織（ICAO）、國際航空運輸協會（IATA），以及航空公司規定（該項資料可向航空公司索取）所稱的危險物品。
3. 飛航地區各政府之法律、規定、命令所禁止載運之物品。

5　資料來源：華航網站

4. 因物品的重量，大小尺寸及性質如易碎品或易腐敗者，航空公司認爲不適於載運之項目：
   (1) 除打獵和運動用的槍械及彈藥之外，都禁止攜帶。但上述槍械及彈藥以託運行李運送時仍需根據航空公司的規定處理。槍械必需取出彈藥，拉上保險栓及妥善的包裝。而彈藥的運送則需依據 ICAO 及 IATA 危險物品規則處理。
   (2) 旅客不得將下列物品放在託運行李中，如易碎或易腐敗的物品，金錢、珠寶、貴重金屬、銀器、可轉讓票據、證券或其他貴重物品、商業文件、護照和其他證件或樣品。
   (3) 武器如古董槍械、刀、劍及類似物品，根據航空公司的規定得以託運行李處理，但不得放置於客艙中。
   (4) 不論是否爲禁止以行李載運之物品，若航空公司同意承運限制載運之物品，旅客仍需支付運費，且適用限額之責任賠償，並需遵守行李運送條款之規定。

五、拒絕載運權

1. 航空公司得拒載禁止以行李託運之物品。若承運以後始發現上述之物品得不再繼續承運。
2. 航空公司得拒載任何因物品之大小尺寸、形狀、重量或性質不符合規定之行李。
3. 除與航空公司事先有安排外，航空公司得將超重行李移至下班飛機運送。
4. 託運行李應適當放置於行李箱或其他容器中，並確定適宜安全運送，否則航空公司得拒絕託運。

六、查驗權

基於安全理由，航空公司得要求旅客同意查驗其人身及行李，並且得在其不在場時檢查其行李，以確定旅客是否在其行李中放置所禁止載運之物品，或有未依據規定應事先向航空公司報備之武器彈藥。若旅客不同意此點，航空公司得拒載此位旅客或行李。

七、超重行李

旅客須依據航空公司的規定支付超重 / 件行李之運費。

1. 計重制收費依據

行李超重計價機制係以超過免費行李部分，以該航線單程經濟艙最高成人票價的 1.5%，作爲每公斤超重計算基礎。

2. 計件制收費依據

(1) 依航空公司公告最新費率表資訊爲主。

(2) 超重行李費係依據機票啓程點之費率爲基礎。例如：旅客持洛杉磯出發來回臺北之機票，則第一件超重行李費來回程皆爲美金 100 元。

八、超值申報及費用

1. 旅客之託運行李每公斤價值超過美金 20 元時，得向航空公司申報價值。航空公司於接受此項申報時，將於以下第 2 點報值限額內收取適當費用。但隨身行李或其他財物，航空公司不接受申報價值。
2. 除事先特別安排外，航空公司不接受申報價值超過美金 2,500 元之行李。
3. 申報價值之行李須與他航聯運，而該航不辦理申報價值行李，則航空公司將拒絕此項託運行李之申報價值。

九、行李提取與放行

1. 旅客須於行李抵達終點或轉運點之後，儘快提取託運行李。
2. 唯持有託運行李核對標籤的旅客有權提領該項行李。若無行李核對標籤，但有託運行李票而且用其他方式可辨識行李者，亦可提領該項行李。
3. 若旅客聲明行李所有權，卻不能出示託運行李票，而且也不能根據行李核對標籤來確認行李，則航空公司只能在旅客提供相當的保證，免除航空公司在放行該項行李之後的任何損失、傷害或支出任何費用時，始可以提領行李。
4. 持有行李票之人，無異議地接受託運行李，即證明行李已根據運送條款完好的運達。

十、動物

1. 狗、貓、飼養的鳥類及其他寵物，若適當地放在籠內，並備有健康、接種證明書、入境許可和其他入境、過境國家所需的證件，旅客可事先徵得航空公司同意，並按其規定運送。

2. 若動物被當作行李運送時，則動物及其籠子和食物不得計入免費託運行李之重量 / 件數中，而需視爲超重行李並由旅客支付超重行李費。
3. 視障、聽障或殘障旅客之導引犬及其籠子和食物，則可依據航空公司的規定免費運送，而不計入旅客的免費託運行李之限額內。
4. 旅客需自行負擔動物運送的責任，航空公司始予以載運。動物被拒絕入境或過境任何國家而導致之傷害、損失、生病或死亡，航空公司不需負任何責任。

十一、賠償規定

1. 賠償限額
   (1) 航空公司對於託運行李的賠償限額爲每公斤美金 20 元，若是隨身行李則每位旅客最高賠償限額爲美金 400 元。若行李的重量沒有登記在機票上的行李欄內，則其託運行李的重量依航空公司各艙等所規定的免費託運行李重量爲準。若旅客依據規定辦理其託運行李的超值申報，則航空公司按申報價值負賠償責任。
   (2) 依中華民國民用航空法第 93 條之 1 規定：託運貨物或登記行李毀損滅失之賠償責任航空器使用人或運送人，就其託運貨物或登記行李之毀損或滅失所負之賠償責任，每公斤最高不得超過新臺幣一千元。但託運人託運貨物或行李之性質、價值，於託運前已向運送人聲明並載明於貨物運送單或客票者，不在此限。
   (3) 乘客隨身行李之賠償責任，按實際損害計算。但每一乘客最高不得超過新臺幣二萬元。

   航空器使用人或運送人因故意或重大過失致生前二項所定之損害者，不得主張賠償額之限制責任。

   前三項規定，於航空貨運承攬業、航空站地勤業或航空貨物集散站經營業爲賠償被請求人時，準用之。
2. 賠償免責

   航空公司不賠償因旅客行李內放置之物品造成對旅客本身或其行李的損害。任何旅客因其財物導致其他旅客的傷害，或毀損其他旅客的財物或航空公司的財物，該旅客需賠償航空公司因而所遭致的損失及費用。

航空公司對於旅客放置於託運行李中之易碎品或易腐敗品，金錢、珠寶、貴重金屬、銀器、可轉讓票據、證券或其它貴重物品、商業文件、護照和其它證件或樣品之毀損不負賠償責任。

3. 索賠通知

行李託運人應於發現行李毀損後立刻向航空公司申訴，最遲應於收到行李後 7 日內（1 週）爲之，若行李遲延送達，至遲亦不得超過旅客收到行李後 21 日內提出申訴，否則航空公司不受理索賠。提出申訴必須以書面並於上述期限內爲之。

4. 請求權之消滅時效

若未於飛機抵達終點日起兩年內，或飛機應該抵達的日期或運送停止之日起兩年內提起訴訟，則損害賠償請求權消滅。

5. 華沙公約

對乘客、行李等賠償約定係根據華沙公約（Warsaw Convention）所訂定。

第七節 機上行爲[6]

若旅客在機艙內之行爲舉止有危害飛機、人員或財物安全或妨礙組員執行勤務，或不遵守組員的指示或其行爲會引起其他旅客之抗議，航空公司可採取認爲必要的措施，以阻止其行爲之繼續，包括對該旅客之禁制措施，內容如下：

1. 旅客不得在機上使用手提收音機、個人無線電收發報機、大哥大、CD 唱盤、電子遊樂器、各類遙控發射器包括遙控玩具及對講機。另在起飛或降落時亦不得使用錄放影機、電子遊樂器、電腦及週邊設備、計算機、FM 接收器、TV 接收器或電子刮鬍刀。旅客除了助聽器和心律調整器之外，不得在未獲航空公司許可之下使用任何其他的電子產品。
2. 依民用航空法第 119-2 條規定：於航空器上有下列情事之一者，處新臺幣一萬元以上五萬元以下罰鍰：

   (1) 不遵守機長爲維護航空器上秩序及安全之指示。

   (2) 使用含酒精飲料或藥物，致危害航空器上秩序。

6 資料來源：中華航空公司運送條款。

(3) 於航空器廁所內吸菸。

(4) 擅自阻絕偵菸器或無故操作其他安全裝置。

3. 懷孕

(1) 航空公司接受懷孕未滿 32 週或距離預產期 8 週以上身體健康之孕婦，視同一般旅客搭乘。

(2) 懷孕超過 32 週，且將於 4 至 8 週內即將分娩之孕婦如欲搭乘班機，旅客應填寫免責同意書外，並需備妥離啓程日 7 天內婦產科醫師簽署之適航申請書。

小知識

訂位就像打字，票務才是書的內容，熟悉票務規則，才能替自己及旅客爭取最大利益。

(3) 航空公司原則上不受理 4 週內即將分娩之孕婦搭機。

(4) 基於安全考量，航空公司不受理生產後未滿 14 天之產婦登機。

(5) 以上日期皆以搭機日期計算。某些國家對孕婦入境有特別規定，建議出發前先洽詢入境國之當地辦事處相關事宜。

小知識

10 大討人厭的搭機行為

第一名：將座椅往後倒到快碰到後面乘客的大腿，63%。
第二名：將手肘整個靠住扶手，不留一點空間給旁邊的人 55%。
第三名：花錢是大爺的心態，對空服員不客氣 53%。
第四名：攜帶過大的手提行李上機 49%。
第五名：與同行友人大肆喧嘩聊天 43%。
第六名：趕著下飛機，只為當過海關的第一名 40%。
第七名：一直起身離開座位去拿機上置物櫃的行李 34%。
第八名：直接將腳抬起跨在前座位上 33%。
第九名：大聲抱怨，無顧他人 24%。
第十名：霸占窗戶擋住視線 19%。

空服人員為什麼再三強調要關掉電子用品或開飛航模式？

起飛和降落時，手機的通訊系統，會發出刺耳的雜音，這些雜音也會傳入駕駛員耳機內，雖然不至於造成嚴重的聽力影響，但卻會讓駕駛員感到煩躁，特別是在接收重要資訊的時候。因此，為了全機人員的安全著想，下次在搭乘飛機時，請務必將手機調成飛航模式，否則你不知道下一秒會發生什麼事。

第六章 代號

第一節 城市及機場代號
第二節 航空公司英文 2 碼代號
第三節 航空公司英文 3 碼代號
第四節 航空公司數字 3 碼代號
第五節 貨幣代號
第六節 世界各國國名代號
第七節 機票稅費代號

此章各種代號，在航空票務作業中是基礎卻很重要，但因種類及頁數繁多，非本書所能負荷，本章僅舉例，讓讀者瞭解，在實務作業中，各項代號可經由電腦中查出。

第一節 城市及機場代號

航空票務入門第一要素就是瞭解及記憶城市及機場代號，所有旅客行程點皆以代號表示。

一、城市代號（CITY CODE）

國際航協用三個大寫英文字母來表示有定期班機飛航之城市代號。

表 6-1 城市代號

序號	城市名稱			國家名稱	
	Code 代號	全 文	中 文	英 文	中 文
1	WAS	WASHINGTON	華盛頓	USA	美國
2	NYC	NEW YORK	紐約		
3	PHL	PHILADELPHIA	費城		
4	SEA	SEATTLE	西雅圖		
5	PDX	PORTLAND	波特蘭		
6	MIA	MIAMI	邁阿密		
7	LAX	LOS ANGELES	洛杉磯		
8	SFO	SAN FRANCISCO	舊金山		
9	ATL	ATLANTA	亞特蘭大		
10	CVG	CINCINNATI	辛辛那堤		
11	DTT	DETROIT	底特律		
12	HOU	HOUSTON	休士頓		
13	LAS	LAS VEGAS	拉斯維加斯		
14	MSP	MINNEAPOLIS	明尼阿波里斯		
15	SLC	SALT LAKE CITY	鹽湖城		
16	SAN	SAN DIEGO	聖地牙哥		
17	TPA	TAMPA	坦帕		
18	MCO	ORIANDO	奧蘭多		
19	CMH	COLUMBUS	哥倫布		

（續下頁）

（承上頁）

序號	城市名稱			國家名稱	
	Code 代號	全 文	中 文	英 文	中 文
20	HNL	HONOLULU	檀香山	USA	美國
21	ANC	ANCHORAGE	安克拉治		
22	BOS	BOSTON	波士頓		
23	CHI	CHICAGO	芝加哥		
24	ATH	ATHENS	雅典	GREECE	希臘
25	HEL	HELSINKI	赫爾辛基	FINLAND	芬蘭
26	STO	STOCKHOLM	斯德哥爾摩	SWEDEN	瑞典
27	OSL	OSLO	奧斯陸	NORWAY	挪威
28	CPH	COPENHAGEN	哥本哈根	DENMARK	丹麥
29	BER	BERLIN	柏林	GERMANY	德國
30	FRA	FRANKFURT	法蘭克福		
31	MUC	MUNICH	慕尼黑		
32	VIE	VIENNA	維也納	AUSTRIA	奧地利
33	ZRH	ZURICH	蘇黎士	SWITZERLAND	瑞士
34	GVA	GENEVA	日內瓦		
35	AMS	AMSTERDAM	阿姆斯特丹	NETHERLAND	荷蘭
36	BRU	BRUSSELS	布魯塞爾	BELGIUM	比利時
37	PAR	PARIS	巴黎	FRANCE	法國
38	ROM	ROME	羅馬	ITALY	義大利
39	MIL	MILAN	米蘭		
40	MAD	MADRID	馬德里	SPAIN	西班牙
41	LON	LONDON	倫敦	UK	英國
42	CAI	CAIRO	開羅	EGYPT	埃及
43	JRS	JERUSALEM	耶路撒冷	ISRAEL	以色列
44	JNB	JOHANNESBURG	約翰尼斯堡	SOUTH AFRICA	南非
45	TPE	TAIPEI	臺北	ROC	中華民國
46	KHH	KAO HSIUNG	高雄		

（續下頁）

（承上頁）

序號	城市名稱			國家名稱	
	Code 代號	全　文	中　文	英　文	中　文
47	TSA	TAIPEI SUNGSHAN APT	臺北（松山）	ROC	中華民國
48	RMQ	TAICHUNG	臺中		
49	SHA	SHANGHAI HONGQIAO	上海虹橋	CHINA	中國
50	PVG	SHANGHAI PUDONG	上海浦東		
51	PEK（BJS）	BEIJING	北京		
52	CSX	CHANGSHA	長沙		
53	CAN	GUANGZHOU	廣州		
54	CTU	CHENGDU	成都		
55	CKG	CHONGQING	重慶		
56	DLC	DALIAN	大連		
57	FOC	FUZHOU	福州		
58	TAO	QINGDAO	青島		
59	SYX	SANYA	三亞		
60	SHE	SHENYANG	瀋陽		
61	SZX	SHENZHEN	深圳		
62	CGO	ZHENGZHOU	鄭州		
63	WNZ	WENZHOU	溫州		
64	WUH	WUHAN	武漢	CHINA	中國
65	WUX	WUXI	無錫		
66	XMN	XIAMEN	廈門		
67	XIY	XIAN	西安		
68	YNZ	YANCHENG	鹽城		
69	SEL	SEOUL	首爾	KOREA	韓國

（續下頁）

（承上頁）

序號	城市名稱			國家名稱	
	Code 代號	全 文	中 文	英 文	中 文
70	TYO	TOKYO	東京	JAPAN	日本
71	OSA	OSAKA	大阪		
72	OKA	OKINAWA	沖繩		
73	SPK	SAPPORO	札幌		
74	MNL	MANILA	馬尼拉	PHILIPPINE	菲律賓
75	HAN	HANOI	河內	VIETNAM	越南
76	SGN	HO CHI MING	胡志明市		
77	BKK	BANGKOK	曼谷	THAILAND	泰國
78	CNX	CHIANG MAI	清邁		
79	HKT	PHUKET	普吉島		
80	SIN	SINGAPORE	新加坡	SINGAPORE	新加坡
81	KUL	KUALA LUMPUR	吉隆坡	MALAYSIA	馬來西亞
82	PEN	PENANG	檳城		
83	HKG	HONGKONG	香港	CHINA	中國
84	MFM	MACAU	澳門		
85	JKT	JAKARTA	雅加達	INDONESIA	印尼
86	DPS	DENPASAR	峇里島		
87	SUB	SURABAYA	泗水		
88	CBR	CANBERRA	坎培拉	AUSTRALIA	澳洲
89	SYD	SYDNEY	雪梨		
90	BNE	BRISBANE	布里斯本		
91	AKL	AUCKLAND	奧克蘭	NEW ZEALAND	紐西蘭
92	ROR	KOROR	帛琉	PALAU	帛琉
93	PNH	PHNOM PENH	金邊	CAMBODIA	柬埔寨
94	RGN	YANGON	仰光	MYANMAR	緬甸

二、機場代號（AIRPORT CODE）

國際航協將每一個機場以三個大寫英文字母來表示機場代號。例如：

1. 臺北（TPE）機場有二座：臺北松山國內機場，代號為 TSA；桃園國際機場，代號為 TPE 或 TPE/CKS。
2. 東京（TYO）機場有二座：東京成田機場（Narita Airport），機場代號為 NRT；東京羽田機場（Haneda Airport），機場代號為 HND。
3. 倫敦（LON）機場有三座：希斯洛機場（Heathrow Airport），代號為 LHR；蓋威克機場（Gatwick Airport），代號為 LGW；路東機場（Luton Airport），代號為 LTN。
4. 紐約（NYC）機場有三座：甘迺迪機場（Kennedy Airport），代號為 JFK（中華航空在此機場起落）；拉瓜地機場（La Guardia Airport），代號為 LGA；紐華克機場（Newark Airport），代號為 EWR（長榮航空原在此機場起落，2011 年 10 月 31 日起改降落 JFK）。

表 6-2 機場代號

機場代號	機場英文名稱	機場所在地	國家
TPE	TAIPEI-TAOYUAN	桃園	中華民國
TXG	TAICHUNG	臺中	中華民國
CGK	JAKARTA	雅加達	印尼
LHR	HEATHROW	倫敦	英國
HKG	HONG KONG	香港	中國
PKX	BEIJING-DAXING	北京（大興）	中國
HAN	HANOI	河內	越南

第二節 航空公司英文 2 碼代號

「IATA 航空公司代號」（ADC, Airline Designator Code）是國際航空運輸協會（IATA）為全球各航空公司指定的兩個字母的代號，它是由兩個字母組成。

ADC 兩個字母的代號用於預約、時刻表、票務、徵稅、航空提單、公開發布的日程表和航空公司間的無線電通訊，同時也用於航線申請及空中導航呼叫使用。

表 6-3 航空公司英文 2 碼代號

代號	航空公司	國家
AC	加拿大航空（Air Canada）	加拿大
AE	華信航空（Mandarin Airlines）	中華民國
AZ	義大利航空（Alitalia）	義大利
B7	立榮航空（UNI Airways）	中華民國
BR	長榮航空（EVA Airways）	中華民國
CA	中國國際航空（Air China）	中國
CI	中華航空（China Airlines）	中華民國
CP	加拿大航空（Canadian Airlines）	加拿大
CX	國泰航空（Cathay Pacific Airways）	香港
CZ	中國南方航空（China Southern Airlines）	中國
JL	日本航空（Japan Airlines）	日本
JX	星宇航空（STARLUX Airlines）	中華民國
FM	上海航空（Shanghai Airlines）	中國
KE	大韓航空（Korean Air）	南韓
MF	廈門航空（Xiamen Airlines）	中國
MH	馬來西亞航空（Malaysia Airlines）	馬來西亞
NH	全日空（ANA, All Nippon Airways）	日本
NW	西北航空（Northwest Airlines）	美國
NX	澳門航空（Air Macau）	澳門
NZ	紐西蘭航空（Air New Zealand）	紐西蘭
QF	澳洲航空（Qantas Airways）	澳洲
SQ	新加坡航空（Singapore Airlines）	新加坡
TG	泰國國際航空（Thai Airways）	泰國
UA	聯合航空（United Airlines）	美國
VN	越南航空（Vietnam Airlines）	越南

第三節 航空公司英文 3 碼代號

航空公司英文 3 碼代號是國際民用航空組織（ICAO）爲全球各航空公司指定的三個字母的代碼。這些代碼從 1987 年開始發布。

表 6-4　航空公司英文 3 碼代號

代號	航空公司	國家
AAL	美國航空（American Airlines）	美國
ACA	加拿大航空（Canadian Airlines）	加拿大
AFR	法國航空（Air France）	法國
BAW	英國航空（British Airways）	英國
CAL	中華航空（China Airlines）	中華民國
CPA	國泰航空（Cathay Pacific Airways）	香港
CCA	中國國際航空（Air China）	中國
EVA	長榮航空（EVA Airways）	中華民國
JAL	日本航空（Japan Airlines）	日本
KLM	荷蘭皇家航空（KLM Royal Dutch Airlines）	荷蘭
SIA	新加坡航空（Singapore Airlines）	新加坡
SJX	星宇航空（STARLUX Airlines）	中華民國
UAL	聯合航空（United Airlines）	美國

第四節 航空公司數字 3 碼代號

Airline Code Numbers（ACN）或 IATA Prefix：每一家航空公司的數字代號（三碼）。在機票 Airlines code 空白處填入此 3 碼數字代號，以玆區別機票歸屬哪一家航空公司。

表 6-5 航空公司數字 3 碼代號

代號	航空公司	國家
297	中華航空（China Airlines）	中華民國
695	長榮航空（EVA Airways）	中華民國
189	星宇航空（STARLUX Airlines）	中華民國
074	荷蘭皇家航空（KLM Royal Dutch Airlines）	荷蘭
081	澳洲航空（Qantas Airways）	澳洲
086	紐西蘭航空（Air New Zealand）	紐西蘭
125	英國航空（British Airways）	英國
131	日本航空（Japan Airlines）	日本
160	國泰航空（Cathay Pacific Airways）	香港
205	全日空航空（All Nippon Airways）	日本
217	泰國航空（Thai Airways）	泰國
232	馬來西亞航空（Malaysia Airlines）	馬來西亞
618	新加坡航空（Singapore Airlines）	新加坡
781	東方航空（China Eastern Airlines）	中國
999	中國國際航空（Air China）	中國

第五節 貨幣代號

機票屬國際通用，為瞭解此機票之票價金額及支付之貨幣為何，以代號顯示在機票上。

表 6-6 世界各國貨幣代號（Currency code）

地區	貨幣名稱	代號
臺灣	新臺幣元（New Taiwan dollar）	TWD
中國	人民幣元（Renminbi）	CNY
香港	港元（Hong Kong dollar）	HKD
日本	日元（Japanese yen）	JPY

（續下頁）

（承上頁）

地區	貨幣名稱	代號
韓國	韓元（South Korean won）	KRW
英國	英鎊（Pound sterling）	GBP
歐盟	歐元（Euro）	EUR
加拿大	加拿大元（Canadian dollar）	CAD
美國	美元（United States dollar）	USD
澳洲	澳元（Australian dollar）	AUD
紐西蘭	紐西蘭元（New Zealand dollar）	NZD
泰國	泰銖（Thai baht）	THB
馬來西亞	令吉（Malaysian ringgit）	MYR
新加坡	新加坡元（Singapore dollar）	SGD
汶萊	汶萊元（Brunei dollar）	BND
印尼	印尼盾（Indonesian rupiah）	IDR

第六節 世界各國國名代號

在機票開立及電報發送識別碼，以下述國名代號區別。

表 6-7　世界各國國名代號（Country code）

代號	英文國名	中文國名
TW	Taiwan	臺灣
CA	Canada	加拿大
CN	China（People's Rep）	中國
RU	Russian Federation	俄羅斯
US	United States of America	美國
ID	Indonesia	印尼
JP	Japan	日本
PH	Philippines	菲律賓

第七節 機票稅費代號

由於世界各國提供機場設備服務旅客，以往皆在機場直接向旅客收取現金，現已改爲在機票開立時直接收取，並由載運之航空公司向機場當局繳納，因此在機票票價計算欄位中將此稅費代號列出。

表 6-8 稅費代號（Ticket tax code）

稅費代號	稅費種類	國家
TW	Int’l Airport Service Charge	中華民國
DE	Security Charge	德國
HK	Airport Passenger Departure Tax	香港
ID	Value Added Tax	印尼
JP	Consumption Tax	日本
PH	Int'l Travel Tax/Alien Head Tax	菲律賓
SG	Passenger Service Charge	新加坡
TS	Domestic Passenger Service Charge	泰國
US	Domestic Transportation Tax/Int'l Arrival Tax/Int'l Departure Tax	美國
XA	Animal and Plant Health Inspection Service （APHIS）Fee	美國
XF	Passenger Facilities Charge	美國
XT	Code used for combined taxes when there are more than three taxes.	若因稅類太多時將非主要其他稅加總
XY	Immigration and Naturalization Service Inspection Fee	美國
YR	War Risk Surcharge 兵險附加費	（非稅）
YQ	Fuel Surcharge 油料附加費	（非稅）

NOTE

第七章 票務簡介

第一節 機票種類

第二節 電子機票（ET）

第三節 機票組成內容

第四節 機票行程類別

本章已進入票務介紹，機票票聯性質、機票類別、艙等類別及機票內容各個欄位說明，其內容非常重要且爲外部考試常考，請同學詳讀。

有關機票行程類別是航空票務入門最基礎觀念，爾後票價計算常需判別。

第一節 機票種類

一、機票類別

目前全球皆已實施電子無實體機票，但仍有極少數使用傳統實體紙票，各種機票類別如下：

1. 手寫式機票（Manual Ticket）：機票以手寫的方式開發，分爲一張、二張或四張搭乘聯等格式。
2. TAT 電腦自動化機票（Transitional Automated Ticket）：從自動開票機刷出的機票。
3. ATB 電腦自動化機票含登機證（Automated Ticket and Boarding Pass）：該機票的厚度與信用卡相近，背面有一條磁帶，用以儲存旅客行程的相關資料，縱使遺失機票，亦不易被冒用。
4. 電子機票（ET, Electronic Ticket）：電子機票是將機票資料儲存在航空公司電腦資料庫中，無需以紙張列印每一航程的機票聯，雖然不是無機票作業，卻合乎環保又可避免實體機票之遺失。旅客至機場只需出示電子機票收據或告知訂位代號即可辦理登機手續（詳細介紹，請見下一節）。

二、機票開出類型

航空公司爲配票至各分支單位及防止僞造機票，將機票分爲專用及中性機票，專用機票係由航空公司賦予特定號碼以資管制及區別；中性機票由 ARC 或 BSP 開出。

（一）航空公司專用機票（Airlines Dedicated Tickets）

航空公司自用或特定代理商（旅行社）使用，有下列各式各樣機票格式（以華航 297 爲例）（表 7-1）。

表 7-1 華航 297 客票

航空代碼 A/L Code	格式 Form	序列號碼 Serial Number	檢查碼 Check Digit
1. 機票			
A. 自動化開票 Transitional Automated Ticket（TAT）（軟紙票）			
297	22xx	xxxxxx	x
297	2400-2459	xxxxxx	x
297	94xx	xxxxxx	x
B. 人工開票 Manual Ticket（軟紙票）			
297	42xx	xxxxxx	x
297	44xx	xxxxxx	x
C. 自動化開票含登機證（硬卡紙票）Automated Ticket/Boarding Pass（ATB2）			
297	21xx	xxxxxx	x
D. 電子機票 Electronic Ticket（E-Ticket）			
297	22xx	xxxxxx	
2. 雜項支出憑證（券）Miscellaneous Charge Order（MCO）			
297	4010	xxxxxx	x
3. 超重行李票 Excess Baggage Tickets			
297	4510、4520	xxxxxx	x
4. 包機票 Collective Ticket（Charter Ticket）			
297	4740	xxxxxx	x

（二）中性機票（Neutral Tickets）

AirLines code 空白，由代理商（Agent）決定開立那家航空公司，即填入航空公司數字 3 碼代號。

1. ARC 機票（Airline Reporting Corporation Ticket）：由美國 ARC 所屬代理商所開立。
2. BSP 機票（Billing and Settlement Plan Ticket）：IATA BSP 所屬代理商所開立。

3. 特定機構或代理商機票（Tickets Provided by System Provider）：某些非 ARC 也非 BSP 但經航空公司授權或訂約之特定機構或代理商所開立之機票。例如：英國及歐洲皆有專售學生票之旅行社（如 STW 旅行社），可自行印製機票。

三、票聯性質

在實體及無實體機票中，皆存在稽核聯、代理商聯、搭乘聯及旅客存根聯之分，差別只在無實體機票中稽核聯、代理商聯及搭乘聯存在電子檔中，旅客看不到。

1. 稽核聯（Audit Coupon）：開完票後，與報表一同交給會計單位，對航空公司報帳及送交航空公司留存使用。
2. 代理商聯（Agent Coupon）：開完票後撕下，代理商公司留存。
3. 搭乘聯（Flight Coupon）：客人搭乘時使用，From/ To 航段，必須附著旅客存根聯才爲有效票。
4. 旅客存根聯（Passenger Coupon）：旅客存查及收據使用，僅供報帳或存查用，不能搭乘。

票聯性質注意事項

1. 機票封面載有旅客運送條款，表示機票是航空公司與旅客之間的一種契約行為，是一份有價證券。
2. 每張搭乘聯確實按照機票上面所列出之起迄點搭乘。國際線機票若第一張搭乘聯未使用，而欲使用後續航段搭乘聯，航空公司將不接受該機票之使用。惟第一張搭乘聯使用後，其餘搭乘聯則可按旅客需要依順序使用或跳用，未使用部分只可辦理退票。
3. 電子機票無票聯只有收據。

四、機票依票價區分

（一）票價類別

1. 普通票價（Normal Fare）

「普通票」指一般頭等艙（First Class）、商務艙（Business Class）及經濟艙（Economy Class）年票，票價高，但限制少。

2. 折扣票價（Discount Fare）

「折扣票」指以普通票爲打折的票，依特定身分的不同有不同的折扣，包括：兒童、嬰兒、老人、領隊、代理商優惠票。謹就兒童、嬰兒及同業折扣票說明如下：

(1) 兒童（Child）

年滿二歲以上且未滿十二歲以下的小孩可購買兒童票（以出發日爲準），依據路徑、艙等或票價種類享有票面價 75%、67% 或 50% 之優惠。行李規定及限制與成人相同。

(2) 嬰兒（Infant）

指 2 歲以下（以出發日爲準）之孩童。訂位代號：NS（No Seat）。

不占位者，可享票面 1 折優惠，但需由成人陪伴。免費託運行李 10 公斤 /1 件行李；另可攜帶一件可完全折疊之嬰兒推車。一般而言，嬰兒票價爲全額票價的 10%，但可能依不同航線或不同票種而有不同的折扣。若嬰兒欲占一個位子，則須支付兒童（Child）票價。

若嬰兒在續程已滿二歲時，依民航法規定，基於安全考量凡年滿二歲以上的乘客均需占位。故當嬰兒在續程已滿二歲時，則該航段需占位並支付兒童票票價。

(3) 同業折扣票

同業折扣票有以下三種：

- ID 折扣票：航空公司職員之員工本人及眷屬所申請，ID90（10% 票價）、ID75（25% 票價）、ID50（50% 票價）。
- AD 折扣票：旅行業代理商優惠機票，旅行社員工本人所申請，AD75（25% 票價）、AD50（50% 票價）。
- CG 折扣票：是旅行社領隊導遊折扣票。

3. 特別票價（Special Fare）

「特別票」指有停留點、效期、行程、轉讓，或使用人身分上限制的票。包括：團體票（Group Fare）、旅遊票（Excursion Fare）、包機、學生票（Group Affinity Ticket）、遊覽票（Inclusive Tour Fare）、商務票等，票價除哩程、經由路線有所差別，亦因「有效期」的長短而有差異，不過特別票通常有限制條件，如可否退票、轉讓、指定出發及回程日期，可否中途停留，有無季節限制等，可依個人需求再做選擇。

一般可由機票上的「Fare Basis」及「Endorsement」兩欄位中，判定是普通票（Normal）或特別票（Special）。基本上，「Fare Basis」、「Endorsement」二欄上限制越少，表示機票使用限制越少，價錢也較高；反之，越便宜的機票，其使用限制就越多。

（二）期限類別

1. 普通一年期機票（Normal Fare）

普通一年期機票主要分爲「頭等票」、「商務票」及「經濟票」三種，有效期爲一年。按票面價購入的普通一年期機票，可以要求背書轉換搭乘其他航空公司的航班。一般來說，普通一年期機票票價較高，但沒有太多限制，時間上較易掌握，若預計途中可能隨時改變路線、時間的話，以購買普通一年期機票較好，雖然票價較高，但物有所值，所節省的時間及其靈活可能比購買特價票更划算，且退票時較爲有利。

SD 學生票
Group Affinity Ticket

「SD 學生票」票價通常較旅遊票價低，但需持有「國際學生證 ISIC 卡」或「GO25 青年證」才能購買。SD 學生票享有較高的行李托運公斤數，停留效期通常可長達半年或一年，英國 STW 公司其開立的學生票可使用於各航空公司。

2. 旅遊機票（Excursion Fare）

旅遊機票其票價一般比普通一年期機票便宜，但限制較多。例如：只售來回票而不能購買單程，不能更改目的地等，還要在機票有效期限內回程。如臺北到法蘭克福的旅遊機票爲 90 天內有效，即持票人必須在此限期內回程，否則機票失效。

旅遊機票的限制依每一條航線而有不同限制，有些旅遊票亦有「預購日」或「最長使用日」的限制。例如：有限期爲 3 至 90 天的，即表示旅客在出發前 3 日就必須先購票或出發後最少須停留 3 天，而必須在 90 天內有效期內回程；購買此種機票時，應該詳細瞭解有效期限，以免機票因過期失效，回程要另行買票，招致損失。

3. 團體機票（Group Fare/Group Inclusive Tour（GV）Fare）

團體機票是旅行社爲舉辦團體旅行之用。團體機票不能出售予個別旅遊人士，但實際上，某些航線上的特價機票，事實是團體機票而通過指定的代理湊票出售。購買團體機票時應該注意其有效及能否退回程票，因爲某些團體票在機票上註明不能退款，如因簽證或其他原因延誤，導致不能出發或回程，則損失很大，必須小心注意。

4. 包機機票（Charter Flight Fare）

包機機票是旅行社向航空公司包下整架或部分飛機座位，以供旅客搭乘。這類機票的票價及營運限制，均由航空公司或旅行社自行訂定。

（三）艙等類別

機票依艙等類別可分爲「頭等艙」（First Class）、「商務艙」（Business Class）、「經濟艙」（Economy Class or Coach Class）。通常價格以頭等艙最高，其次商務艙，最低爲經濟艙。

- 當頭等艙與商務艙旅客使用同一艙門上下飛機時，頭等艙的旅客是先上先下，商務艙的旅客是後上後下。
- 當商務艙與經濟艙旅客使用同一艙門上下飛機時，商務艙的旅客是先上先下，經濟艙的旅客是後上後下。

第二節 電子機票（ET）

「電子機票」（ET, Electronic Ticket, E-ticket, ETKT）是另一種形式的機票，乘客在櫃臺、透過網站或電話訂購機票之後，訂位系統就會記下訂位紀錄，電子機票就是以電腦紀錄的方式存在。電子機票分兩種，一種是個人電子機票（圖 7-1），另一種是團體電子機票（圖 7-2）。

以下標示號碼即第三節機票組成內容之欄位。

03-4268666（Office Hours）
0933950220（After Office Hours）

ABACUS ELECTRONIC TICKET
PASSENGER ITINERARY/RECEIPT
CUSTOMER COPY

Passenger：②	CHENG/CHANGRUEY	Ticket Number：①	2972272446579
DATE：㉗	31JUL12	Issuing Airline：	CHINA AIRLINES
Issuing Agent：㉗	G998ATZ	IATA Number：	34305014
Tour Code：⑭	P0EC	Name Ref：	
Abacus Booking Ref：	CRKAHI	FOID：	
Frequent Flyer No：㉘	CICT7010910	Customer Number：	

DAY	DATE	FLIGHT		CITY/TERMINAL STOPOVER CITY	TIME	CLASS/STATUS	FARE BASIS
TUE	07AUG ⑧	CI0791 ⑤⑥	DEP	TAIPEI TAOYUAN③ TERMINAL 1	0825 ⑨	ECONOMY ⑦	YEE1M ⑪
④	07AUG		ARR	HANOI	1035	CONFIRMED ⑩	

CHINA AIRLINES REF：K2C6XN⑯

NVA：07SEP12 ⑫
BAGGAGE：20K ⑬

DAY	DATE	FLIGHT		CITY/TERMINAL STOPOVER CITY	TIME	CLASS/STATUS	FARE BASIS
FRI	10AUG	VN1123 ⑤⑥	DEP	HANOI③	1130	ECONOMY	Y
	10AUG		ARR	HO CHI MINH TERMINAL 1	1330	CONFIRMED	

VIETNAM AIRLINES REF：CRKBRK

NVA：07AUG13
BAGGAGE：20K

DAY	DATE	FLIGHT		CITY/TERMINAL STOPOVER CITY	TIME	CLASS/STATUS	FARE BASIS
MON	13AUG	CI0784 ⑤⑥	DEP	HO CHI MINH③ TERMINAL 2	1745	ECONOMY	YEE1M
	13AUG		ARR	TAIPEI TAOYUAN⑮ TERMINAL 1	2210	CONFIRMED	

圖 7-1　個人電子機票（續下頁）

① 機票號碼
② 旅客姓名
③ From / To 行程欄
④ X / O 轉機或停留
⑤ 航空公司代號
⑥ 班機號碼
⑦ 訂位艙等
⑧ 出發日期
⑨ 起飛及到達時間
⑩ 電子機票狀態
⑪ 票價基礎欄
⑫ 生效期及失效期

（承上頁）

CHINA AIRLINES REF：K2C6XN

NVB：10AUG12
NVA：07SEP12
BAGGAGE：20K

Form of Payment： CHECK⑳

Endorsement/Restriction： NONENDO/NONRERTE㉑

Fare Calculation：㉕ ㉖ TPE CI HAN320.37VN SGN430.00CI TPE320.37NUC1070.74END
ROE29.942
8**O/BVLD 04JUL-22AUG12 MAX 3D-1M RFND REISU CHARGE APPLY
XT543
JC1358YQ

Fare：㉒ TWD 32061
Taxes/fees/charges：㉓ TWD 300TW, TWD 63AX, TWD 543JC, TWD 1358YQ
Total：㉔ TWD 34325

Positive identification required for airport check in Notice：
Transportation and other services provided by the carrier are subjected to conditions of contract and other important notices. Please ensure that you have received these notices, and if not, contact the travel agent or issuing carrier to obtain a copy prior to the commencement of your trip.
If the passenger journey involves an ultimate destination or stop in a country other than the country of departure, the Warsaw Convention may be applicable and this convention governs and on most case limits the liability of carriers for death or personal injury and in respect of loss of or damage to baggage.

IATA Ticket Notice：
http：//www.iatatravelcentre.com/e-ticket-notice/General/English/（Subject to change without prior notice）

圖 7-1 個人電子機票

⑬ 行李限制
⑭ 特殊票價的限制代號
⑮ 啓程站 / 終點站
⑯ 訂位代號
⑰ 連續票號
⑱ 原始機票資料
⑲ 替換機票票源
⑳ 付款方式
㉑ 轉讓 / 背書欄
㉒ 票價欄
㉓ 稅金欄
㉔ 總額欄
㉕ 票價計算欄
㉖ 票價構成段
㉗ 開票日與開票地
㉘ 飛行常客代號

團體電子機票範例如圖 7-2。

```
1.CHANG/YUTING MS(ADT)
2.CHEN/SHIHHAN MR(ADT)
3.CHENG/CHANGRUEY MR(ADT)
4.CHIANG/YIKUEI MR(ADT)
5.CHIANG/TZUCHIEN MR(ADT)
6.CHIEN/CHINGYUAN MR(ADT)
7.HSIAO/WEI MR(ADT)
8.HSIEH/YICHUN MS(ADT)
9.HUA/WENCHIN MR(ADT)
10.KUO/MEIKUEI MS(ADT)
11.LAI/WEIYU MR(ADT)
12.LEE/CHIAHSUAN MS(ADT)
13.LIANG/JUICHIH MS(ADT)
14.LIN/CHINGHSU MR(ADT)
15.LIN/HSINYI MS(ADT)
16.LIN/HUNGCHUN MR(ADT)
17.LIN/MIAOHUAN MS(ADT)
18.TAI/PAOKUEI MS(ADT)
19.TSENG/CHUNYUAN MR(ADT)
20. B7 106 G 26JUL 5 TPE DLC HK 19    1635 1920
21. B7 105 G 30JUL 2 DLC TPE HK 19    2020 2300
1.FA PAX 695-2430752698/ETBR/TWD2239/25JUL13/TPEBR0103/34390764/S20-21/P6
2.FA PAX 695-2430752699/ETBR/25JUL13/TPEBR0103/34390764/S20-21/P1
3.FA PAX 695-2430752700/ETBR/25JUL13/TPEBR0103/34390764/S20-21/P3
4.FA PAX 695-2430752701/ETBR/25JUL13/TPEBR0103/34390764/S20-21/P4
5.FA PAX 695-2430752702/ETBR/25JUL13/TPEBR0103/34390764/S20-21/P5
6.FA PAX 695-2430752703/ETBR/25JUL13/TPEBR0103/34390764/S20-21/P7
7.FA PAX 695-2430752704/ETBR/25JUL13/TPEBR0103/34390764/S20-21/P8
8.FA PAX 695-2430752705/ETBR/25JUL13/TPEBR0103/34390764/S20-21/P11
9.FA PAX 695-2430752706/ETBR/25JUL13/TPEBR0103/34390764/S20-21/P16
10.FA PAX 695-2430752707/ETBR/25JUL13/TPEBR0103/34390764/S20-21/P17
11.FA PAX 695-2430752720/ETBR/25JUL13/TPEBR0103/34390764/S20-21/P2
12.FA PAX 695-2430752721/ETBR/25JUL13/TPEBR0103/34390764/S20-21/P9
13.FA PAX 695-2430752722/ETBR/25JUL13/TPEBR0103/34390764/S20-21/P10
14.FA PAX 695-2430752723/ETBR/25JUL13/TPEBR0103/34390764/S20-21/P12
15.FA PAX 695-2430752724/ETBR/25JUL13/TPEBR0103/34390764/S20-21/P13
16.FA PAX 695-2430752725/ETBR/25JUL13/TPEBR0103/34390764/S20-21/P14
17.FA PAX 695-2430752726/ETBR/25JUL13/TPEBR0103/34390764/S20-21/P15
18.FA PAX 695-2430752727/ETBR/25JUL13/TPEBR0103/34390764/S20-21/P18
19.FA PAX 695-2430752728/ETBR/25JUL13/TPEBR0103/34390764/S20-21/P19
1.YANG/JAULIN MR(ADT)
2. B7 106 G 26JUL 5 TPE DLC HK 1    1635 1920
3. B7 105 D 30JUL 2 DLC TPE HK 1    020 2300
1.FA PAX 695-2430752820/ETBR/25JUL13/TPEBR0103/34390764/S2-3/P1
```

圖 7-2 團體電子機票

電子機票將機票資料儲存在航空公司電腦資料庫中，無需以紙張列印每一航程的機票聯，合乎環保又可避免實體機票之遺失。旅客至機場只需出示電子機票收據並告知訂位代號即可辦理登機手續。使用電子機票之優點如下：

1. 開票時，以電話或網路通知及信用卡付款後，電子機票的收據可用傳眞或電子郵件自己列印取得。
2. 機票資料存放於電腦中，旅客沒有機票遺失或被竊的風險。
3. 機場辦理登機手續時，客人不會因忘帶機票而延誤。
4. 航空公司不會撕錯票聯。
5. 航空公司可節省相當的人力與機票印製、儲存成本。
6. 減少砍樹、機票傳遞運送耗費及報廢燃燒，有利環保。
7. 減少機票資料庫建立輸入成本及提升會計作業效率。

第三節 機票組成內容

機票組成內容包含機票號碼、旅客姓名、行程及各種限制注意事項，說明如下：

一、機票號碼（Ticket Number）

實體機票之「機票號碼」（簡稱：票號）皆爲 14 碼（包含檢查號碼）；電子機票之票號爲 13 碼（無檢查號碼）。

範例 1 票號 297 4427566591 3 之內涵

297：航空公司代號 （Airline Code）。
4：區分機票來源與種類（Type & Source of Ticket）。
4：機票格式（Coupon Number）。
27566591：機票序號（Serial Number）。
3：檢查碼（不計入票號）（Check Digit）。

二、旅客姓名（Name of Passenger）

開票（Issue Ticket）時，所有英文字母皆須用大寫字體。不論是訂位或開票，一律 Last Name（又稱 Surname；family name）（姓）在前，First Name（名）在後，名字可用縮寫（Initial），再加上稱謂 MR、MRS、MS、ADT、CHD、INF……。

範例 2 旅客姓名

1. CHANG/YINGHUEY MS（ADT）
2. CHEN/SHIHLIN MISS（CHD）
3. CHEN/CHANGRUEY MR（ADT）
4. CHEN/YUHUNG MSTR（CHD）

MR：先生
MS：小姐（代替 Miss 或 Mrs，不指明稱呼人的婚姻狀況）
MRS：太太
MSTR：小男孩
MISS：小女孩
INF：嬰兒（小於兩歲不占位）
ADT：大人
CHD：兒童

旅客英文全名須與護照、電腦訂位記錄上的英文拼字完全相同（可附加稱號），且一經開立即不可轉讓。

當開票後發現姓名拼法有誤時，航空公司之可能做法：

1. 誤差太大時，必須重開票。
2. 拼音上的小差距，若爲一般手寫票或電腦軟票（TAT），可修改後蓋章戳；若爲電腦硬殼票（ATB），則只能在姓名欄空白處加註 Also Name 再蓋章戳。訂位紀錄亦須同時更正。
3. 電子機票姓名有誤，必須換票（Reissue）。

小知識

SP（Special Handling）
指乘客由於個人的身心或某方面之不便，需要提供特別的協助。

EXST（Extra Seat）
指需額外座位。例如：體型壯碩或有攜帶樂器或易碎品者。對於體型壯碩之旅客，航空公司會請其另購一個機位。

三、From / To 行程欄

按行程順序列出城市全名，若起降爲特定機場時，可在 City Name 後加註 Airport Code。例：TOKYO NRT（東京成田）或 TOKYO HND（東京羽田）；若遇到世界上有多個同名的 City 時，開票時須在 City Code 之後加 City 之英文全名，行程欄若有「X」則表示不可停留，必須在 24 小時內轉機至下一個航點。

四、× / ○轉機或停留

(一)「×」表示轉機點（Transfer point）

因行程安排之故，旅客若須於途中城市短暫停留以便接駁航班，以不超過 24 小時爲限。打「×」之城市，不可爲票價結構斷點，若旅客臨時欲更改爲停留點時（Stopover）時，票價與規則皆須重新再檢視及計算。

STPC
轉機超過 24 小時或夜晚轉機，非自願轉機旅客之食宿由航空公司招待稱為 STPC（Stopover Paid by Carriers）。

1. 轉機尙代表以下意涵：
   (1) 轉機免簽證（TWOV, Transfer Without VISA）。
   (2) 不可入境（除非持有該地有效簽證）。
   (3) 前後段機位須訂妥 OK。
   (4) 須持有下一停留點之有效簽證。
2. 旅客在轉機點（Connecting Points）轉機時分爲：
   (1) 本航轉機（Online Transfer）：旅客前後搭乘同一家航空公司飛機在途中轉機，但爲不同班機號碼，此轉機方式稱爲「On-line Connection」。
   (2) 他航轉機（Interline Transfer）：旅客前後搭乘不同家航空公司飛機在途中轉機，此轉機方式稱爲「Interline Connection」。

(二)「○」表示 Stopover point（停留點）

「○」可顯示或可不顯示，指旅客停留超過 24 小時的城市。但美國與加拿大的城市凡停留超過 8 小時，即視爲停留。

停留點（Stopover Point）
轉機點（Transfer Point）

五、航空公司代號（Carrier）

Carrier 表示搭乘航空公司代號（2 碼）。例如：中華航空代號爲（CI）、長榮航空代號爲（BR）、國泰航空代號爲（CX）。

六、班機號碼（Flight Number）

Flight Number 顯示班機號碼，最少以 4 位數寫法表示，例如：0791、0005、0012、0832。一般航空公司會以個位、十位、百位或千位數來區別其不同區域之飛行航線。

通常東行與北行之班機號碼爲偶數，例如：TPE → OKA（琉球）是 CI 0120，TPE → LAX 是 CI 0006；西行與南行之班機號碼爲單數，例如：OKA → TPE 是 CI 0121，TPE → SIN 是 CI 0751。

範例 3 班機號碼

1. 該日第一班定期班機 TPE → OKA 是 CI 0120
2. 該日第二班定期班機 TPE → OKA 是 CI 0122

加班機 4 位數班機號碼中，第一位數代表第幾班的加班機，例如：過年時，OKA 很熱門，航空公司再開加班機如下：

1. 該日第一班加班機 TPE → OKA 是 CI 1120
2. 該日第二班加班機 TPE → OKA 是 CI 2120

七、訂位艙等（Class）

航空公司的艙等，一般分爲以下三種：

1. 頭等艙（F）：First Class 或 F. Class。
2. 商務艙（C）：Business Class、Executive Class、Dynasty Class，或 C. Class（其名稱會因航空公司而異）。
3. 經濟艙（Y）：Economic Class 或 Y. Class。

同一個艙等中，航空公司還會依照不同的旅客族群與市場需求，訂出不同的票種與票價，因而產生多樣的訂位艙等（RBD, Reservation Booking Designator，訂位代號）。

航空公司利用不同的艙等代號（Class Code）在電腦中自動控制機位的數量及排位優先順序，越便宜的票價，其訂位艙等之等級越低，分配之機位數量也較少。

範例 4 票價等級代號

1. 頭等艙：全價票（F）、推廣票（買一送一，A）、升等票（U）、免費票（E）。
2. 商務艙：Airbus 340 全價票（J）、全價票（C）、推廣票（買一送一，D）、升等票（I）、Airbus 340 升等票（R）、免費票（O）。
3. 經濟艙：全價票（Y）、一年內有效票（B）、旅遊票（M）、旅遊票可搭配精緻旅遊（H）、特價票（不能累積哩程、限定航班日期，L/X）、免費票（S）、團體票（不能累積哩程，不能更改航班，V/W/G）、外站開立之回程票（K/N/Q/T/Z）。

八、出發日期（Date）

日期以數字（兩位數）、月份以英文字母（大寫 3 碼）組成。例如：9 月 8 日爲 08SEP。

九、起飛及到達時間（Time、Departure and Arrival）

爲當地時間，原則以 24 小時制填寫。其他如「A」即 AM，「P」即 PM，「N」即 Noon，「M」即 Midnight。例如：0715 或 715A；1200 或 12N；1920 或 720P；2400 或 12M。

十、電子機票狀態（Status）

有關電子機票狀態說明如下：

1. HK：機位確定 OK（Space CONFIRMED）。
2. RQ/HL：機位候補（HOLDING On Waiting List / On Request）。
3. KL：航空公司回覆機位候補 OK。
4. PN：需等待航空公司回覆。
5. KK：航空公司回覆 OK。
6. RR：已再確認（Reconfirmed）。

7. NS：嬰兒無座位（No Seat）。 嬰兒出生滿 14 天以上才可搭機，並可訂搖籃，但有尺寸限制，一般規定嬰兒需小於 6 ～ 8 個月。
8. SA：空位搭乘之候補票（SUBLO, Subject to Load），例如：AD/ID 票。
9. OPEN：暫無訂位（No reservation），即航段開放（blank）。
10. EXCH：已換票（exchange）。
11. VOID：已作廢。
12. RFND：已退票（refunded）。
13. USED：已使用。
14. CKIN：已辦理報到手續（check in）。
15. PRTD：已轉印爲實體機票（printed）。
16. SUSP：暫停使用（suspend）。

十一、票價基礎欄（Fare Basis）

最多 6 碼，其中第一碼爲強制性，其餘可依其適合之條件決定。

1. 第一碼（Prime Code）：表示艙等（頭等艙、商務艙、經濟艙）。「頭等艙」依各航空公司自訂有 P、F、A，「P」表示高級頭等艙、「F」表示頭等艙、「A」表示折扣頭等艙。「商務艙」依各航空公司自訂有 J、C、D、I、T、Z 等艙，其中 J 最貴。「經濟艙」依各航空公司自訂有 W、S、Y、B、H、K、L、M、N、Q、V 等艙，W 最貴。
2. 第二碼（Seasonal Code）：季節性識別碼。H、L 等艙，H 爲旺季（票價最貴）、L 爲淡季（票價最便宜）、空白代表一般季節。
3. 第三碼（Week Code）：週末、平日識別碼。「W」爲週末、「X」爲平日。
4. 第四碼（Day Code）：日夜識別碼。「N」夜間、空白代表日間。
5. 第五碼（Fare and Passenger Type Code）：票價及旅客識別碼。
6. 第六碼（Fare Level Identifier）：票價等級識別碼。「1」爲最高，「2」爲次高，「3」爲最低。

小知識

票價及旅客識別碼相當多，列舉常用者如下：

AD ：旅行社員工（Agent employee）
AN ：代理商不可退款票（Agent NonRefundable）
BT ：大宗包含旅遊票（Bulk Inclusive Tour）
CG：領隊票（Tour Guide）
DL ：勞工票（Labor Discounted）
EM：移居他國移民票（Emigrant）
GV：團體廉價票（Group Inclusive Tour）
ID ：航空公司員工及眷屬折扣票（Imployee）
IN ：嬰兒（Infant）
IP ：限時購票（Instant Purchase）
IT ：包辦旅遊票（有領隊帶團）（Inclusive Tour）
OX：單程旅遊票（One way excursion）
RT ：來回票（Round Trip）
SC ：船員票（Ships Crew）
SS ：特廉票（Super Saver Fare）
SX ：特廉套票（Super Pex Fare）
UM：無伴幼童（Unaccompanied Minor）
VU ：訪美票（Visit USA）
AP 或 AB：預購票（Advance Purchase）
BB 或 BD：低廉折扣票（Budget Discounted）
CD ：年長票（Senior Citizen）
CH ：孩童票（Child）
EE ：旅遊票（Excursion）
EX ：額外座位票（Extra）
LS ：倒數訂位票（Late Booking Fare）
OW ：單程（One Way）
PX ：套票（旅遊票）（Pex Fare）
RW：環球票（Round-the-world）
SD ：學生票（Student Fare）
SH ：夫妻票（Spouse）
SZ ：擔架額外票（Stretcher）
UU ：空位搭乘票（Standby Fare）
ZZ ：青年票（Youth Fare）

範例 5 票價基礎欄

YEE1M：旅遊票 1 個月效期。
YEE30：旅遊票 30 天效期。
YHE90：旺季旅遊票 90 天效期。
YGV10：至少 10 人以上團體票。
Y/CH33：兒童票 33% OFF。
YHGV25：至少 25 人以上旺季（H）團體票。
YLPX6M：淡季（L）6 個月效期旅遊票。
YEE3M/CH33：旅遊票 3 個月效期，兒童，33% OFF。
YLEE21/AD75：淡季 21 天效期旅遊票，使用者爲旅行同業優惠票 75% OFF。

無伴幼童（UM）

所謂「無伴幼童」是符合以下任一條件之幼童：

1. 未滿 12 歲幼童且無滿十八歲或以上的旅客同行或陪同，而獨自搭乘航班。
2. 不足五歲幼童，無滿十八歲旅客陪同搭乘相同艙等，或
3. 未滿 12 歲幼童與滿十八歲同機成人旅客之啓程點或目的地不同。

UM 無人陪伴之幼童，為安全考量，航空公司會指派一位空中服務員陪伴全程照顧，因此家長須支付陪從服務費，該陪從服務費在出發 3 天前支付，航空公司以 MCO 開立。

客人至機場櫃臺辦理報到時，運務人員會指派專人協助並陪同 UM 過安檢及海關送至機上，將 UM 專用信封袋轉交陪從空服員。

至目的地後，陪從空服員將此信封袋轉交給目的地運務員簽收。

如續程有他航參與時，UM 家長要在啓程站先行與當地總代理（GSA）聯絡，查清是否接受及其他注意事項。

表 7-2　華航無伴幼童（UM）收費表

無伴幼童年齡	可接受艙等	無伴幼童（UM）票價	陪從者（ATTENDANT）收費
未滿 3 個月	無	無	無
3 個月至未滿 3 歲	經濟客艙	依照票價資料庫以成人票價的百分比計算。	加上收成人正常單程票價爲 UM（陪從）服務費。
3 歲至未滿 5 歲	經濟客艙	依照票價資料庫以成人票價的百分比計算。	加上收成人正常單程票價爲 UM（陪從）服務費。
5 歲至未滿 8 歲	經濟客艙	1. 依照票價資料庫以成人票價的百分比計算。 2. 華夏會員免費獎勵機票，可適用於 UM 旅行。	無
8 歲至未滿 12 歲	商務客艙 經濟客艙	1. 依照票價資料庫以成人票價的百分比計算。 2. 華夏會員免費獎勵機票，可適用於 UM 旅行。	無

（詳細請洽各航空公司）

資料來源：華航網站。

十二、生效期及失效期（Not Valid Before / Not Valid After）

（一）機票效期

1. NVB（Not Valid Before）：指 Minimum Stay，在某日之前無效。
   (1) 如放在搭乘聯第一聯之後，則表示預購機票須在某日之後才生效。
   (2) 如放在搭乘聯最後一聯之後，則表示至少須停留天數。

2. NVA（Not Valid After）：指 Maximum Stay，在某日之後無效，顯示整張機票的最長效期。

一般「特別票」（Special Fare）皆有Min/Max效期上的限制；「普通票」（Normal Fare）則爲一年效期（由出發日算起）。當爲連續票（Conjunction Tickets）時，所有機票皆須列出最長效期。

當機票票類規定不能隨意更改訂位，或更改訂位須支付額外費用時，訂位日期須在 NVB 及 NVA 欄上顯示的日期之間（即限定日期）。

十三、行李限制（Allow，Baggage Allowance）（PC or KG）

託運行李重量及大小等限制，請見第五章第六節。行李依運送形式，分爲以下兩種：

1. 隨身手提行李（Hand Baggage or Carry-on Baggage）。
2. 託運行李（Check-in Baggage）：交由航空公司託運的行李，可分爲論件制（Piece Concept）及論重制（Weight Concept）。

十四、特殊票價的限制代號（Tour Code）

航空公司爲區分團體代號或那一條路線，皆會加註特殊票價的限制代號（Tour Code）。

範例 6 IT 15 CI 4 TPE05 專案代號

IT	表示「Inclusive Tour」（全包式旅遊票簡稱團體票）。
15	表示「年份 2015」。
CI	表示「航空公司」，此處 CI 指「中華航空」。
4	表示「TC4」（第 4 條路線）。
TPE05	表示「臺北分公司編號」。

十五、啓程站／終站（Origin/Destination）

顯示整個行程的啓程點及終點。

十六、訂位代號（Booking Code）

訂位代號又稱電腦代號。此代號登錄旅客英文姓名、行程、聯絡人資料及開票期限（未開機票者）或機票號碼（持有機票者）；在完成訂位手續時，由航空公司提供給旅客作爲快速查詢其訂位資料的代碼。

「訂位代號」（PNR Code, Passenger Name Record）又稱爲 Booking Reference。一般由英文字母或數字所組成 6 位代碼的訂位紀錄，例如：K5M7MQ。

十七、連續票號（Conjunction Tickets）

當旅客之行程無法用一本票開完時，必須用連續的第二本、第三本……機票繼續開出，此時須填寫連續票號，且不可顚倒或跳號。（電子機票與實體票一樣，超過四個航段仍以 Conjunction Ticket number 列出）

十八、原始機票資料（Original Issue）

機票因行程變動而須換票，重新開立新機票稱爲「Reissue Ticket」。

Reissue Ticket 時才須填寫原始機票資料。當機票因行程變動而須換票（Reissue Ticket）時，在新票上須註明原始機票之相關資料，例如：原票票號、開票地點、日期及開票 Agent 代號（IATA Code）。

範例 7 Reissue Ticket 時才須填寫原始機票資料

例如：6183683215628 TPE12OCT13 3430076。
表示：新票（New ticket）係由新加坡航空 618 機票換票而來。

十九、替換機票票源（Issued in Exchange for）

第二次 Reissue Ticket 時才須填寫替換機票票源。指當改票時，目前新機票的前身。若爲第一次改票，則其替換機票即等於其原始機票。

二十、付款方式（Form Of Payment）

付款方式（FOP）代號，請見表 7-3。

表 7-3 付款方式代號

代號	付款方式
CASH	現金支付
CHECK、CK	支票支付
CC	信用卡付款
CC/VI	VISA
CC/CA	MASTER CARD
CC/AX	AMERICAN EXPRESS
CC/JC	JAPAN CREDIT BUREAU
CC/DC	DINERS CLUB

免背書（Free Endorsement）

航空公司在某些航線會與班次相當或規模相當之友航，訂立策略聯盟，雙方互免背書接受對方機票搭乘，例如：TPE-HKG 各有五班，合計即有十班，班次密度增加，此可增加旅客搭機方便性及營運效益，所以旅客就會優先選擇此二家航空公司，形成類似寡占市場，並透過雙方清帳特別合約，訂定「免背書」之機票種類，免於惡性競爭。

禁止搭乘（Embargo）

若在機票 EN BOX 欄註明「SUB TO EMBARGO 22JAN-07FEB」就是 subject to embargo from 22JAN to 07FEB（受限於 1 月 22 日至 2 月 7 日期間禁止搭乘），也就是此期間不能使用此機票。若經過補差價或經授權允許使用，則在機票註寫「WAIVER FROM EMBARGO 22JAN-07FEB」表示「取消禁止搭乘」。

罰款（Penalty）

「USD xxx PENALTY FOR CANCELLATION OR CHANGE……」：若欲取消機位或更改資料須付罰款 xxx。

二十一、轉讓／背書欄（Endorsements/Restrictions）

若機票有任何限制時，加註於此欄位，常見的限制有以下幾種：

1. 禁止背書轉讓（NON-ENDORSABLE 或 NONENDO）。
2. 禁止退票（NON-REFUNDABLE 或 NONRFND）。
3. 禁止更改行程（NON-REROUTABLE 或 NONRERTE）。
4. 禁止更改訂位（RES. MAY NOT BE CHANGED）。
5. 禁止搭乘的時間（EMBARGO PERIOD…）。
6. 退款僅限（REFUNDABLE ONLY TO…）。

二十二、票價欄（Fare box）

票價欄一定是顯示啓程國金額。

二十三、稅金欄（Tax box）

行程經過世界上許多國家或城市時，須加付當地政府規定的稅金。

二十四、總額欄（Total）

含稅的總金額。

二十五、票價計算欄（Fare calculation area）

例如:TYO NH TPE904.28/-KHH CI X/TPE NH TYO M926.55NUC1830.83END ROE 95.31241

東京搭乘全日空班機至臺北 904.28/ 高雄搭華航至臺北（不停留）轉全日空班機至東京 926.55。詳細請見第三篇。

二十六、票價構成段（Fare component）

啓程點至第一個票價結構斷點（迄點）或第二個票價結構區起點至第二個票價結構區斷點（迄點），以此類推，形成各個票價構成段。詳細內容將於下章說明。

二十七、開票日與開票地（Date and place of issue）

開票日與開票地點內容如下：航空公司名稱或旅行社名稱、開票日期、年份、開票地點、旅行社或航空公司的序號。

二十八、飛行常客代號（Frequent Flyer No）

即會員卡號碼，長榮航空有綠卡、銀卡、金卡及鑽石卡；華航有華夏卡、金卡、翡翠卡及晶鑽卡。

第四節 機票行程類別

機票行程可分爲單向行程、來回行程、環狀行程、開口行程、環球行程、旁岔行程、附加行程及表面行程共八種。

（一）單向行程機票（OW, One way trip）

「單向行程機票」（OW）簡稱「單程機票」，指行程係以直線式越走越遠，啓程點與終點非同一點。例如：TPE/HKG/SIN（Y Class）單向行程越走越遠（圖7-3）。

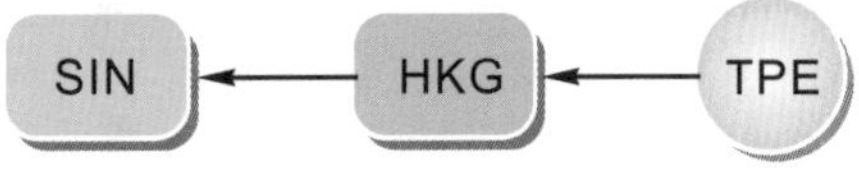

SIN ← HKG ← TPE

圖 7-3　單向行程

（二）來回行程機票（RT, Round Trip）

「來回行程」機票（RT）簡稱「來回機票」，指啓程點與終點同一點，只有二個票價構成段，向外行程（out bound）與返回行程（in bound）之票價一樣。例如：TPE-HKG-TPE 或 TPE-HKG-BKK-HKG-TPE（圖 7-4）。

BKK ⇄ HKG ⇄ TPE

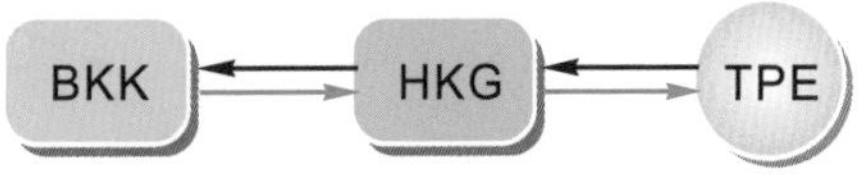

圖 7-4　來回行程

（三）環狀行程機票（CT, Circle Trip）

「環狀行程機票」（CT）指啓程點與終點同一點，二個或二個以上票價構成段，向外行程（out bound）與返回行程（in bound）票價不一樣。例如：TPE-HKG-BKK-SIN-KUL-TPE（圖 7-5）。

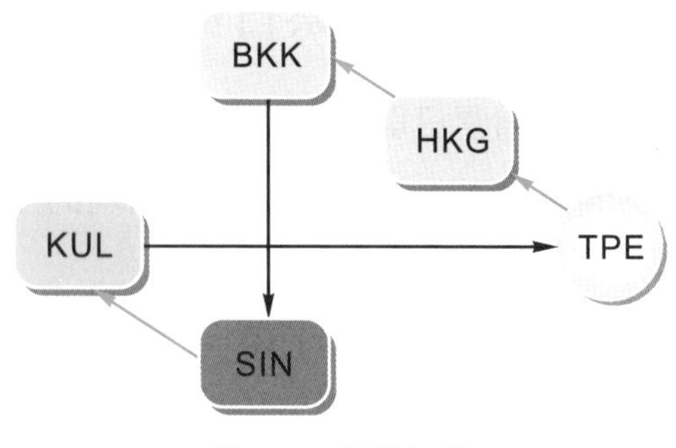

圖 7-5　環狀行程

（四）開口行程機票（OJ, Open Jaw trip）

「開口行程」機票（OJ）指啓程點與終點不同一點，向外行程（out bound）與返回行程（in bound）不一樣，可分爲以下三種類型：

1. 終點單開口行程

例如：TPE-HKG-BKK//SIN-HKG-TPE（單開口行程）（圖 7-6）。

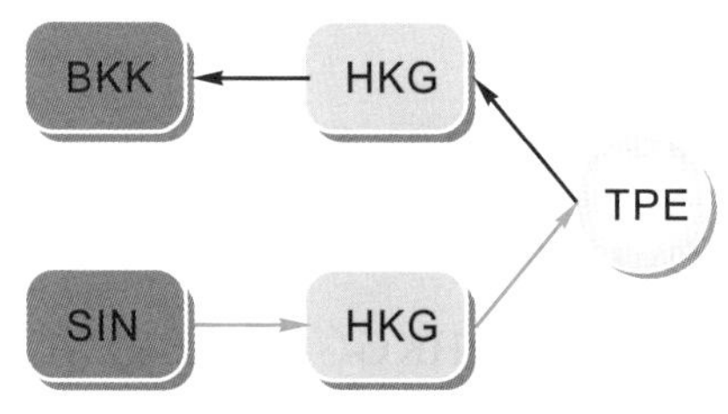

圖 7-6　終點單開口行程

2. 啓程點單開口行程

例如：TPE-TYO-SEL-HKG （單開口行程）（圖 7-7）。

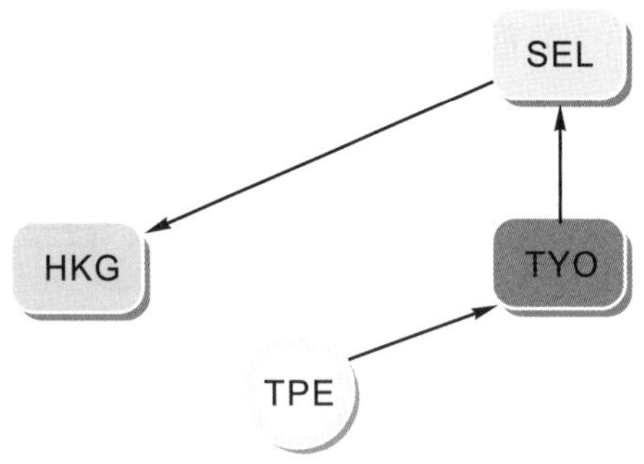

圖 7-7　啓程點單開口行程

3. 雙開口行程

例如：TPE-HKG-BKK/SIN//KUL/HKG/KHH（雙開口行程）（圖 7-8）。

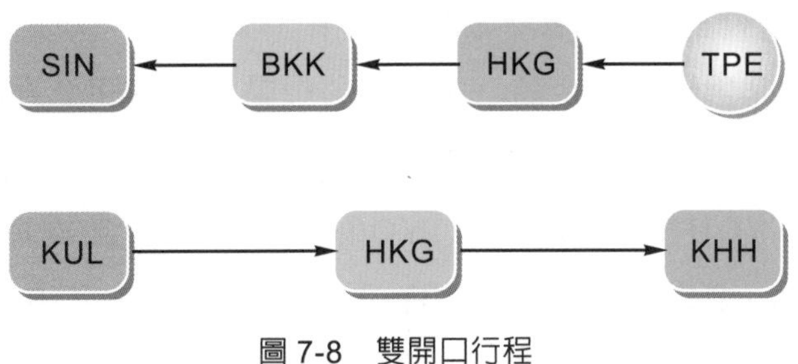

圖 7-8 雙開口行程

（五）環球行程機票（RTW 或 RW, Round The World trip）

環球行程機票，指啓程點與終點同一點，以向西或向東環繞地球一周，跨越太平洋與大西洋僅能各一次。

例如：TPE-HKG-BKK-AMS-NYC-LAX-TPE（圖 7-9）。

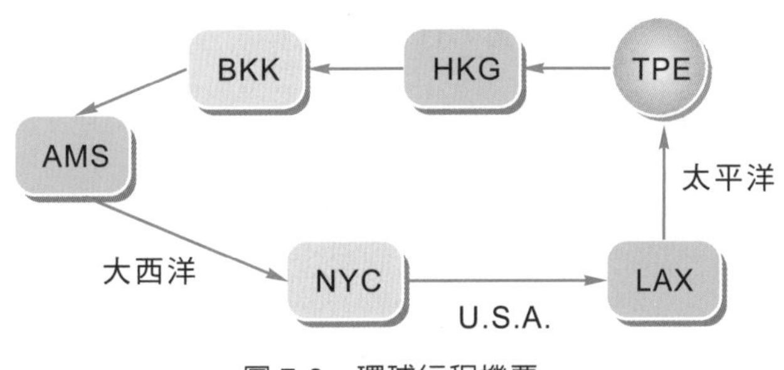

圖 7-9 環球行程機票

（六）旁岔行程（Side Trip）

「旁岔行程」（Side Trip）是指旅客在中間某點做兩次（含兩次）以上的離開中間點之分支行程。

例如：SHA-CAN-HAN-BKK-HAN-CAN-JKT（上海 / 廣州 / 河內 / 曼谷 / 河內 / 廣州 / 雅加達），其中 CAN-HAN-BKK-HAN-CAN 即爲旁岔行程（圖 7-10）。

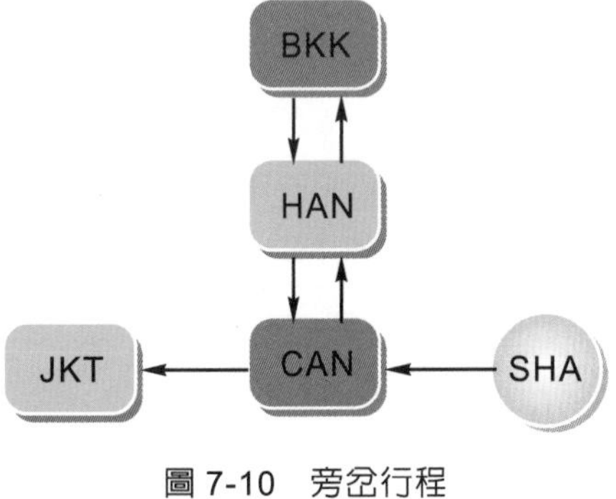

圖 7-10 旁岔行程

（七）附加行程（Add-on）

「附加行程票價」（Add-on trip fare）是啓程點、目地點（或稱迴轉點）間因無直接票價，而以啓程點、目地點之門戶城市（Gateway）兩點間的直接票價，再附加某個金額（通常爲國內線金額），成爲啓程點、終點間之直接票價，該附加之金額即爲附加票價，不得單獨販賣，亦不會出現在機票上。

例如：LAS/LAX/TYO/TPE/KHH/TPE/TYO/LAX/LAS（拉斯維加斯 / 洛杉磯 / 東京 / 臺北 / 高雄 / 臺北 / 東京 / 洛杉磯 / 拉斯維加斯），其中 LAS/LAX 及 LAX/LAS 爲啓程點附加行程，TPE/KHH/TPE 爲目地點附加行程，主要來回行程爲 LAX/TYO/TPE。

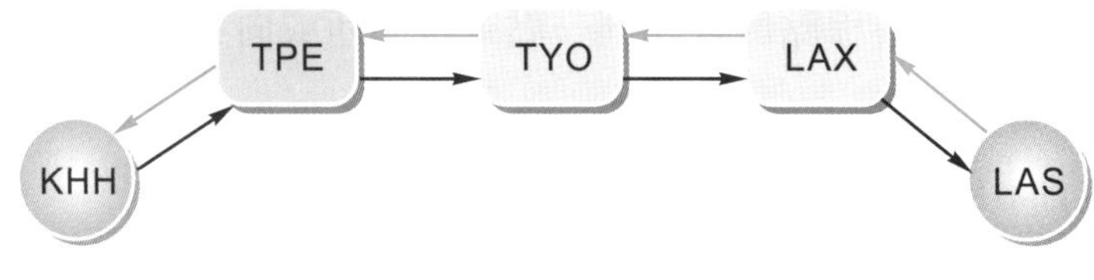

圖 7-11　附加行程

（八）表面行程（Surface）

在行程中間某一段未搭乘飛機，以其他交通工具代替，但此表面行程哩數仍列入全部總哩數計算。

例如：LAX/TYO/BJS//SHA/HKG/BKK（洛杉磯 / 東京 / 北京 // 上海 / 香港 / 曼谷）中，BJS // SHA 即爲表面行程。

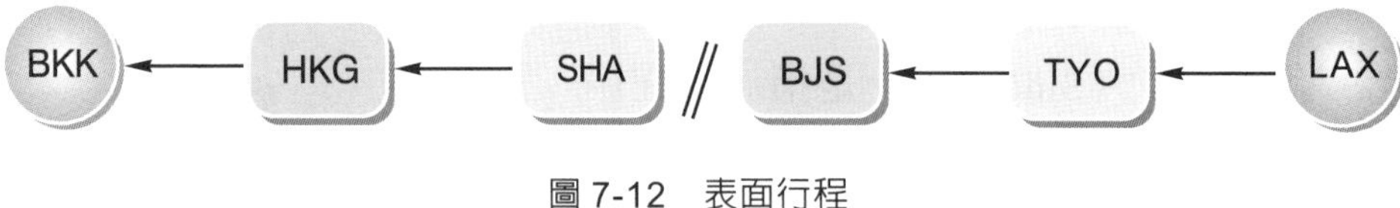

圖 7-12　表面行程

〈如表面行程不想列入全部總哩數計算，則票價必須斷開，分段計算〉

3 進階篇

航空票務(二)

第八章 票價結構與規則（一）

第一節 NUC 及 ROE
第二節 票價選擇準則
第三節 行程型態
第四節 機票開立及銷售指標
第五節 票價哩程系統
第六節 票價計算欄

本章從介紹 NUC 開始，讓讀者瞭解機票以何種方式計算票價，配合 ROE 公布作業，依照準則決定採用之票價基準及金額。

機票開立及銷售指標（ISI, Issuance/Sale Indicators）共有四種，考試常考。

機票哩程系統中，TPM 及 MPM 相關定義與瞭解，非常重要。

票價計算欄如何書寫，爾後各章將常出現，讀者要深入瞭解其架構與格式。

第一節 NUC 及 ROE

一、中性計價單位（NUC, Neutral Unit of Construction）

NUC 是計算票價的標準單位，以美元為基礎；小數點尾數只取二位，以後無條件捨去。為了便於統一和計算，國際航協引入中性計價單位（目前接近美元匯率）。

國際航空旅行運輸中，旅客票價及其相關費用一般是以運輸出發地國家的貨幣表示，但有些國家因為幣值波動過大（例如：印尼、韓國、菲律賓以及俄羅斯和東歐一些國家），則以美元或歐元作為出發地國家貨幣計算相關費用及表示其票價。

二、換算匯率（ROE 或 IROE, IATA Rate of Exchange）

由於匯率每天皆在變動，航空公司計算票價不可能每天更換，為全球一致及方便清帳作業，ICH（IATA 清算所）根據二月、五月、八月、十一月之該月 15 日的前五營業日，各國貨幣對美元（USD）平均收盤匯率價計算出各種貨幣之 ROE，取至小數點第五位數，一年公布 4 次，每次適用 3 個月。

表 8-1　ROE 適用月份

公佈月份	適用月份
2 月	4~6 月
5 月	7~9 月
8 月	10~12 月
11 月	1~3 月

當這期間某一貨幣變動 10% 時，此一貨幣與中性計價單位（NUC）之新 ROE 將再公布，並立即適用。

三、匯率換算方式

NUC 換算為「開票地貨幣」（LCF, Local Currency Fare），請見式 8-1。

$$NUC \times ROE = LCF \qquad (式\ 8\text{-}1)$$

LCF 進位方式有以下兩種：

1. 無條件進入，代號「H」：例如：IDR2,825,364（H100）
   ⇒IDR2,826,000（印尼盾））
2. 四捨五入法，代號「N」：例如：TWD25,364.35（N1）
   ⇒TWD25,364（臺幣））

各國之貨幣最小單位皆不同，進位之位數也會有所差異。

範例 1 NUC 換算 LCF

NUC 爲 1,144.02，臺幣 ROE 爲 29.51，請問 LCF 爲多少？
ANS：1,144.02 X 29.51 = 33,760（臺幣）

LCF 換算爲 NUC，請見式 8-2。

LCF÷ROE ＝ NUC （式 8-2）

範例 2 LCF 換算 NUC

票價爲臺幣 33,760，臺幣 ROE 爲 29.51，請問 NUC 爲多少？
ANS：TWD 33,760 /29.51= NUC1,144.02

第二節 票價選擇準則

一、票價選擇準則（Fare selection criteria）

決定一個航段的票價，首先要確定下列因素：

1. 費率類型：飛航的服務艙等，即爲一般所謂的經濟艙、商務艙或頭等艙之服務等級。
2. 全球飛行指標（GI）：計算運價不只根據艙位艙等，還須根據旅客的旅行方向來判斷費率。
3. 旅程：單向行程（one way）或是來回旅程（return trip），如果是單程的就要選擇 OW NUC，如是來回行程就要選擇 RT NUC。
4. 運送航空：決定主要的運送航空公司，以飛越國外、越洋、TPM（票點哩程）最大、越（三大）區域之航空公司爲主運送公司。

二、決定主運送航空規則[1]

當一個航段在同一艙等、同一 GI 的情形下卻有不同的費率，則須檢視在適用的規則下，決定主要的運送航空及採用最低的費率。如何決定主要的運送航空：

1 參考文獻：交通部，王淑娟，《航空票價與票務進階課程訓練—航空客運票價研討》，2008.12。

1. 選擇飛越太平洋（Trans Pacific）航段之運送航空公司。
2. 選擇飛越大西洋（Trans Atlantic）航段之運送航空公司。
3. 選擇第一個抵達美國 / 加拿大或是最後離開 Gateway 航段的運送航空公司。
4. 第一個國際航段的運送航空公司費率。
5. 有最高 TPM 的航段運送航空公司費率。
6. 第一個國際航段跨區（TC）的運送航空公司。

Gateway（門戶點）

美國地區的第一個抵達點或是最後一個離開點之城市稱之。

第三節 行程型態

一、行程種類（Types of Journey）

行程種類主要分成以下兩類：

1. 來回行程：主要條件為連續行程及來回同一地點。
   例如：TPE/HKG/SIN/HKG/TPE（RT）或 TPE/TYO/HNL/TPE（CT）。
2. 非來回行程：不符合上述條件。
   例如：TPE/LAX（OW）、TPE/HKG//CAN/TPE（OJ）。

二、計價的型態

計算票價首先確認係何種行程，其次決定採用單向行程或 1/2 來回行程的票價，再查票價表或電腦，決定票價。

1. 來回行程：來回行程機票（RT, Round Trip）及環狀行程機票（CT, Circle Trip），計算票價時採用 1/2 Round Trip 計算後加總。
2. 非來回行程
   (1) 表面（Surface）航段係國內線之開口行程機票（OJ, Open Jaw trip），計算票價時採用 1/2 Round Trip 計算後加總。
   (2) 單向行程（OW, One Way）及表面（Surface）航段在不同國家之 OJ，計算票價時使用單程票價（One Way）計算後加總。

表 8-2 行程的型態

<table>
<tr><th colspan="2">1. 來回行程</th><th colspan="2">2. 非來回行程</th></tr>
<tr><td colspan="2">A. 連續行程</td><td colspan="2">不符合左邊 A、B 二條件</td></tr>
<tr><td colspan="2">B. 啓程點與終點相同</td><td colspan="2">不符合左邊 A、B 二條件</td></tr>
<tr><td colspan="2">例：TPE/HKG/BKK/TPE</td><td colspan="2">例：TPE/HKG/KUL//SIN/TPE</td></tr>
<tr><th>3. 來回票（RT）</th><th>4. 環狀行程（CT）</th><th>5. OJ</th><th>6. OW 或 OJ</th></tr>
<tr><td>使用 1/2RT 票價</td><td>使用 1/2RT 票價</td><td>使用 1/2RT 票價</td><td>使用單程票價</td></tr>
<tr><td>C. 僅 2 個國際票價結構（不含 side trip）</td><td>不符合左邊之 C、D 二條件</td><td>E. 僅 2 個國際票價結構</td><td>不符合左邊之 E、F 二條件</td></tr>
<tr><td>D. Inbound 及 Outbound 相同票價</td><td>Inbound 與 Outbound 票價不等</td><td>F. 表面（Surface）航段係國內線</td><td>開口在不同國家</td></tr>
<tr><td>例：
TPE
HKG M
SIN 572.01
TPE 572.01</td><td>例：
SEL
TYO 207.00
TPE 460.94
SEL 265.00</td><td>例：
TPE
FUK 416.28
//
TYO
KHH 576.39</td><td>例：
TPE
BKK 734.33
//
HKG
TPE 396.21</td></tr>
</table>

第四節 機票開立及銷售指標

機票開立及銷售指標（ISI, Issuance/Sale Indicators）共有四種，介紹如下：

1. SITI（Sale Inside 且 Ticket Inside）

   SITI 指銷售與開票在啓程地。例如：旅客在臺北付款，在臺北開票，購買一張臺北到洛杉磯之機票，即爲 SITI。

2. SITO（Sale Inside 且 Ticket Outside）

   SITO 指銷售在啓程地而開票在境外。例如：旅客在臺北付款，在東京開票，購買一張臺北到洛杉磯之機票，即爲 SITO。

3. SOTI（Sale Outside 且 Ticket Inside）

   SOTI 指銷售在境外而開票在啓程地。例如：旅客在香港付款，在臺北開票，購買一張臺北到洛杉磯之機票，即爲 SOTI。

4. SOTO（Sale Outside 且 Ticket Outside）

   SOTO 指銷售與開票都在境外，而啓程地在境內。例如：旅客在曼谷付款，在香港開票，購買一張臺北到洛杉磯之機票，即爲 SOTO。

表 8-3 機票開立及銷售指標

ISI	銷售付款	開票	啟程地	目的地
SITI	臺北	臺北	臺北	洛杉磯
SITO	臺北	東京	臺北	洛杉磯
SOTI	香港	臺北	臺北	洛杉磯
SOTO	曼谷	香港	臺北	洛杉磯

備註：SITO、SOTI、SOTO 已因電子機票施行而日漸稀少。

第五節 票價哩程系統

一、哩程系統（Mileage System）

航空公司在旅客航程計算票價時，除必須依「航線圖」（Routing map）飛行，將旅客停留的城市「票點哩程」數（TPM, Ticket Point Mileage），與「最大允許哩程」數（MPM, Maximum Permitted Mileage）作比較時，即應用哩程計算原則（Mileage Principle）及方法來計算機票，以及作爲日後換票支付差額的依據，此種計算方法即稱爲哩程系統（Mileage System）。

票價構成段使用哩程系統決定票價者，在票價計算欄中以「M」放在金額之前。其計算基準及要素介紹如下：

（一）票點哩程（TPM, Ticket Point Mileage）

機票城市間兩點哩程距離（TPM），標明在旅客機票上「旅客停留或轉機的城市」（Ticket Point），同時亦是用來計算旅客旅行總哩程數的依據。

（二）最大允許哩程（MPM, Maximum Permitted Mileage）

最大允許哩程（MPM）是由國際航空運輸協會（IATA）根據其第 11 項決議案（Resolution 11）所決定。二地間可以使用最大可飛行哩程數，同時在票價書上註明，表示旅客在這段行程中，可以在航程中使用的最大距離。如果旅客搭乘哩數沒有用完，航空公司不予保留，若旅客欲更改航程，則作爲更改後因增加哩程數而是否需要補足差額的基準。

（三）超哩程附加費（EMS, Excess Mileage Surcharge）

超哩程附加費（EMS）即超過最大可飛行哩程附加費。各航程每段加總之哩數總和（Total TPM）超過最大允許哩程（MPM）時，就必須按超出哩數的比例收取附加費（surcharge）。

超哩程附加費收取比例自 5% 起計，以五個階段收取額外費用（5%、10%、15%、20% 及 25%），式 8-3。

範例 3 超哩程附加費

以下之「超哩程附加費」應以提升至高票價（HIF）爲被乘數，再乘百分比率爲準。

1. 5M 超哩程附加費
   說明：ΣTPM 超出 MPM 比例大於 0%，小於或等於 5%，以構成段票價之 5% 計算。
2. 10M 超哩程附加費
   說明：ΣTPM 超出 MPM 比例大於 5%，小於或等於 10%，以構成段票價之 10% 計算。
3. 15M 超哩程附加費
   說明：ΣTPM 超出 MPM 比例大於 10%，小於或等於 15%，以構成段票價之 15% 計算。
4. 20M 超哩程附加費
   說明：ΣTPM 超出 MPM 比例大於 15%，小於或等於 20%，以構成段票價之 20% 計算。
5. 25M 超哩程附加費
   說明：ΣTPM 超出 MPM 比例大於 20%，小於或等於 25%，以構成段票價之 25% 計算。
6. ΣTPM 超出 MPM 比例大於 25% 以上，不得依上述規定附加票價，須斷開另組一個票價構成段。

$$\text{EMS} = [(\Sigma \text{TPM} \div \text{MPM}) \times 100\%] - 100\% > 0\% \quad \text{（式 8-3）}$$

二、非哩程系統（Non Mileage System）

（一）額外寬減哩數（EMA, Extra Mileage Allowance）

在航空客運票價書（PAT, Passenger Air Tariff）中，列舉向 IATA 報備之額外寬減哩數之路線及航點，因頁數眾多無法在此詳列，額外寬減哩數表（Extra Mileage

Allowance Table）中，具體指定航路（Specified Routing），可以扣減多少哩程，給予哩程優惠，旅客依此航程，可獲得較低之 TPM，就可能不會超出 MPM，或 EMS 哩數加價較少，所以此爲非哩程系統（Non-Mileage System）之旅程路線。

EMA 之特定航路可查 PAT General Rules book（航空客運票價書總則篇），以下介紹 EMA 的類型：

1. EMA 經由特定點

經過特定城市（不管是停留點或轉機點）而有額外寬減哩數時，在票價的計算公式中該城市代號前必須加註符號「E/」。

範例 4　經過孟買（BOM），可減少 700 英哩

行程：DEL AA X/E/BOM BB BKK CC KUL DD MNL
Delhi-X/Munbai-Bangkok-Kuala Lumpur-Manila
德里（印度）－孟買－曼谷－吉隆坡－馬尼拉

說明：德里（DEL）和馬尼拉（MNL）間的 MPM 爲 3,656 英哩（請查 PAT Worldwide Fares），其 TPM 總和爲 4,869 英哩，4869÷3656=1.33，超過 25M，應該要分成兩個票價構成段，但因經過孟買（BOM），符合 EMA table 之規定，其 TPM 可減少 700 英哩，得到其新的 TPM 爲 4,169，而在陳述其票價公式時，必須在 BOM 的城市代號前加註 E/ 的符號，即 E/BOM，表示是經由 BOM 而有額外哩程減免。

2. 經由強制性路線點

當票價結構組成因爲經過特定路線，而有額外寬減哩數時，在票價的計算公式中行程結束時必須馬上加註符號「E/AAA」。（註：AAA 代表城市代碼）

範例 5　經過伊斯蘭馬巴德（ISB）及喀拉蚩（KHI）可減少 700 英哩

行程：CAI-ISB-KHI-KUL
開羅－伊斯蘭馬巴德－喀拉蚩－吉隆坡

說明：由開羅（CAI）至吉隆坡（KUL）一定要經過伊斯蘭馬巴德（ISB）及喀拉蚩（KHI）兩點，額外寬減哩數 700 英哩。
例如：CAI AA E/ISB BB E/KHI CC KUL

3. 經由非強制性的兩點

在兩個特定城市，中間點非特定，而有額外寬減哩數時，在票價的計算公式中該城市代號前必須加註符號「E/XXX」。

範例 6　經由布宜諾斯艾利斯（BUE）及卡拉卡斯（CCS）可減少 400 英哩

行程：經由南美任何兩點時額外寬減哩數 400 哩，符號 E/XXX。
Buenos Aires（BUE）-Quito（UIO）-Bogota（BOG）- Caracas（CCS）
布宜諾斯艾利斯－基多－波哥大－卡拉卡斯

說明：經由布宜諾斯艾利斯（BUE）及卡拉卡斯（CCS）之間額外寬減哩數 400 哩。

第六節 票價計算欄

一、書寫格式

1. 票價計算欄（FARE CALCULATION AREA）

範例 7 解說票價書寫格式及注意事項：

範例 7 票價書寫格式

TPE ▌CI ▌HAN577.17VN ▌SGN430.00CI ▌TPE577.17NUC1584.34END ▌R OE29.6609

臺北—華航—河內—越航—胡志明—華航—臺北

1. 英文名詞單字與英文名詞單字相鄰時要留一個空白格（如上文藍色處）。
2. 數字與數字相鄰時要留一個空白格。
3. 英文名詞單字與數字相鄰時不必留一個空白格。
4. 數字寫到小數第 2 位。
5. 金額在票價構成段點列出，緊鄰城市代號。
6. 「10M」代表超哩程加價 10%，例：10M NYCBUE。
7. 「E/」表示額外寬減哩數，例：CI E/BOM。
8. 「X/」表示不停留。
9. 「B/」表示在這票價點（城市）決定最大哩程數。
10. 「T/」表示此票價點不列入哩程計算。
11. 當兩個票價點之「全球飛行指標」（GI，Global Indicator）超過一個時，以符號（ ）表示。例：MOW KL（RU）TYO；MOW KL（EH）TYO（莫斯科—荷航—東京）
12. 表面航段（Surface Sector），電腦訂位狀況代號「ARNK」。
    (1) 當表面航段不列入哩程計算中，則以「/-」表示。例如：OKA/-NGO。
    (2) 當表面航段列入哩程計算中，則以「//」表示。例如：OKA//NGO。
13. 旁岔行程（Side Trip）：一般屬於國內航段或無直接票價之航點，以符號「*」或括號（ ）表示。
    (1) 旁岔行程是來回行程時，
    例：AMS CX HKG6243.24CX TPE Q4.25*CI KHH118.00CI TPE118.00* JL TYO M915.40NUC7398.89END ROE0.76707。（阿姆斯特丹—香港—臺北—高雄—臺北—東京）
    (2) 旁岔行程是單程時，
    例：AMS CX HKG6243.24CX TPE Q4.25*CI KHH118.00/-TPE* JL TYO M915.40NUC7280.89END ROE0.76707。（阿姆斯特丹—香港—臺北—高雄 / —臺北—東京）

註：CI 華航　VN 越航　KL 荷航　CX 國泰　JL 日航
RU 及 EH 路線請見第四章第三節

二、S 附加費

（一）中停點收費（S, Stopover Charges）

特定點必須收取中停點收費，則該收入歸屬航行至該點之航空公司，票價計算欄在該城市後面加註「S」。

範例 8 特定歸屬之 S 費用置於行程中

行程：TPE AA NYC BB CHI S10.00CC LAX DD TPE
說明：臺北－紐約－芝加哥－洛杉磯－臺北；S10.00 歸屬於 BB 航空公司

（二）中停點附加費分帳

若該行程允許 1 次免費停留，若共計停留 4 次，則需加收 3 個停留點費用，假設每個停留點收費 15.00，則將 45.00 列於總 NUC 數之前；先以票價構成段（Fare component）先均分 45.00，再由各個票價結購區內之航空公司依「分帳因子」（Prorate factor）分帳。所謂「分帳因子」即以各航段哩程數爲因子權重，依其因子權重比例分配金額。

範例 9 共分之 S 費用置於行程後，NUC 前

行程：NYC AA LAX BB HNL CC TYO DD TPE M1548.00① EE BJS FF CAN GG BKK M758.00② HH HKG JJ TYO KK NYC M1685.00③ 3S 45.00NUC4036.00END ROE1.00000
（紐約－洛杉磯－夏威夷－東京－臺北－北京－廣州－曼谷－香港－東京－紐約）
說明：此航程分爲 3 個票價構成段：
第 1 個票價構成段：NYC AA LAX BB HNL CC TYO DD TPE
第 2 個票價構成段：TPE EE BJS FF CAN GG BKK
第 3 個票價構成段：BKK HH HKG JJ TYO KK NYC
因此每個票價構成段分配到停留點金額爲 3S45.00÷3 ＝ 15.00。
DD 航空公司 TYO-TPE 屬於第 1 個票價構成段，若欲計算其可分得之中停點費用（Stopover charge）多少，再將 15.00 依分帳因子（Prorate factor）由 AA、BB、CC、DD 航空公司分帳。

NOTE

第九章 票價結構與規則（二）

第一節 票價計算名詞

第二節 票價檢查－特定航路

第三節 票價檢查－高票價

第四節 票價計算方向

本章各項名詞在爾後計算票價時，將重複出現，讀者必須記憶，在票價檢查中，特別介紹特定航路，其票價固定，且不作哩程系統檢查，而高票價檢查爲每一次計算票價時都要做的檢查。

第一節 票價計算名詞

於瞭解票價檢查之前，我們彙整票價計算有關之各專有名詞，請見表 9-1。

表 9-1　專有名詞

編號	專有名詞	解　釋
1	Fare construction	表示「票價結構」或「票價結構區」。
2	FBP（Fare Break Point）	表示「票價斷點」。
3	Fare construction break point	表示票價結構斷點或票價結構區斷點。
4	FCP（Fare Component Point）	表示「票價構成段點」。（註：2.～4. 意思相同）
5	Fare component	表示「票價構成段」。 啓程點至第一個票價結構斷點或第二個票價結構區起點至第二個票價結構區斷點，以此類推，形成各個票價構成段。
6	Intermediate point	表示「中間點」。 除了啓程點及目地點外，中間出現之票價點。
7	Ticketed point	表示「票價點」，即停留點（Stopover point）。
8	Scheduled point	表示「班表預定點」。 啓程點至目地點中間之停留點，但非票價點，哩程不列入 TPM 計算。 如 TPE/ANC/NYC 航線中的 ANC
9	Original point	「啓程點」，全部行程的出發點。
10	Final point	「終點」，全部行程的最後一點。
11	Start point	「起點」，票價構成段。
12	End point	「迄點」，票價構成段。
13	Destination point	「目地點」，最遠的點。也稱爲「迴轉點」Turnaround（Point）。
14	DF（Direct through Fare）	表示「直接票價」，起點至迄點之票價。
15	Type of Journey	表示「旅程型式」，OW、OJ、RT、CT、RTW。
16	GI（Global Indicator）	表示「全球飛行指標」，PA、AT、AP、TS、PO、EH、WH、RU、FE、PN、SA，請參閱第四章第三節。

（續下頁）

（承上頁）

編號	專有名詞	解　釋
17	NUC（Neutral Units of Construction）	表示「中性貨幣單位」，代表票價金額。
18	SR（Specified Routing）	表示「特定航路」，直接使用其哩程數。
19	TPM（Ticketed Point Mileage）	表示「票點哩程」或「實際搭乘航段哩程」。（見第8章第5節）
20	EMA（Extra Mileage Allowance）	表示「額外寬減哩數」。 從TPM中減掉折讓哩程數。
21	MPM（Maximum Permitted Mileage）	表示「最大允許哩程」
22	EMS（Excess Mileage Surcharge）	表示「超哩程附加費」，代號5M、10M、15M、20M、25M。
23	HIF（Higher Intermediate Fare）	表示「高票價」。 HIF對應的點爲高票價點（HIP，Higher Intermediate Point）。 在票價購成段起點至中間點票價高過起點至迄點票價，此中間點即爲高票價點。
24	AF（Applicable fare）	表示「適合票價」。 票價構成段內直接票價（OW或1/2RT）加計高票價（HIF）差額及超哩程附加費（EMS）。
25	TTL NUC（Total Amount）	表示「總金額」。 全部構成段票價及調整金額加總。
26	IROE或ROE（IATA Rate of Exchange）	表示「IATA換算匯率」。
27	LCF（Local Currency Fare）	表示「當地貨幣價格」，有時也稱爲「當地銷售價格」（LSF, Local Selling Fare）。
28	ADC（Additional Collection）	表示「額外收費」。以下內容依序排列顯示在票價計算欄中。 「Q」（Surcharge）：附加費（參閱附錄三）。 「S」（Excess Stopovers）：額外停留。 「P」（Premium）：加價。
29	LESS	扣減。 LESS使用於特定折扣（Specified discount）。
30	END	表示「結束」，其後緊接「ROE」。
31	YY	表示「班機尚未決定（Open）」，例如：TPE YY LAX。

（續下頁）

（承上頁）

編號	專有名詞	解　釋
32	M	表示「團體（IT）加價」或「超哩程加價」或「高票價點票價」。例：SEL CI TPE CI SIN M/IT MH KUL。
33	COND（Conditions）	表示「條件」。
34	Surcharge	表示「附加費」。 依照超哩程（5%～25%）收取。
35	Outbound	表示「向外行程」。 從啓程點至最遠迴轉點（目地點）之行程。
36	Inbound	表示「返回行程」。 從最遠迴轉點（目地點）回到終點之行程。
37	Turnaround point	表示「折回點」或「迴轉點」。
38	TKT（Ticket）	機票簡稱。
39	CF（Component Fare）	構成段票價。
40	BHM（OW, Backhaul Minimum）	表示「最低單程金額」。
41	One way Backhaul plus	表示「單程低價加額」。
42	OLC（One way Lowest Combination）	表示「單程最低組合」。
43	DFUC （Direct fare undercut check）	表示「直接票價最低檢查」。 對於最低組合的全程票價不得低於出發地到目的地（最遠點）的公布直接票價。
44	CTM 檢查 （Circle Trip Minimum Check）	表示「環狀行程最低票價檢查」。 指全程票價不得低於出發地至行程中任意中途點之間的直接來回程票價。如果低於來回程票價，需要提升到這個最低限額。

第二節 票價檢查－特定航路

「**特定航路**」（Specified Routings）是指某些符合條件的航路可以直接使用公布的直接票價，而不必按哩程系統的規定進行超哩程附加費的檢查。

此類特定航路規定於 PAT（Passenger Air Tariff 客運票價書）General Rules book（如表 9-2），使用此類表格時，必須依據城市的排列順序由左至右或是由右經左使用。

表 9-2 PAT General Rules book

Between	Via	And
Karachi 喀拉蚩（巴基斯坦）	Bangkok/Manila － Tokyo 曼谷 / 馬尼拉－東京	Seoul 首爾

表9-2中符號「－」表示and或者or；符號「/」表示or。根據表9-2，「從左至右」解讀爲從Karachi（KHI）到Seoul（SEL）經由Bangkok（BKK）或是Manila（MNL）及或是Tokyo（TYO）都可當爲特定航路，例如表9-3。

表 9-3 特定航路單程票價及路線

行程	反向行程
KHI-BKK-TYO-SEL NUC1054.73 （喀拉蚩－曼谷－東京－首爾）	SEL-TYO-BKK-KHI NUC1178.15
KHI-BKK-SEL NUC1054.73 （喀拉蚩－曼谷－首爾）	SEL-BKK-KHI NUC1178.15
KHI-TYO-SEL NUC1054.73 （喀拉蚩－曼谷－首爾）	SEL-TYO-KHI NUC1178.15
KHI-MNL-SEL NUC1054.73 （喀拉蚩－馬尼拉－首爾）	SEL-MNL-KHI NUC1178.15
KHI-MNL-TYO-SEL NUC1054.73 （喀拉蚩－馬尼拉－東京－首爾）	SEL-TYO-MNL-KHI NUC1178.15
KHI-SEL NUC1054.73 （喀拉蚩－首爾）	SEL-KHI NUC1178.15

第三節 票價檢查－高票價

高票價（HIF, Higher Intermediate Fare）即在高票價點之處所查出之票價。高票價點檢查（HIP check, Higher Intermediate Point check）方法介紹如下：

1. 在同艙級及同條件之票價下作比較。
2. 查出票價構成段起點至票價構成段迄點之票價。

3. 在票價構成段中，依計算方向，尋找高票價點。
   (1) 從原啓程點至每一個中停點（Stopover point）票價。（OW 如中停點是高票價點，則需作 Back Haul Check）
   (2) 每一個中停點至其後的每一個中停點票價。
   (3) 每一個中停點至其後的票價構成段（迄）點票價。
4. 啓程點與終點爲同一點時，返回行程應由原啓程點往票價構成段點方向查出票價。
5. 將 3. 中 (1) ～ (3) 找到的每一個票價與 2. 作比較。
6. 有高票價點之票價構成段應提升至高票價（HIF）計價。
7. 如有超出哩程，則 HIF 亦必須按比例收取超哩程附加費。

範例

例如：GVA KL FRA LH CAI M FRACAI1200.00LH AMS KL GVA M 1100.00NUC2300.00END
（日內瓦－法蘭克福－開羅－阿姆斯特丹－日內瓦）

說明：此例爲環狀行程，其中 FRA-CAI 是高票價航段，高票價區係中間兩點，只須提升此票價構成段金額，不必做 CTM 檢查。

第四節 票價計算方向

當有高票價（HIF）時，且艙級不同（Class Differential），哩程附加費（Mileage Surcharge）依照下述規則計算。

一、單向行程（OW）

票價計算方向（查票價），從啓程點至最遠點或中間之高票價點（圖 9-1）。

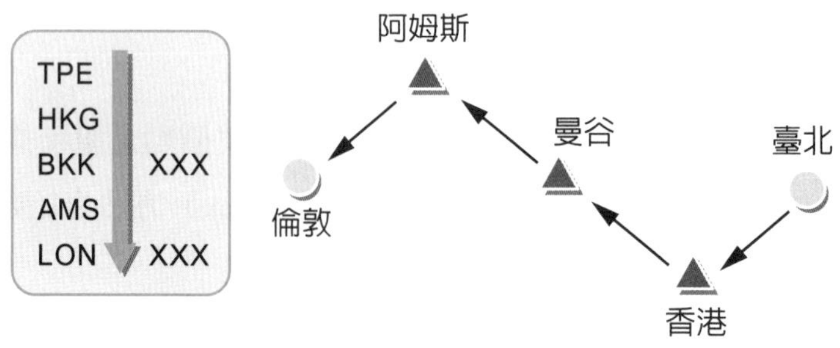

圖 9-1 OW 票價計算方向

FARE CALCULATION: TPE CX HKG CX BKK M1076.02BR AMS BA LON856.89NUC1932.91END ROE28.023517

二、來回行程（RT）

票價結構要素中，「啓程點」與「終點」爲同一點或同一國家內（圖 9-2）。

1. 向外行程（Outbound）之票價計算方向（查票價），從「啓程點」至「最遠迴轉點（目地點）」。
2. 返回行程（Inbound）之票價計算方向，從「終點」反方向計算至「最遠迴轉點（目地點）」。

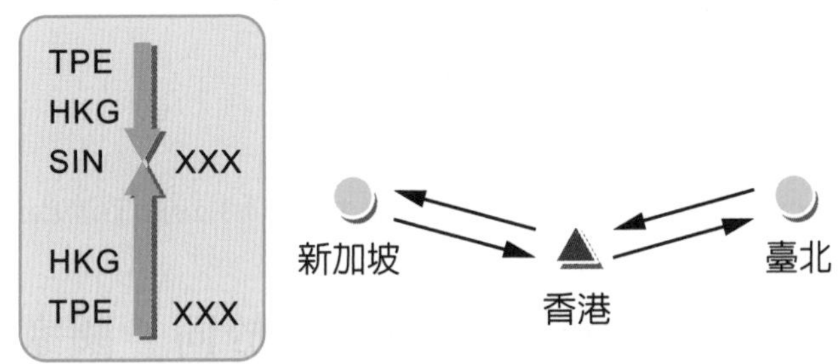

圖 9-2 RT 票價計算方向

FARE CALCULATION: TPE CX X/HKG CX SIN208.75CX X/HKG CX TPE208.75NUC417.50END ROE28.023517

三、環狀行程（CT）

票價結構要素中，「啓程點」與「終點」爲同一點或同一國家內，則向外行程（Outbound）之票價計算方向（查票價）從啓程點至最遠迴轉點（目地點）；若有三個票價構成段以上，則最後一個票價構成段之返回行程（Inbound）票價計算方向，從終點反方向計算至票價結構點（或目地點）。

同一國家之不同城市爲啓程點及終點，可視爲同一點；如 KUL 及 PEN（圖 9-3）。

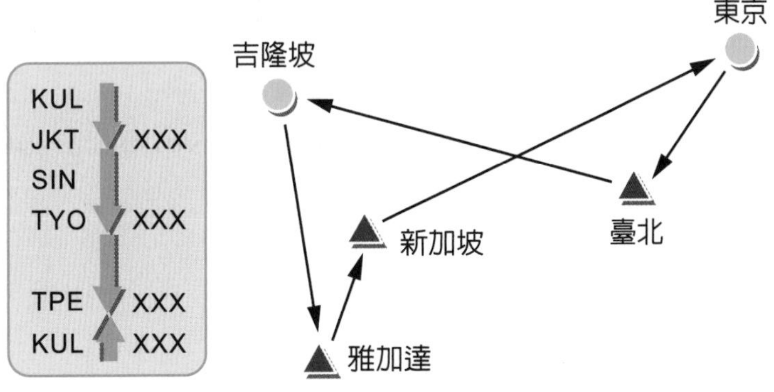

圖 9-3 CT 票價計算方向

FARE CALCULATION: KUL MH JKT Q41.42 345.17GA SIN NH X/TYO1585.28NH TPE1226.39CI KUL1014.21NUC 4212.47END ROE4.081970

四、開口行程（OJ）

票價計算方向（查票價），從啓程點至最遠點或中間之高票價點（圖 9-4）。

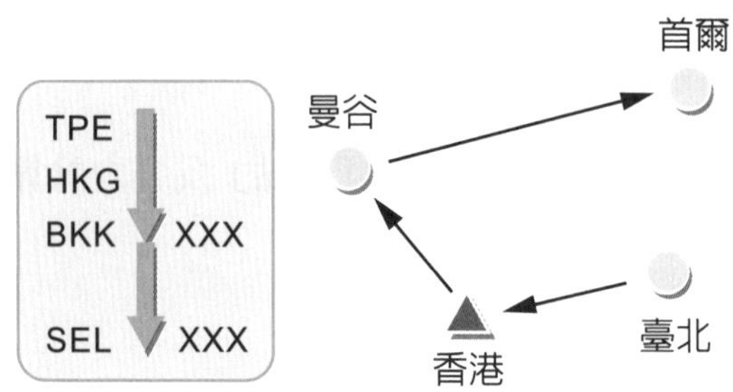

圖 9-4 OJ 票價計算方向

FARE CALCULATION: TPE CX HKG CX BKK M1076.02KE SEL 689.58NUC1765.60END ROE28.023517

五、多重計價單元－因 LON 與 MAN 位於同一國家

當票價結構要素中，「中間點」與「終點」爲同一點或同一國家內，則向外行程（Outbound）之票價計算方向（查票價），爲啓程點至最遠迴轉點（目地點）；若有三個以上票價構成段，則最後一個票價構成段之返回行程（Inbound）票價計算方向，從終點反方向計算至票價結構點（或目地點）。

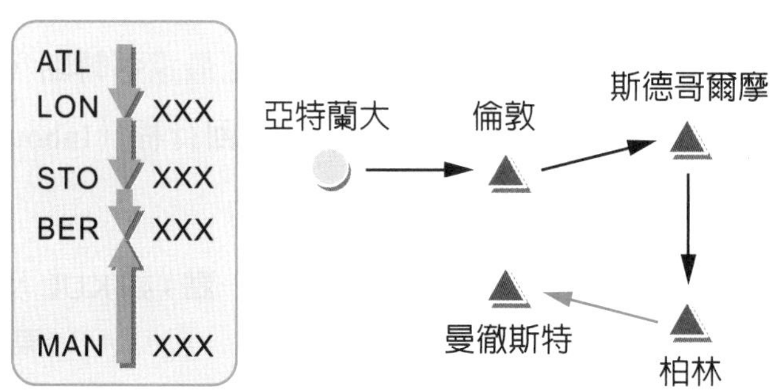

圖 9-5 多重計價票價計算方向

FARE CALCULATION: ATL KL LON745.00BA STO398.05SK BER571.58KL MAN489.51NUC2204.14END ROE1.000000

六、旁岔行程（Side Trip）－含在同一票價構成段內

單向行程中，若旁岔行程（Side Trip）之哩程數，未超過 25M 且在同一票價構成段內，則票價計算方向（查票價），從啓程點至最遠點或中間之高票價點（圖 9-6）。

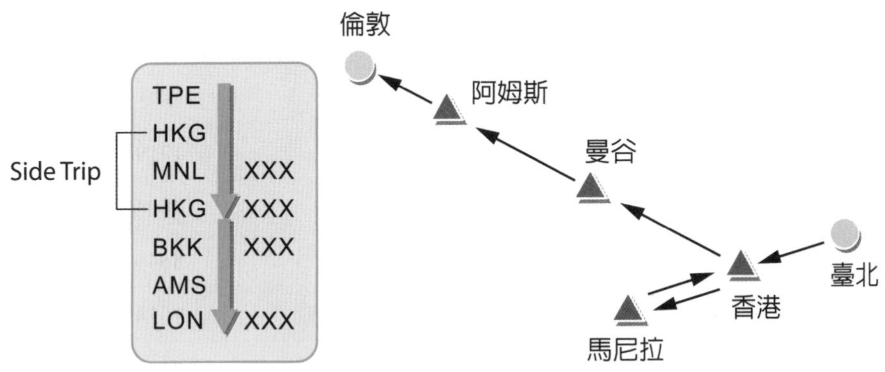

圖 9-6 旁岔行程票價計算方向

FARE CALCULATION: TPE HX HKG155.26CX MNL236.39CX HKG 236.39CX BKK566.82BR AMS BA LON856.89NUC 2051.75END ROE28.023517

七、旁岔行程（Side Trip）－獨立計算票價

旁岔行程（例如：HKG-BJS-HKG）獨立成一個來回行程之票價構成段，則依來回行程方式及方向計算票價，其餘依照上述規則計算票價（查票價）（圖 9-7）。

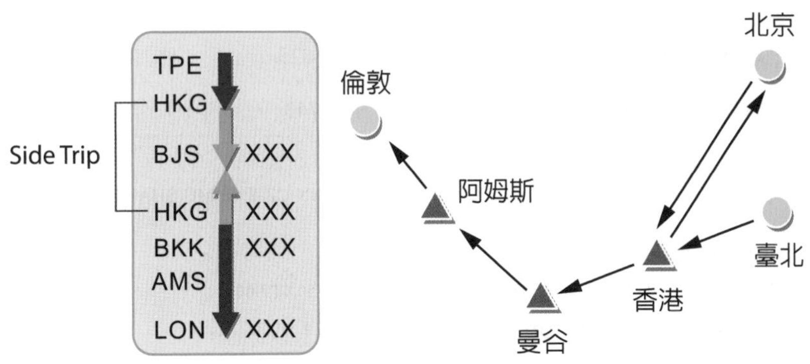

圖 9-7 旁岔行程票價計算方向

FARE CALCULATION: TPE CX HKG(CX BJS475.36CX HKG 475.36)CX BKK M1076.02BR AMS BA LON856.89 NUC2883.63END ROE28.023517

八、環球行程（RTW）

環球行程之行程及票價，從啓程點往終點查票價，請見表 9-4。

表 9-4　RTW 行程票價計算方向

CITY	方向	TPM	CUM
SGN 胡志明市	↓		
SIN 新加波		679	679
DPS 峇里島		1040	1719
TPE 臺北		2375	4094
BKK 曼谷		1555	5649
KHH 高雄		1425	7074
XMN 廈門		193	7267
SXZ 深圳		298	7565
SHA 上海		759	8324
PAR 巴黎		5746	14070
DTT 底特律		3946	18016
SFO 舊金山		2083	20099
HNL 夏威夷		2397	22496
x/TYO 東京		3831	26327
HKG 香港		1823	28150
SGN 胡志明市		743	28893

FARE CALCULATION:

SGN VN SIN KL DPS CI TPE CI BKK CI KHH MF XMN CZ SXZ MU SHA AF PAR DL DTT DL SFO Q100.00DLHNL Q100.00DL X/TYO DL

HKG VN SGNQ4.25 Q580.00.6679.00

NUC7463.25END ROE1.00XF DTT4.50 SFO4.50HNL.4 50XT7.00.

有關 Fare Calculation 詳細說明見下章。

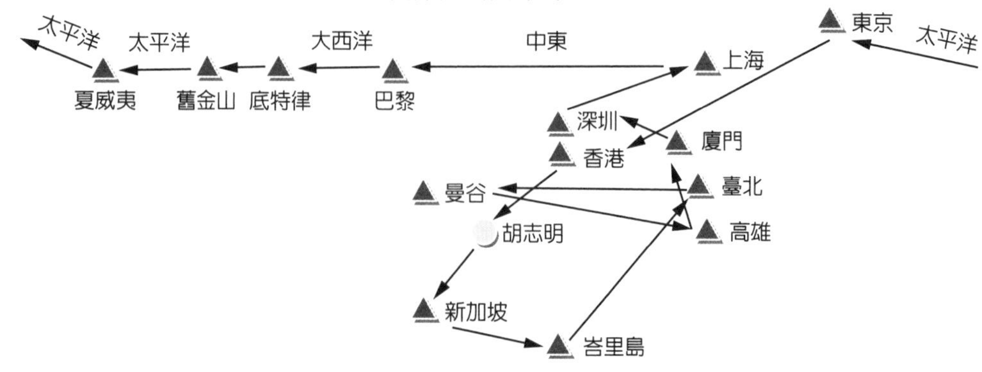

第十章 單程票價結構與計算

最低組合是以客人最佳利益為本，也是向客人報價的基礎，就同一路線及航班，若因斷點不同，將產生不一樣票價，讀者應以客人最佳利益考量，也是為自己及公司，鞏固長期客戶最佳利器。

1. 本章從單向行程各種檢查講起，列舉 10 個案例，其中作 BHC 時，如何計算非常重要，從啓程點至中間停留點是高票價點時，才要做 BHC，請讀者必須瞭解。
2. 從各種組合中，找出最低票價，以客戶最佳利益考量。

第一節 單向行程（OW）

單向行程兩點間採用之票價爲單程票價，一般而言，單程票價應高於 1/2 來回票價。

一、單向行程（OW, One way trip）定義

「單向行程」（OW）機票簡稱「單程機票」，指行程係以直線式越走越遠，啓程點與終點非同一點。

二、單向行程票價檢查

理論上，旅客走的方向應具一致性，但實務上，客人有可能先逆向到達一點後，再轉正向行進。爲避免以啓程點至終點計價，造成票價低估，因此要做以下各票點之間的票價檢查：

1. 啓程點至中停點。
2. 中停點至中停點。
3. 中停點至終點。

範例 1 啓程點至中停點有 HIF

啓程點至中停點有 HIF（高票價點），則全程票價提升至此 HIF，**並作 BHC**，總票價爲 O 至 C 值。

註：有關 BHC 定義，見本章第二節。

說明：啓程點至終點票價爲 0 — A。

HIF=0 到 b 點金額 =OB；

其中 B － A=C － B

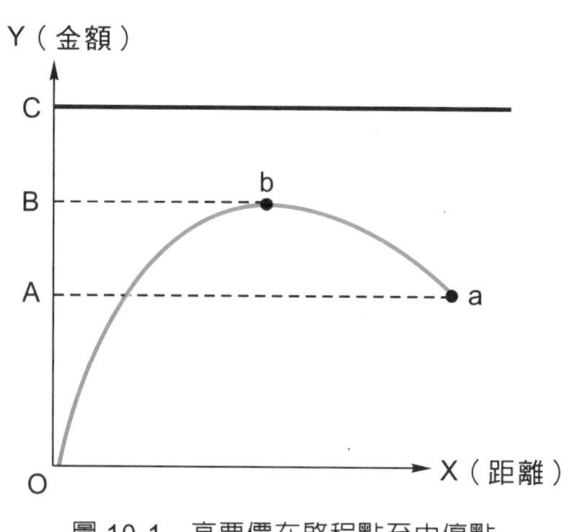

圖 10-1　高票價在啓程點至中停點

範例 2 中停點至中停點有 HIF

中停點至中停點有 HIF，則全程票價提升至此 HIF，不作 BHC，總票價爲 U 至 B 値。

說明：啓程點至終點票價爲 0 — A。

最後票價 =HIF=u 點到 b 點金額 =UB

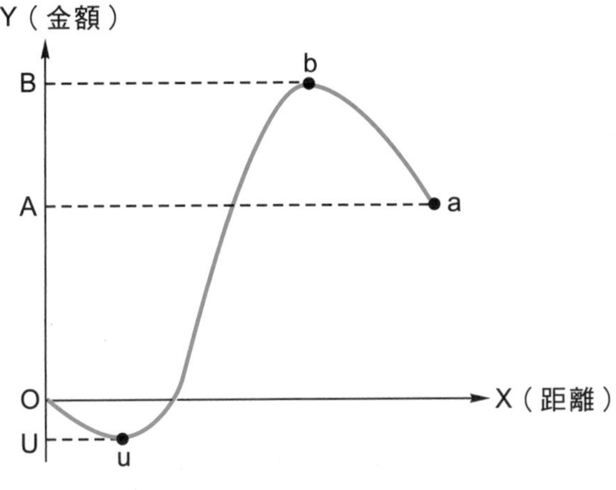

圖 10-2 高票價在中停點至中停點

範例 3 中停點至終點有 HIF

中停點至終點有 HIF，則全程票價提升至此 HIF，不作 BHC，總票價爲 U 至 A 値。

說明：啓程點至終點票價爲 0 — A。

最後票價 =HIF=u 點到 a 點金額 =UA

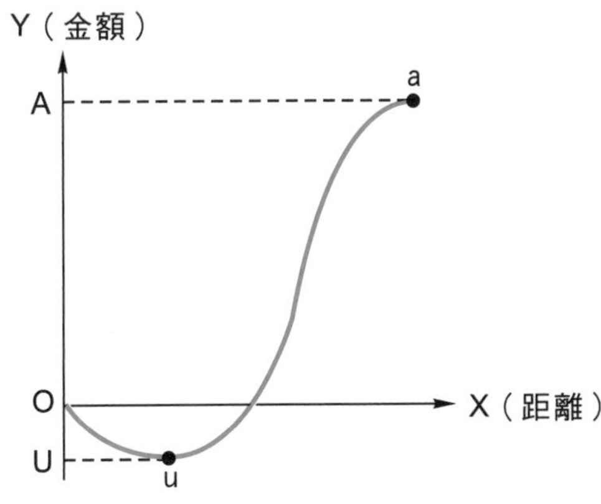

圖 10-3 高票價在中停點至終點

第二節 單程低價加額檢查（BHC）

一、單程低價加額檢查（BHC,（One Way）Back Haul Check）定義

「單程低價加額檢查」即對於單向行程而言，其計算過程需要對「構成段票價」（CF）進行「最低金額」（BHM, Backhaul minimum）檢查。該檢查全稱爲（One way）Back Haul Check，簡稱 BHC 檢查。

二、單程低價加額檢查（BHC）的內容

在某一票價區間內，從出發地到某一中途停留點高於出發地到目的地的公布票價，則該航程爲 BH 行程（Back Haul Journey），須進行 BHC 檢查。

範例 4 加額檢查的附加額「P」（PLUS）置於 NUC 之前

P SEATPE SEAHKG50.00NUC2832.00 END ROE1.00

三、單程低價加額檢查（BHC）的方法

啓程點至中停點有 HIF，要作 BHC。

1. 中間轉機點係高票價點，則忽視不計。
2. 中間停留點係高票價點，請見以下介紹。

範例 5 中間停留點係高票點—無哩程附加費

中間停留點係高票價點—無哩程附加費（No Mileage surcharge）

1. 找到啓程點至目地點之票價 NUC（圖 10-4，A 值）。…………①
2. 找出啓程點至 HIP 票價 NUC：此即為（BHC）OW backhaul minimum fare，單程低價加額最低金額（圖 10-4，B 值）。…………②
3. 「單程低價加額調整（外加）」（OW backhaul adjustment（PLUS））：②－①之差值（Difference）。B － A ＝ C － B…………③
4. Total NUC：即②＋③（圖 10-4，C 值）。

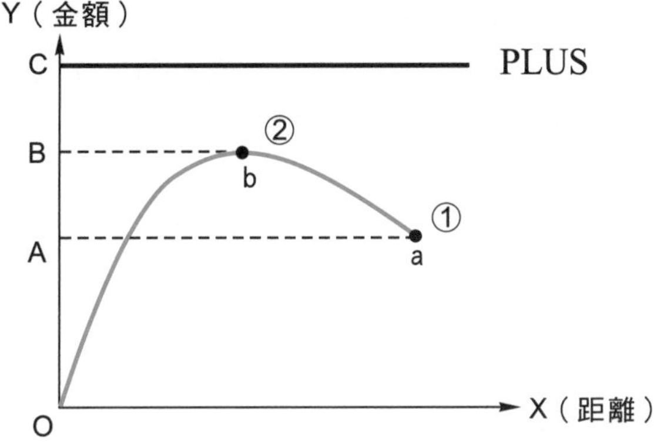

圖 10-4 高票價在啓程點至中停點

說明：Total NUC ＝ 0B ＋ BC ＝ 0A ＋ AB ＋ BC ＝ 0C

範例 6 中間停留點係高票價點—有哩程附加費小於 Backhaul Plus

中間停留點係高票價點—有哩程附加費（Have Mileage surcharge）小於 Backhaul Plus

1. 找到啓程點至目地點之票價 NUC（圖 10-5，A 值）。…………①
2. HIF：找出啓程點至 HIP 票價 NUC（圖 10-5，B 值）。…………②
3. EMS：② ×Mileage（%）＝ E － B…………③
4. 將②＋③＝ E 值…………④
5. 將②－①之差值（Difference）＝ B － A ＝ C － B………… ⑤
6. BHC（OW backhaul minimum fare）：②＋⑤＝ C 值…………⑥
7. OW backhaul adjustment（PLUS）：⑥－④＞ 0 之值。…………⑦
8. Total NUC：②＋⑤（圖 10-5，C 值）

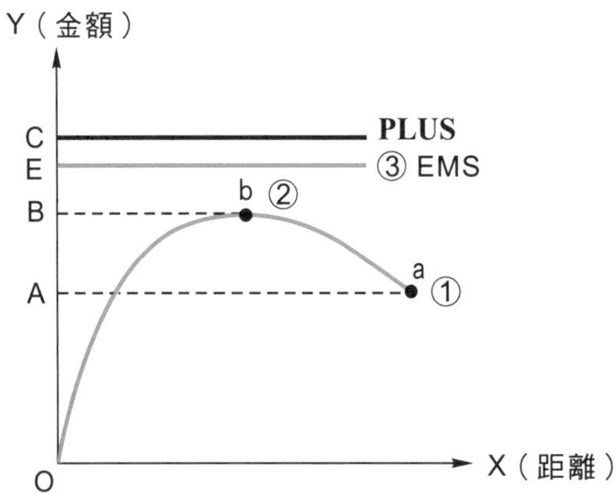

圖 10-5 高票價在啓程點至中間點：EMS ＜ PLUS

說明：因 EMS 小於 BHC PLUS 值，故直接取 0B ＋ BC ＝ 0C（Total NUC）
Total NUC ＝ 0B ＋ BC ＝ 0B ＋ BE ＋ EC ＝ 0A ＋ AB ＋ BE ＋ EC ＝ 0C

範例 7 中間停留點係高票價點—有哩程附加費大於 Backhaul Plus

中間停留點係高票價點—有哩程附加費（Have Mileage surcharge）大於 Backhaul Plus

1. 找到啓程點至目地點之票價 NUC（圖 10-6，A 值）。…………①
2. HIF：找出啓程點至 HIP 票價 NUC（圖 10-6，B 值）。…………②
3. EMS：② ×Mileage（%）…………③
4. 將②+③…………④
5. 將②－①之差値（Difference）………… ⑤
6. BHC（OW backhaul minimum fare）：②+⑤…………⑥
7. 無 OW backhaul adjustment（PLUS）：若⑥<④，則⑦值為零。…⑦
8. Total NUC：②+③（圖 10-6，PLUS 値）。

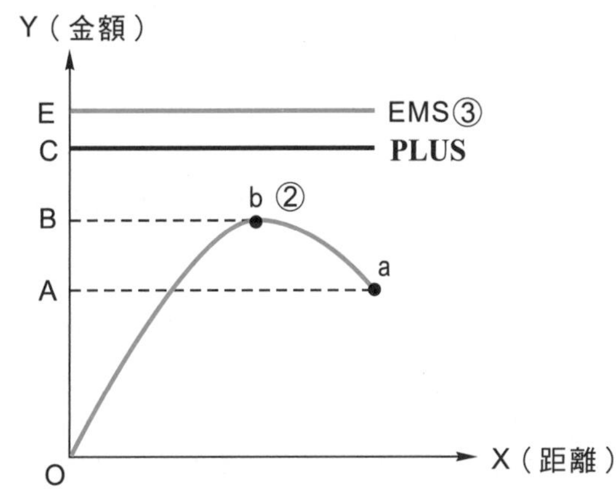

圖 10-6 高票價在啓程點至中間點：EMS > PLUS

說明：因 EMS 大於 BHC PLUS 值，故直接取 0B + BE = 0E（TTL NUC）

Total NUC = 0B + BE = 0A + AB + BE = 0A + AB + BC + CE = 0E

簡化說明如下：

(1) HIF + PLUS = HIF + EMS = C 值= Total NUC。（如範例 5）

(2) HIF + EMS < C 值 ，則取 C 值爲 Total NUC。（如範例 6）

(3) HIF + EMS > C 值 ，則取 HIF + EMS 值爲 Total NUC。（如範例 7）

※EMS = HIF×Mileage（%）。

第三節 單程票價檢查及計算

一、單程票價計算公式

以下先將計算步驟名詞及說明列表 10-1（中文名詞請見第九章第一節）：

表 10-1 單程（OW）票價的計算步驟

步驟	說明
Type of Journey	OW。
GI	決定一種飛行指標。
FBP	確定票價的斷點。
DF NUC	查出票價計算點的起點至迄點的單程 NUC。 確認公布的規則是否和行程的狀況一致。
SR	找出是否為特殊指定航線，如果是，就忽略哩程系統，直接用其 NUC 為最適價格。
TPM	將每個的航段的實際飛行哩程數相加，並和 MPM 比較。
EMA	檢查是否有額外的哩程優惠，如果有，從 TPM 中減去額外寬減哩數。
MPM	查出票價構成段中從起點至迄點間最大的允許哩程數。
HIP RULE	1. 從票價構成段中的啓程點到行程任意中間停留點的直接票價（要作 BHC）。 2. 從一個中間停留點到另一個中間停留點的直接票價。 3. 從中間停留點到票價構成段的迄點的直接票價。
EMS	如果 TPM ＞ MPM，將 TPM 的總和除以 MPM，可根據超額的比例計收超哩程附加費。
AF	經由上述的步驟得到合適的票價構成段 NUC。
BHC RULE	利用 BHC 公式來檢查是否有從票價組成中的啓程點至中間任一點之直接票價會高於啓程點至終點的直接票價。
TOTAL	將各票價構成段的單程 NUC 相加，得到最終的 NUC 總數。
ROE	查詢出發國的 IATA 轉換匯率，利用 IATA 的轉換匯率將 NUC 總數轉換為出發國的貨幣數值（或稱 IROE）。
LCF	得到當地的貨幣數值後，確認出發國對票價尾數的取捨。

二、單程計價結構

單程計價是票價計算之基礎，其計算及檢查方向皆順向而行。

（一）單程無額外費用

在航空客運票價書（PAT, Passenger Air Tariff ）中可查到兩個城市之間單程及來回票價，由於電腦資訊系統發達，現皆可由 GDS 系統（含 Abacus、Amadeus、Galileo 等系統），查到票價、TPM 及 MPM。

旅程 **1**：

TAIPEI（TPE）/HONG KONG（HKG）/BANGKOK（BKK）（Y class）

【臺北 / 香港 / 曼谷（經濟艙）】

表 10-2　單程無額外費用

步驟	說明	起 / 迄點	TPM	票價計算
Type of Journey	OW	TPE		
GI	EH	HKG	511	M
FBP	BKK	BKK	1,049	346.24
DF NUC（TPE-BKK）	346.24			
SR	NIL			
TPM	1,560			
EMA	NIL			
MPM	1,866			
HIP	NIL			
EMS	NIL			
AF	346.24			
BHC Difference Plus	NIL			
BHC Minimun	NIL			
TTL			NUC	346.24
			ROE	29.51
LCF			TWD	10,218

Fare Calculation：TPE AA HKG BB BKK M346.24NUC346.24END ROE29.51

本單程機票之票面價格，計算結果為臺幣 10,218 元。

（二）單程超過 25M，必須斷開

臺北至首爾較遠，臺北至福岡較近，所以是從首爾折回，因此 TPM（=1261）超過啓程點至終點 MPM（=962）約 31%，超過 25M 規定，所以要斷開成 TPE-SEL 及 SEL-FUK 兩航段各自計算票價再加總。

首爾
福岡
臺北

旅程 **2**：

【臺北 / 首爾 / 福岡（經濟艙）】

說明 **2**：

超過 25M，必須斷開。

表 10-3　單程無額外費用

檢查項目	內容	起 / 迄點	TPM	票價計算
Type of Journey	OW	TPE		
GI	EH	SEL	914	327.70
SR	NIL	FUK	347	247.70
TPM	1,261			
EMA	NIL			
MPM	962			
EMS[註]	31% 超過 25M			
TTL			NUC	575.40
			ROE	29.51
LCF			TWD	16,980

Fare Calculation：TPE AA SEL327.70BB FUK247.70NUC575.40END ROE29.51

本單程機票之票面價格，計算結果爲臺幣 16,980 元。

（註：1261÷962=1.31 ＝ 131%，超過 25% EMS）

（三）單程有額外寬減哩數

在航空客運票價書（PAT, Passenger Air Tariff）中可查到那些城市點有額外寬減哩數（EMA）。（因篇幅內容受限無法列舉）

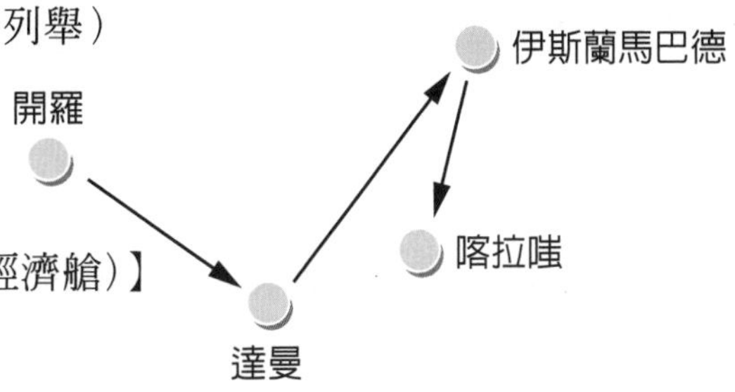

伊斯蘭馬巴德
開羅
喀拉蚩
達曼

旅程 3：

CAI-DMM-ISB-KHI（Y class）

【開羅－達曼[1]－伊斯蘭馬巴德－喀拉蚩（經濟艙）】

說明 3：

ISB 係有額外寬減哩數（EMA）之點，扣減 700 哩。

表 10-4　單程有額外寬減哩數

檢查項目	內容	起／迄點	TPM	票價計算
Type of Journey	OW	CAI		
GI	EH	DMM	1,147	
FBP	KHI	ISB	1,475	M
DF NUC（CAI-KHI）	916.79	KHI	701	916.79
SR	NIL			
TPM	3,323			
EMA	700			
New TPM	2,623			
MPM	2,678			
HIP	NIL			
EMS	NIL			
AF	916.79			916.79
BHC Difference Plus	NIL			
BHC Minimun	NIL			
TTL			NUC	916.79
			ROE	6.74963
LCF			EGP	6,188

Fare Calculation：CAI AA DAM BB E/ISB CC KHI M916.79END ROE6.74963

本單程機票之票面價格，計算結果為埃及磅 6,188 元。

1　達曼（Dammam）位於沙烏地阿拉伯。
伊斯蘭馬巴德位於巴基斯坦首都。
喀拉蚩位於巴基斯坦信德省。

（四）單程有額外寬減哩數－高票價點係轉機點

當有額外寬減哩數時，在 TPM 計算時先扣除，但在提升 HIF 檢查時，就必須注意此高票價區之起點，是停留點還是轉機點，如果是轉機點就得忽略不做提升。

旅程 4：

DEL　BOM　BKK　KUL　　MNL

Delhi-X/Mumbai-Bangkok-Kuala Lumpur-Manila（Y class）

【新德里（印度）－X/ 孟買－曼谷－吉隆坡－馬尼拉（經濟艙）】

說明 4：

BOM 係有額外寬減哩數之點，扣減 700 哩。

BOM-MNL 是高票價，HIF ＝ 519.42

但因 BOM 係轉機點，所以忽略。

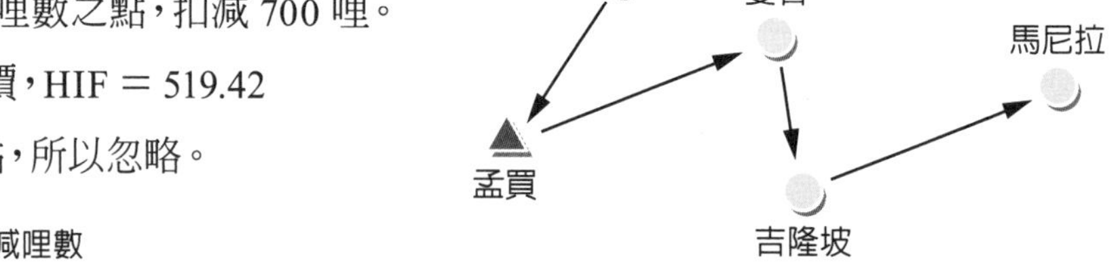

表 10-5　單程有額外寬減哩數

檢查項目	內容	起／迄點	TPM	票價計算
Type of Journey	OW	DEL		
GI	EH	BOM	708	
FBP	MNL	BKK	1,878	
DF NUC（DEL-MNL）	490.90	KUL	754	15M
SR	NIL	MNL	1,545	564.54
TPM	4,885			
EMA	700			
New TPM	4,185			
MPM	3,648			
HIP（BOM － MNL）	519.42	ignored		
EMS[註]	490.9×15%=73.64			
AF	490.90+73.64			564.54
BHC Difference Plus	NIL			
BHC Minimun	NIL			
TTL			NUC	564.54
			ROE	57.53521
LCF			INR	32,480

Fare Calculation：DEL AA X/E/BOM BB BKK CC KUL DD MNL 15M564.54END ROE57.53521

本單程機票之票面價格，計算結果為印度盧比 32,480 元。

（註：4085÷3648=1.147 ≒ 115%，取 15% EMS）

（五）單程中間轉機點係 HIP

在提升 HIF 檢查時就必須注意此高票價區之點，是停留點還是轉機點，如果是轉機點就忽略不作提升。

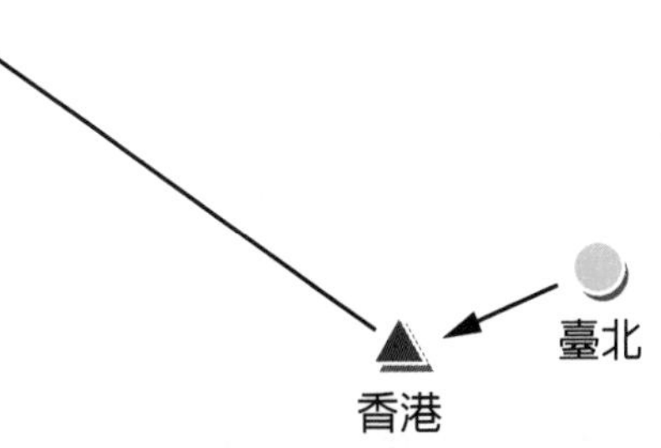

旅程 5：

TPE/HKGx/LON/AMS（Y class）

【臺北 / 香港 x/ 倫敦 / 阿姆斯特丹（經濟艙）】

說明 5：

倫敦是高票價點，但因是轉機點，不列入 HIF 規則內。

表 10-6 單程中間轉機點係 HIP

檢查項目	內容	起 / 迄點	TPM	票價計算
Type of Journey	OW	TPE		
GI	EH	HKG	511	
FBP	AMS	X/LON	5,965	M
DF NUC（TPE-AMS）	1,536.88	AMS	211	1,536.88
SR	NIL			
TPM	6,687			
EMA	NIL			
MPM	8312			
HIP	NIL			
EMS	NIL			
AF	1,536.88			1,536.88
BHC Difference Plus	NIL			
BHC Minimun	NIL			
TTL			NUC	1,536.88
			ROE	29.51
LCF			TWD	45,353

Fare Calculation：TPE AA HKG BB X/LON CC AMS M1536.88NUC1536.88END ROE29.51

本單程機票之票面價格，計算結果爲臺幣 45,353 元。

（六）單程啓程點至中停點 HIP，作 BHC

啓程點至中停點有高票價時，要作單程低價加額檢查（One Way）Back Haul Check（BHC）。

旅程 6：

TPE/HKG/LON/AMS (Y class)

【臺北 / 香港 / 倫敦 / 阿姆斯特丹 (經濟艙)】

說明 6：

倫敦是高票價點，要列入 HIP 的規則內。

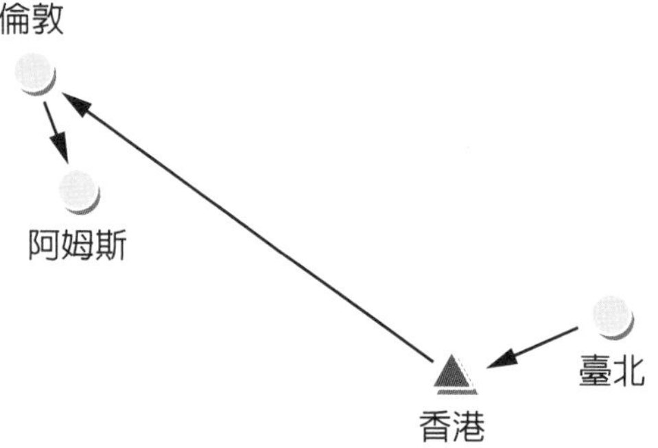

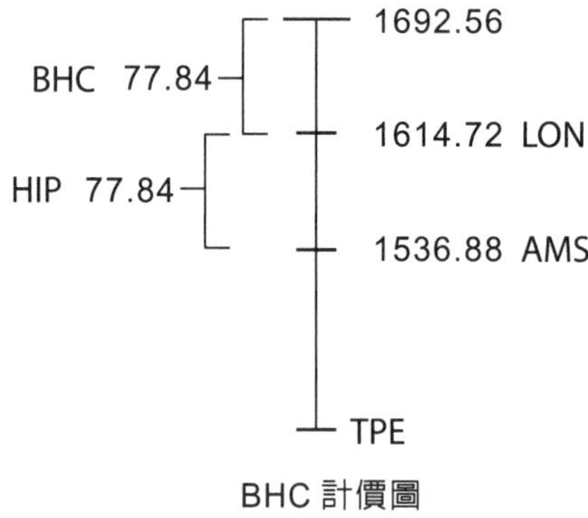

BHC 計價圖

表 10-7 單程啓程點至中停點係 HIP

檢查項目	內容	起／迄點	TPM	票價計算
Type of Journey	OW	TPE		
GI	EH	HKG	511	M
FBP	AMS	LON	5,965	TPELON
DF NUC	1,536.88	AMS	211	1,614.72
SR	NIL			P TPELON TPEAMS 77.84
TPM	6,687			
EMA	NIL			
MPM	8,312			
HIP	TPELON 1,614.72			
EMS	NIL			
AF	1,614.72			1,614.72
BHC Difference Plus	1,614.72 － 1,536.88			77.84
BHC Minimun	1,614.72 ＋ 77.84			1,692.56
TTL			NUC	1,692.56
			ROE	29.51
LCF			TWD	49,947

Fare Calculation:TPE AA HKG BB LON CC AMS M TPELON1614.72**P TPELON TPEAMS 77.84NUC1692.56END ROE29.51**

本單程機票之票面價格，計算結果爲臺幣 49,947 元。

（七）單程啓程點至中停點 HIP，有 Mileage surcharge，做 BHC，但無 BHC Difference Plus

當哩程附加費超過單程低價加額檢查（BHC）時，僅能擇一收取費用，此時取較高金額爲附加費。

旅程 7：

BKK/SIN/KUL（Y class）

【曼谷 / 新加坡 / 吉隆坡（經濟艙）】

說明 7：

新加坡是高票價點。

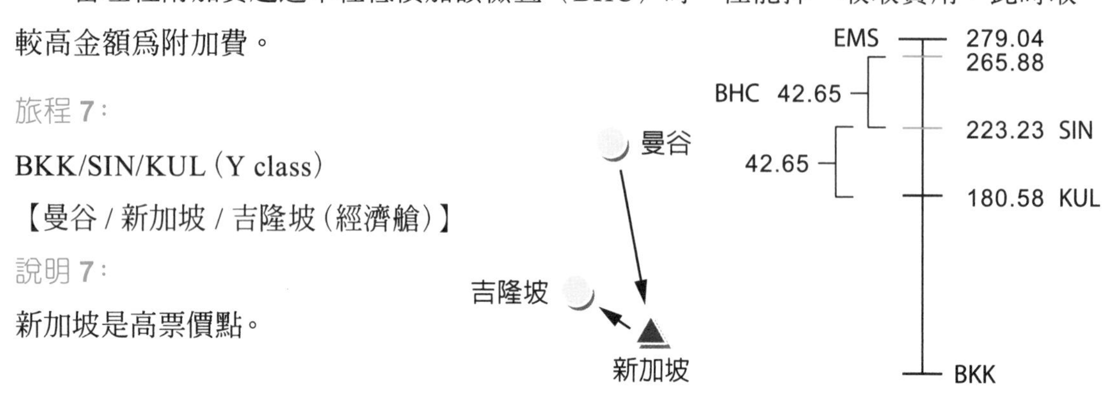

表 10-8　單程啓程點至中停點係 HIP

檢查項目	內容	起 / 迄點	TPM	票價計算
Type of Journey	OW	BKK		
GI	EH	SIN	889	25M BKKSIN
FBP	KUL	KUL	196	279.04
DF NUC（BKK-KUL）	180.58			
SR	NIL			
TPM	1,085			
EMA	NIL			
MPM	904			
HIP	BKKSIN 223.23			223.23
EMS	223.23×25% ＝ 55.81			55.81
AF	223.23+55.81			279.04
BHC Difference Plus	（223.23 － 180.58）＝ 42.65 ＜ 55.81			0
BHC minimum Fare	0			0
TTL			NUC	279.04
			ROE	29.76300
LCF			THB	8,305

Fare Calculation：BKK AA SIN BB KUL25M BKKSIN279.04NUC279.04END ROE29.76300

本單程機票之票面價格，計算結果爲泰銖 8,305 元。

（八）單程中停點至中停點 HIP

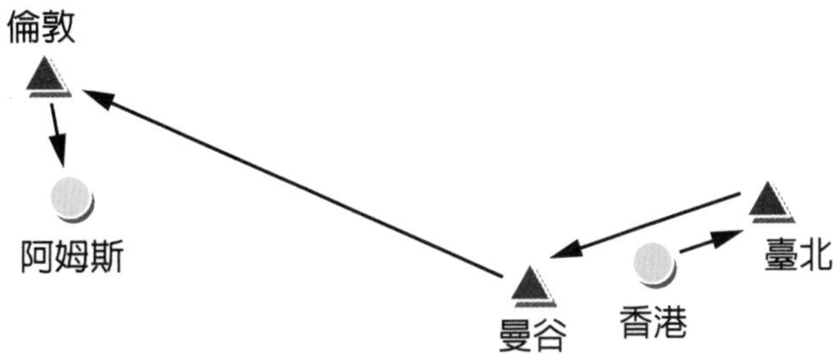

中停點至中停點爲高票價時，提升票價即可，不必做 BHC。

旅程 8：

HKG/TPE/BKK/LON/AMS（Y class）

【香港 / 臺北 / 曼谷 / 倫敦 / 阿姆斯特丹（經濟艙）】

說明 8：

HIP 在臺北 / 曼谷 / 倫敦。

表 10-9 單程中間轉機點係 HIP

檢查項目	內容	起 / 迄點	TPM	票價計算
Type of Journey	OW	HKG		
GI	EH	TPE	511	
FBP	AMS	BKK	1,555	5 M
DF NUC（HKG-AMS）	1,169.37	LON	5,922	TPELON
SR	NIL	AMS	211	1,614.72
TPM	8,199			
EMA	NIL			
MPM	7,995			
HIP	TPELON 1,614.72			1,614.72
EMS	1,614.75×5%			80.74
AF	5 MTPELON 1,695.46			
BHC Difference Plus	NIL			
BHC minimum Fare	NIL			
TTL			NUC	1,695.46
			ROE	7.75420
LCF			HKD	13,147

Fare Calculation：HKG AA TPE BB BKK CC LON DD AMS5M TPELON1,695.46NUC1695.46 END ROE7.75420

本單程機票之票面價格，計算結果爲港幣 13,147 元。

（九）單程中間停留點至目地點 HIP

中停點至目地點爲高票價時，提升票價即可，不必作 BHC。

旅程 9：

AMS/PAR/HKG/TPE（Y class）

【阿姆斯特丹 / 巴黎 / 香港 / 臺北（經濟艙）】

說明 9：

HIP 在巴黎 / 臺北。

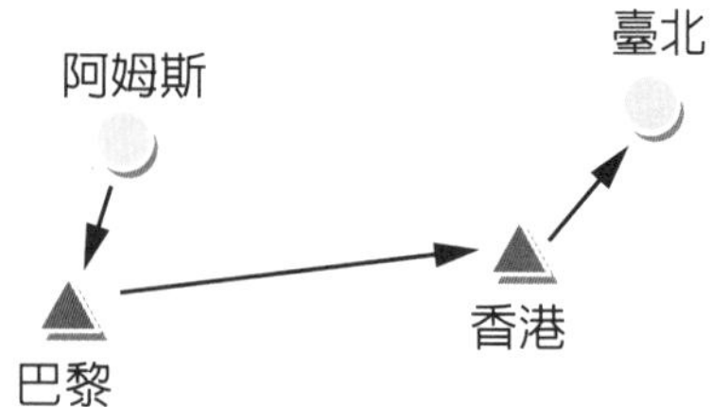

表 10-10　單程中間停留點至目地點 HIP

檢查項目	內容	起 / 迄點	TPM	票價計算
Type of Journey	OW	AMS		
GI	EH	PAR	247	
FBP	TPE	HKG	5,956	M
DF NUC（AMS-TPE）	1,610.30	TPE	511	PARTPE 1,827.15
SR	NIL			
TPM	6,714			
EMA	NIL			
MPM	8,312			
HIP	PARTPE 1,827.15			
EMS	NIL			
AF	PARTPE 1,827.15			1,827.15
BHC Difference Plus	NIL			
BHC minimum Fare	NIL			
TTL	1,827.15		NUC	1,827.15
			ROE	0.76761
LCF			EUR	1,402.54

Fare Calculation：AMS AA PAR BB HKG CC TPE M PARTPE1827.15NUC1827.15END ROE0.76761

本單程機票之票面價格，計算結果爲歐元 1,402.54 元。

（十）單程有哩程額外費用

哩程附加費提升票價即可，不必作 BHC。

旅程 10：

TPE/MNL/BKK（Y Class）

【臺北 / 馬尼拉 / 曼谷（經濟艙）】

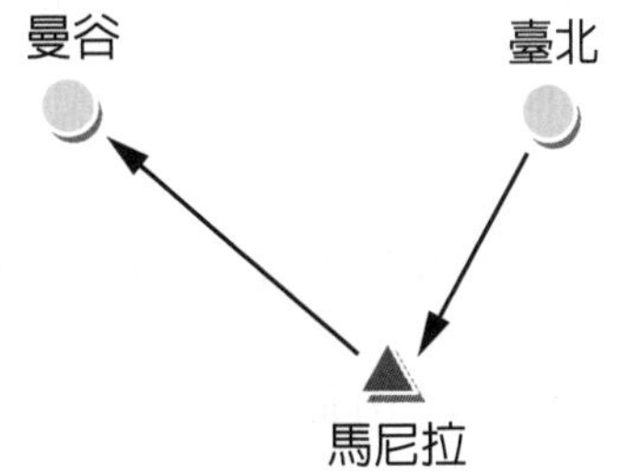

說明 10：

15M 哩程附加費。

表 10-11　單程有哩程額外費用

檢查項目	內容	起 / 迄點	TPM	票價計算
Type of Journey	OW	TPE		
GI	EH	MNL	731	15M
FBP	BKK	BKK	1363	509.99
DF NUC	443.47			
SR	NIL			
TPM	2,094			
EMA	NIL			
MPM	1,866			
HIP	NIL			
EMS	443.47×15% ＝ 66.52			
AF	509.99			509.99
BHC Difference Plus	NIL			
BHC minimum Fare	NIL			
TTL	443.47 ＋ 66.52		NUC	509.99
			ROE	29.51
LCF			TWD	15,050

Fare Calculation：TPE AA MNL BB BKK15M509.99NUC509.99END ROE29.51

本單程機票之票面價格，計算結果為臺幣 15,050 元。

第四節 單程最低組合

「最低組合」是以客人最佳利益爲本，亦是國際客運票價計算的基本原理。相關內容介紹如下：

一、單程最低組合（OLC, One way Lowest Combination）

（一）OLC 適用條件

以下 1. ～ 3. 條件具備一樣，即可使用最低組合計算票價。

1. 出發地、目的地兩點間無公布直接票價（即有 Add-on）。
2. 出發地、目的地兩點間有公布直接票價，但是超哩程附加（EMS）大於 25M。
3. 出發地、目的地兩點間有公布直接票價，且 EMS 也小於 25M，但是採用最低組合的方法計算出來的票價較低。

（二）計算方法

將全程劃分爲兩個或兩個以上票價構成段，分別計算出各段區間票價，再將各段區間票價相加，得到全程票價。然後從多個全程票價中選擇最低結果。

對於「全程票價」應該進行直接票價最低檢查（DFUC）檢查，如果全程只有兩個區間，則 DFUC 檢查全程票價不得低於出發地到目的地的直接票價。如果全程有三個或以上區間，則 DFUC 檢查每兩個相鄰區間的票價不得低於第一個區間出發地到第二個區間目的地的直接票價；每三個相鄰區間的票價不得低於第一個區間出發地到第三個區間目的地的直接票價。

在票價組合中，除依票價規則計算外，有時候在規則允許範圍內，因斷點不同，有數組票價可選擇，此時以最低票價爲原則。

旅程：

TYO/SEL/TPE/MNL（Y Class）

【東京 / 首爾 / 臺北 / 馬尼拉（經濟艙）】

上述旅程之票價最低組合如下介紹：

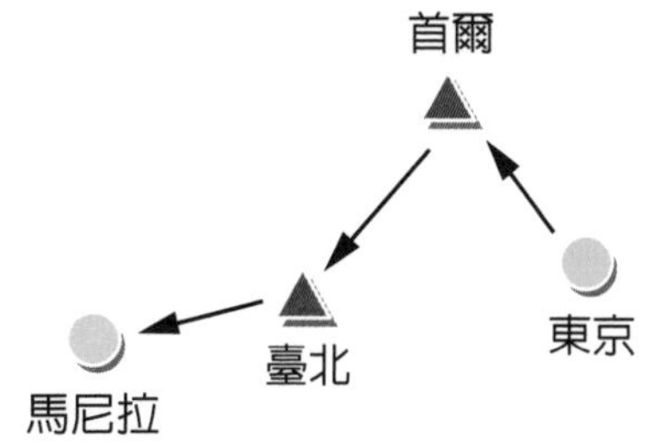

說明：

Check each combination。

在各點之間找出票價（NUC）及最大允許哩程數（MPM），在超哩程附加費（EMS）25M 容許下，以各種組合比較，找出票價最低組合。

表 10-12　單程票價最低組合

SEGMENT	NUC	TPM	MPM
TYO-SEL	342.92	758	909
TYO-MNL	703.59	1,880	2,256
TYO-TPE	445.87	1,330	1,596
SEL-TPE	444.32	914	1,096
SEL-MNL	503.64	1,627	1,952
TPE-MNL	216.21	731	877

1. 第一種組合

表 10-13　組合 1

票價斷點	哩程計算	NUC
TYO-MNL	TPM 2,403	703.59
	MPM 2,256	
	EMS 10M	70.36
AF1（Total NUC）		773.95

2. 第二種組合

表 10-14 組合 2

票價斷點	哩程計算	NUC
斷點 TPE	Mileage	NUC
TYO-TPE	TPM 1,672	445.87
	MPM 1,596	
	EMS 5M	22.29
TPE-MNL		216.21
CF		684.37（445.87 + 22.29 + 216.21）
DFUC TYOMNL	703.59 > CF = 703.59 − 684.37	19.22
AF2（Total NUC）		703.59（OK）

3. 第三種組合

表 10-15 組合 3

票價斷點	哩程計算	NUC
斷點 SEL	Mileage	NUC
TYO-SEL		342.59
SEL-MNL	TPM 1,645	503.64
	MPM 1,952	
AF3（Total NUC）		846.23

4. 第四種組合

表 10-16 組合 4

票價斷點	哩程計算	NUC
FCP 4 斷點 SEL、TPE	Mileage	NUC
TYO-SEL	758	342.92
SEL-TPE	914	444.32
TPE-MNL	731	216.21
AF4（Total NUC）		1,003.45（342.92 + 444.32 + 216.21）

綜合比較，AF2 票價最低，可作爲最終結果。

解析：此行程由啓程點計算至終點，因超出 10M 所計算出票價，比在 TPE 作斷點，分開計算還高，因此比較後，以組合 2（斷在 TPE）行程爲最低票價。

表 10-17 單程票價最低組合

檢查項目	內容	起／迄點	TPM	票價計算
Type of Journey	OW	TYO		
GI	EH	SEL	758	
FCP1	TYO-TPE	TPE	914	5M 468.16
DF1	445.87	MNL	731	216.21
SR	NIL			P TYOMNL 19.22
TPM	1,672			
EMA	NIL			
MPM	1,596			
HIP	NIL			
EMS	445.87×5% = 22.29			
AF1	445.87 + 22.29			468.16
FCP2	TPE-MNL			
TPM	731			
MPM	877			
DF2 = AF2	216.21			216.21
AF = AF1 + AF2	445.87 + 22.29 + 216.21			684.37
DF3/TYO − MNL（OW）	703.59			
DFUC	703.59 − 684.37			19.22
TTL	684.37 + 19.22		NUC	703.59
			ROE	97.50
LCF			JPY	68,600

Fare Calculation：TYO AA SEL BB TPE 5M468.16CC MNL216.21P TYOMNL19.22NUC703.59END ROE97.50

本單程機票之最低票面價格，計算結果爲日圓 68,600 元。

NOTE

第十一章 環狀票價結構與計算

第一節 來回行程（RT）

第二節 環狀行程（CT）

第三節 環狀 / 來回票價檢查及計算

第四節 環狀行程最低組合

本章在所有檢查中最常用到，其變化最大，先要檢查高票價點 HIP，接著檢查超哩程 EMS，將所有列出及加總後，再作 CTM 檢查。

第一節 來回行程（RT）

僅有兩個票價構成段且票價相等的航程，其出發地（Origin）與目的地（Destination）相同，且來回行程之 outbound 及 inbound 停留點應相同或全程來回之構成段票價（Component fare）皆一樣，若有高票價（HIF），亦必須來回程皆相等提升票價，即爲典型的來回行程。

選擇行程中最遠的點（通常選擇迴轉點）爲 FBP，形成兩個區間，分別定義爲 outbound 和 inbound，每個區間使用出發地到行程中的票價構成段點的 1/2RT 直接票價。然後按票價結構計算原則（必須做 HIP check 及 Mileage surcharge），不必作 CTM。

來回行程係環狀行程之一種特例，是最常出現的，通常可輕易查表得到全程票價。

第二節 環狀行程（CT）

選擇行程中不同的點（通常選擇迴轉點）爲 FBP，形成兩個或多個票價構成段區間（fare component），分別定義爲 outbound 和 inbound，每個區間使用出發地到行程中的票價構成段點的 1/2RT 直接票價。然後按票價結構計算原則（必須做 HIP check 及 mileage surcharge），決定此票價構成段的票價，再相加，得到全程票價。

兩個區間票價不等的航程，即 CT，要進行 CTM 檢查。

CTM 檢查（Circle Trip Minimum Check）表示全程票價不得低於出發地至行程中任意中途點之間的普通直接來回程票價。如果低於來回程票價，需要提升到這個最低限額，即 RT fare －全程票價＝ Premium（提升的票價）。

由於選擇不同的點爲FBP，有可能得到不同的結果，取其中最低者爲計算結果（最低組合）。

第三節 環狀 / 來回票價檢查及計算

來回票若是單純一去一回（outbound 及 inbound）各一航段，則查表即知票價，亦不需作任何票價檢查，但若是多航段來回票，則可視爲環狀行程，仍需依本節作各項檢查；在環狀及來回行程所採用之票價，皆以 1/2 來回票價作爲兩點之票價，此與單向行程採用之票價爲單程票價不同。

一、計算公式

環狀行程變化較大，決定斷點及各種檢查，必須觀念清楚，才不致漏掉，以下表 11-1 中所列計算步驟，以 2 個 Fare Component 爲例，超過 2 個以上，則類推接續檢查，即可求出票價。

表 11-1 環狀行程 CT / 來回 RT 票價的計算步驟

步驟	說明
Type of Journey	CT 或 RT。
GI	決定一種飛行指標。
FBP	確定票價的斷點。
DF1 NUC	第一個票價構成段。 查出票價計算啓程點至迄點的 1/2 來回 NUC。 確認公布的規則是否和行程的狀況一致。
SR1	找出是否爲特殊指定航線，如果是，就忽略哩程系統，直接用其 NUC 爲最適價格。
TPM1	將每個的航段的實際飛行哩程數相加，並和 MPM1 比較。
EMA1	檢查是否有額外的哩程優惠，如果有，從 TPM1 中減去優惠的哩程數。
MPM1	查出票價構成段中從啓程點至迄點間最大的允許哩程數。
HIP1 RULE	1. 從票價構成段中的啓程點到行程任意中間停留點的直接票價； 2. 從一個中間停留點到另一個中間停留點的直接票價； 3. 從中間停留點到票價構成段的迄點的直接票價。
EMS1	如果 TPM1 ＞ MPM1，將 TPM1 的總和除以 MPM1，可根據超額的比例計收超哩程附加費。
AF1	經由上述的步驟得到合適的票價構成段 NUC1。
DF2 NUC	第二個票價構成段。 查出票價計算點的起點至終點的 1/2 來回 NUC。 確認公布的規則是否和行程的狀況一致。
SR2	找出是否爲特殊指定航線，如果是，就忽略哩程系統，直接用其 NUC 爲最適價格。
TPM2	將每個的航段的實際飛行哩程數相加，並和 MPM2 比較。

（續下頁）

（承上頁）

步驟	說明
EMA2	檢查是否有額外的哩程優惠，如果有，從 TPM2 中減去優惠的哩程數。
MPM2	查出票價構成段成中從起點至終點間最大的允許哩程數。
HIP2 RULE	1. 從票價構成段中的啓程點到行程任意中間停留點的直接票價； 2. 從一個中間停留點到另一個中間停留點的直接票價； 3. 從中間停留點到票價構成段的迄點的直接票價。
EMS2	如果 TPM2 ＞ MPM2，將 TPM2 的總和除以 MPM2，可根據超額的比例計收超哩程附加費。
AF2	經由上述的步驟得到合適的票價構成段 NUC2。
AF1+AF2	NUC1+NUC2 初步加總。
Compared RT NUC	將上列加總金額與啓程點至任一點來回票價比較。
CTM check	若來回票價有高於 AF1 ＋ AF2，則必須作 CTM check，將兩者差價視爲 Premium 提升票價，提升至高 RT 票價。
TOTAL	將各票價構成段的 NUC 及 CTM 相加，得到最終的 NUC 總數。
IROE	查詢出發國的 IATA 轉換匯率，利用 IATA 的轉換匯率將 NUC 總數，轉換爲出發國的貨幣數值。
LCF	得到當地的貨幣數值後，確認出發國對票價尾數的取捨。

二、環狀計價結構

（一）CTM check（No Premium）

CTM check（無加價）必須先作 HIP 及 Mileage surcharge check。

旅程 1：

KHH/BKK/LON/MUCx/

BKK/SIN/KHH（C class）

【高雄 / 曼谷 / 倫敦 / 慕尼黑 x/

曼谷 / 新加坡 / 高雄（商務艙）】

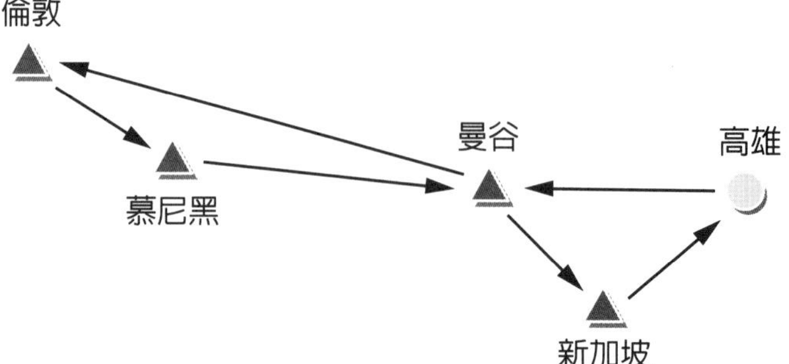

說明 1：

全程票價（DF1+DF2）高於出發地至行程中任意中間點之間的普通直接來回程票價，不必提升。（曼谷係轉機點）

以下之行程高雄出發，以最遠點 LON 為斷點，回程時 BKK 是轉機點，該點不必作 HIP 檢查，另查出 SIN 到 LON 是高票價點，必須提升，又有 5M，因此，以此高票價乘以 1.05，得到如下表 11-2 票價。

表 11-2 CTM check（No Premium）

檢查項目	內容	起／迄點	TPM	票價計算
Type of Journey	CT	KHH		
GI	EH	BKK	1,425	
FBP	LON	LON	5,922	M 1,872.08
DF1-KHHLON1/2RT （3744.16/2）	1,872.08	MUC	569	
SR	NIL	x/BKK	5,459	
TPM	7,347	SIN	889	
EMA	NIL	KHH	1,833	5M SINLON 2,449.60
MPM	8,572			
HIP	NIL			
EMS	NIL			
AF1	1,872.08			1,872.08
DF2-KHHLON1/2RT （3744.16/2）	1,872.08			
SR	NIL			
TPM	8,750			
EMA	NIL			
MPM	8,572			
HIP	SINLON1/2RT 4,665.92÷2＝2,332.96			
EMS	8,750÷8,572＝1.02 5M			
AF2	2,332.96×1.05＝2,449.60			2,449.60

（續下頁）

（承上頁）

檢查項目	內容	起 / 迄點	TPM	票價計算
AF1 + AF2	1,872.08+2,449.60			4,321.68
Compared RT NUC				
KHHBKK-918.04	918.04 < 4,321.68			
KHHLON-3744.16	3,744.16 < 4,321.68			
KHHMUC-3562.92	3,562.92 < 4,321.68			
KHHSIN-1259.26	1,259.26 < 4,321.68			
CTM check	3,744.16 < 4,321.68			0
TTL			NUC	4,321.68
			ROE	29.51
LCF			TWD	127,533

Fare Calculation:KHH AA BKK BB LON M1872.08CC MUC DD X/BKK EE SIN FF KHH 5M SINLON 2449.60NUC4321.68END ROE29.51

本環程機票之票面價格，計算結果爲臺幣 127,533 元。

（二）CTM check（Premium）

旅程 2：

LAXx/SFO/TYOx/SEL/TPEx/SFO/LAX（F class）

【洛杉磯 x/ 舊金山 / 東京 x/ 首爾 / 臺北 x/ 舊金山 / 洛杉磯（頭等艙）】

說明 2：

全程票價不得低於出發地至行程中任意中間點之間的普通直接來回程票價。如果低於來回程票價，需要提升到這個最低限額，即 RT fare －全程票價＝ Premium（提升的票價）。

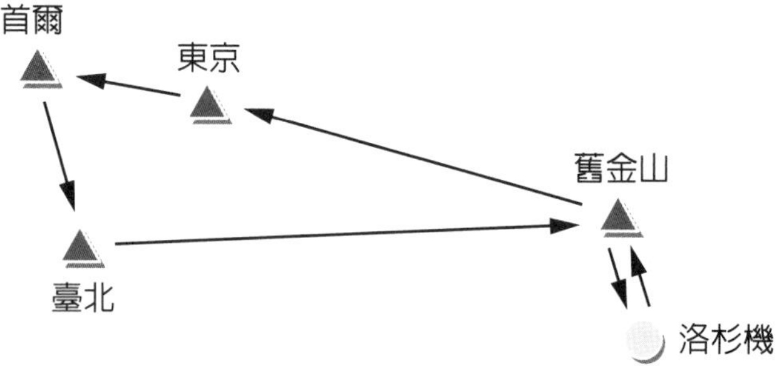

以最遠點 TPE 爲斷點，但第一個 Fare Component 中，TYO 是高票價點，LAX-TYO 票價是高票價，因此必須提升票價爲 5,108，加上第二個 Fare Component LAX-TPE 票價 3,773，總計爲 8,881，但因 LAX-TYO 來回票價 10,216，遠高於 8,881，故必須提升至 10,216，其 Premium 爲 1,335。

表 11-3 CTM check（Premium）

檢查項目	內容	起／迄點	TPM	票價計算
Type of Journey	CT	LAX		
GI	PA	x/SFO	339	
FBP	TPE	TYO	5,130	
DF1-LAXTPE1/2RT（7546/2）	3,773	x/SEL	758	
SR	NIL	TPE	914	MLAXTYO 5,108.00
TPM	7,141	x/SFO	6,450	
EMA	NIL	LAX	339	M 3,773.00
MPM	8,137			PLAXTYO 1,335.00
EMS	NIL			
HIP	LAXTYO（10,216÷2 = 5,108）			
AF1	5,108.00			5,108.00
DF2-LAXTPE1/2RT（7546/2）	3,773.00			
SR	NIL			
TPM	6,789			
EMA	NIL			
MPM	8,137			
EMS	NIL			
HIP	NIL			
AF2	3,773.00			3,773.00
AF1+AF2	5,108+3,773 = 8881.00			
Compared RT NUC				
LAXTYO-10216	10,216.00 > 8,881.00			
LAXTPE-7546				

（續下頁）

（承上頁）

檢查項目	內容	起／迄點	TPM	票價計算
CTM=10216>8881				
P-Premium 10216-8881	1,335.00			1,335.00
TTL	8,881.00+1,335.00		NUC	10,216.00
			ROE	1.00
LCF			USD	10,216.00

Fare Calculation：LAX AA X/SFO BB TYO CC X/SEL DD TPE M LAXTYO5108.00EE X/SFO FF LAX M3773.00P LAXTYO1335.00NUC10216.00END ROE1.00

本環程機票之票面價格，計算結果爲美金 10,216 元。

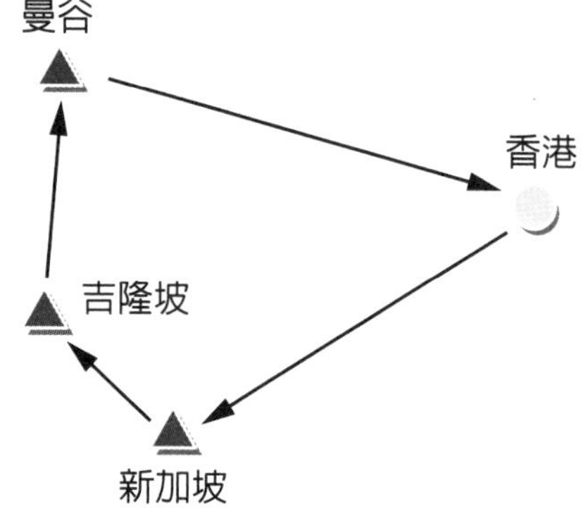

（三）CTM check（等於 RT 無 Premium）

旅程 3：

HKGx/SIN/KUL/BKK/HKG （F class）

【香港 x/ 新加坡 / 吉隆坡 / 曼谷 / 香港（頭等艙）】

全程票價不得低於出發地至行程中任意中間點之間的普通直接來回程票價。如果來回程票價等於全程票價，則不必提升，即 RT fare －全程票價 =0（不必提升票價）。

以最遠點 KUL 爲斷點，無高票價點，CTM check 等於 RT，無 Premium。

表 11-4　等於 RT 無 Premium

檢查項目	內容	起／迄點	TPM	票價計算
Type of Journey	CT	HKG		
GI	EH	x/SIN	1,594	
FBP	KUL	KUL	196	M 862.23
DF1-HKGKUL1/2RT（1,724.46/2）	862.23	BKK	754	
SR	NIL	HKG	1,049	M 862.23

（續下頁）

（承上頁）

檢查項目	內容	起／迄點	TPM	票價計算
TPM	1,790			
EMA	NIL			
MPM	1,886			
EMS	NIL			
HIP	NIL			
AF1	862.23			862.23
DF2-HKGKUL1/2RT（1724.46/2）	862.23			
SR	NIL			
TPM	1,803			
EMA	NIL			
MPM	1,886			
EMS	NIL			
HIP	NIL			
AF2	862.23			862.23
AF1+AF2	862.23+862.23			1,724.46
Compared RT NUC				
HKGKUL-1724.46	1,724.46			
HKGBKK-1085.96				
CTM	0			0
TTL	1,724.46		NUC	1,724.46
			ROE	7.75420
LCF			HKD	13,372.00

Fare Calculation：HKG AA X/SIN BB KUL M862.23CC BKK DD HKG M862.23NUC1724.46END ROE7.75420

本環程機票之頭等票面價格，計算結果為港幣 13,372 元。

第四節 環狀行程最低組合

一、環程(CLC, Circle Lowest Combination)/ 來回程(RLC, Round Lowest Combination)最低組合

(一)適用條件

與單程類似，如果採用兩個票價區間後，環程 / 來回程最低組合適用條件如下：

1. 某一個或兩個區間的出發地、目的地之間無公布直接票價(即有 Add-on)。
2. 某一個或兩個區間的 EMS 均大於 25M。
3. EMS 不大於 25M，但用最低組合得到的票價結果較低。

(二)計算方法

應把全程劃分爲三個或更多個區間(segment)，每個區間均採用 1/2RT 票價，分別計算各個區間的票價後，相加得到全程票價，再進行 CTM 檢查，然後再從多個全程票價中選擇最低結果。

(三)最後返回啓程點的票價構成段

返回啓程點的票價構成段計算方向由啓程點(即終點)反向到票價構成段終點，其他順向。

二、範例

環狀行程中，如果航段較多，要找出斷點及最低票價組合，單靠電腦所列出之票價結構，是很困難的，因此，仍需靠個人經驗判斷及計算，才能找出最低組合。

旅程：

TYO/SEL/TPE/MNL/TYO(Y class)

【東京 / 首爾 / 臺北 / 馬尼拉 / 東京(經濟艙)】

上述旅程之票價最低組合如下介紹：

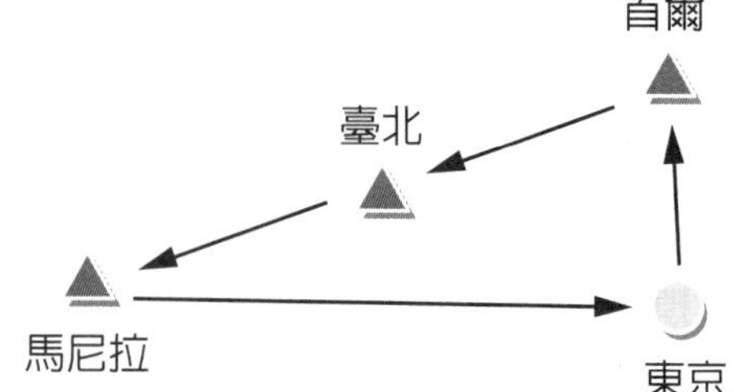

說明：

Check each combination。

列舉下例中各航段 1/2RT 票價及 MPM 如下表。

表 11-5 票價及 MPM

SEGMENT	1/2RT NUC	TPM	MPM
TYO-SEL	342.92	758	909
TYO-TPE	445.87	1,330	1,596
TYO-MNL	703.59	1,880	2,256
SEL-TPE	444.32	914	1,096
SEL-MNL	503.64	1,627	1,952
TPE-MNL	216.21	731	877

（一）第一種組合

先以最遠點 MNL 為斷點，計算票價。

表 11-6 以 MNL 為斷點計算

FCP Segment	Mileage	NUC
FBP	MNL	
TYO-SEL-TPE-MNL	TPM 2,403	703.59
	MPM 2,256	
	EMS 10M	70.36
AF1：		773.95
AF2：TYO-MNL		703.59
TTL Fare ＞ TYOMNL RT	AF1 ＋ AF2 ＞ 1,407.18	1,477.54

（二）第二種組合

嘗試以 TPE 及 MNL 爲斷點，切割成 TYO-TPE，TPE-MNL，TYO-MNL 三段計算票價。

表 11-7　三段計算

FCP Segment	Mileage	NUC
FBP	TPE；MNL	
TYO-SEL-TPE	TPM 1,672	445.87
	MPM 1,596	
	EMS 5M	22.29
AF1：		468.16
AF2：TPE-MNL		216.21
AF3：TYO-MNL		703.59
AF1 ＋ AF2 ＋ AF3		1,387.96
TYOMNL RT	1,407.18	
CTM P TYOMNL	1,407.18 － 1,387.96	19.22
TTL NUC ＝ RT fare		1,407.18（OK）

（三）第三種組合

以 SEL 爲斷點，分二段計算。

表 11-8　以 SEL 為斷點

FCP Segment	Mileage	NUC
FBP	SEL	
AF1：TYO-SEL		342.92
TYO-MNL-TPE-SEL	TPM 3,525	
	MPM 909	
	EMS 287M>25M	
AF2		××××

（四）第四種組合

以 TPE 爲斷點，分二段計算。

表 11-9 分四段組合

FCP Segment	Mileage	NUC
FBP	TPE	
TYO-SEL-TPE	TPM 1,672	445.87
	MPM 1,596	
	EMS 5M	22.29
AF1		468.16
TYO-MNL-TPE	TPM 2,611	
	MPM 1,596	
	EMS 64M>25M	
AF2		××××

（五）第四種組合

以 SEL, TPE, MNL 爲斷點，分四段計算。

表 11-10 分四段組合

FCP Segment	Mileage	NUC
FBP	SEL；TPE；MNL	
AF1：TYO-SEL		342.92
AF2：SEL-TPE		444.32
AF3：TPE-MNL		216.21
AF4：TYO-MNL		703.59
TTL NUC		1,707.04

綜合比較，第二種組合票價最低，可作爲最終結果。

解析：以第二種組合票價最低，以下列出完整之檢查及計算過程。

表 11-11　第二種組合票價

檢查項目	內容	起／迄點	TPM	票價計算
Type of Journey	CT	TYO		
GI	EH	SEL	758	
FBP1	TYO-TPE	TPE	914	5 M 468.16
DF1	445.87	MNL	731	216.21
SR	NIL	TYO	1,880	703.59
TPM	1,672			P TYOMNL 19.22
EMA	NIL			
MPM	1,596			
HIP	NIL			
EMS	445.87×5% ＝ 22.29			
AF1	468.16			468.16
FBP2	TPE-MNL			
DF2	216.21			216.21
TPM	731			
MPM	897			
EMS	NIL			
AF2	216.21			
FBP3	TYO-MNL			
DF3（1,407.18/2）	703.59			
SR	NIL			
TPM	1,880			
EMA	NIL			
MPM	2,256			
HIP	NIL			
EMS	NIL			
AF3	703.59			703.59

（續下頁）

（承上頁）

檢查項目	內容	起／迄點	TPM	票價計算
AF1 ＋ AF2 ＋ AF3	1,387.96			
CTM check（TYO/MNL）	1,407.18 － 1,387.96			19.22
P TYOMNL	19.22			
TTL	1,387.96 ＋ 19.22		NUC	1,407.18
			ROE	97.50
LCF			JPY	137,200

Fare Calculation：TYO AA SEL BB TPE5M468.16CC MNL216.21DD TYO703.59P TYOMNL19.22 NUC1407.18END ROE97.50

本環程機票之票面價格，計算結果為日圓 137,200 元。

NOTE

第十二章 開口票價結構與計算

第一節 開口行程（OJ）

第二節 開口票計算公式

第三節 開口票計價結構

「開口行程」（OJ）指啓程點與終點不同一點，向外行程（Outbound）與返回行程（Inbound）不一樣，分爲「單開口行程」與「雙開口行程」，其啓程點與迴轉點是否在同一國家，將影響票價採用單程或來回價格，以及各種檢查。

第一節 開口行程（OJ）

一、開口行程（OJ, Open Jaw trip）定義

「開口行程」（OJ）指啓程點與終點不同一點，向外行程（outbound）與返回行程（inbound）不一樣，分爲「單開口行程」與「雙開口行程」。

開口行程性質上具備 RT/CT 特點的不完整行程，由出發地再回到原出發地，但是其中某段行程由於使用了其他交通工具，導致航空公司開立機票時，在整段行程中留下一個缺口，即稱爲「開口式行程」（OJ, Open Jaw trip）機票。

二、OJ 票價計算方法

計算 OJ 票價時，採用以下兩種方法，並據此兩種方法的結果進行比較取其低者。

方法一：按照實際搭乘飛行航段 OW 的票價之和計算票價。

方法二：全程按照完整的 RT/CT 計算票價。

表 12-1 OJ 行程檢查表－單開口（SOJ, Single Open Jaw）

單開口類別	性質說明	例子	使用票價種類
迴轉點開口 TSOJ 或 TOJ, Turnaround OJ	去程的啓程點與回程終點相同，中途使用不同的交通工具，去程的迄點與回程起點在同一國家，但不同城市。	TPE/LAX//NYC/TPE	使用 1/2RT 票價
	去程的啓程點與回程終點相同，中途使用不同的交通工具，去程的迄點與回程起點在不同國家。	TPE/SEL/-TYO/FUK/TPE	使用 OW 票價
出發地開口 OSOJ 或 OOJ, Origin OJ	啓程點與回程之終點城市不相同，但同一國家。	TPE/TYO/KHH	使用 1/2RT 票價
	啓程點與回程之終點城市不相同，且不同國家。	HKG/TYO/KHH	使用 OW 票價

表 12-2 OJ 行程檢查表－雙開口（DOJ, Double Open Jaw）

編號	性質說明	例子	使用票價種類
1	啓程點與迴轉點皆不相同，但各在同一國家。	TPE/OKA//TYO/KHH	使用 1/2RT 票價
2	啓程點與迴轉點皆不相同，且不在同一國家。	BKK/TPE//HKG/SIN	使用 OW 票價
3	啓程點與迴轉點皆不相同，但啓程點在同一國家，迴轉點不在同一國家。	TPE/TYO//SEL/KHH	使用 OW 票價
4	啓程點與迴轉點皆不相同，但迴轉點在同一國家，啓程點不在同一國家。	HKG/JKT//DPS/SIN	使用 OW 票價

OJ 行程由於高速鐵路加入及郵輪旅遊盛行，已常見此類開票方式，但因在何處開口，千變萬化，讀者必須對地理概念相當清晰，運用以上規則逐一計算，才能求出正確票價。

第二節 開口票計算公式

起訖點是否爲同一點或同一國家，將決定使用單程（OW）票價或 1/2RT 票價，以及票價查找方向，解說圖表將在下節中顯示。

表 12-3 開口行程 OJ 票價的計算公式

步驟	說明
Type of Journey	單開口（SOJ）或雙開口（DOJ）
GI	決定一種飛行指標
FBP	確定票價的斷點
DF1 NUC	依據表 12-1、表 12-2 之 OJ 行程檢查表判斷，查出票價計算點的啓程點至終點 OW 或 1/2RT 之 NUC。 確認公布的規則是否和行程的狀況一致。
SR1	找出是否爲特殊指定航線，如果是，就忽略哩程系統，直接用其 NUC 爲最適價格。
TPM1	將每個的航段的實際航行哩程數相加，並和 MPM 比較。
EMA1	檢查是否有額外的哩程優惠，如果有，從 TPM 中減去優惠的哩程數。
MPM1	查出票價構成段中，從起點至迄點間最大的允許哩程數。

（續下頁）

（承上頁）

步驟	說　　明
HIP1 RULE	1. 從票價構成段中的啓程點到行程任意中間停留點的直接票價； 2. 從一個中間停留點到另一個中間停留點的直接票價； 3. 從中間停留點到票價構成段的迄點的直接票價。
EMS1	如果 TPM>MPM，將 TPM 的總和除以 MPM，可根據超額的比例計收超哩程附加費。
AF1	經由上述的步驟得到合適的構成段 NUC。
DF2 NUC	依據表 12-1、表 12-2 之 OJ 行程檢查表判斷，查出票價計算點的啓程點至終點 OW 或 1/2RT 之 NUC。
SR2	找出是否爲特殊指定航線，如果是，就忽略哩程系統，直接用其 NUC 爲最適價格。
TPM2	將每個的航段的實際航行哩程數相加，並和 MPM 比較。
EMA2	檢查是否有額外的哩程優惠，如果有，從 TPM 中減去優惠的哩程數。
MPM2	查出票價構成段中，從起點至迄點間最大的允許哩程數。
HIP2 RULE	1. 從票價構成段中的啓程點到行程任意中間停留點的直接票價； 2. 從一個中間停留點到另一個中間停留點的直接票價； 3. 從中間停留點到票價構成段的迄點的直接票價。
EMS2	如果 TPM ＞ MPM，將 TPM 的總和除以 MPM，可根據超額的比例計收超哩程附加費。
AF2	經由上述的步驟得到合適的構成段 NUC。
AF1 ＋ AF2	初步加總（不必作 CTM check）。
TOTAL	將各票價構成段的 NUC 相加，得到最終的 NUC 總數。
IROE	查詢出發國的 IATA 轉換費率，利用 IATA 的轉換費率將 NUC 總數轉換爲出發國的貨幣數值。
LCF	得到當地的貨幣數值後，確認出發國對票價尾數的取捨。

第三節 開口票計價結構

在開口票計算中，仍須依照單程或環狀行程作 BHC 或 CTM check。

一、開口行程（OJ）無額外費用

在本 OJ 行程中，以圖 12-1 說明 OW 票價查找方向。
從原出發點至最遠迴轉點 A 點，
另從 B 點返回到原出發點之行程。

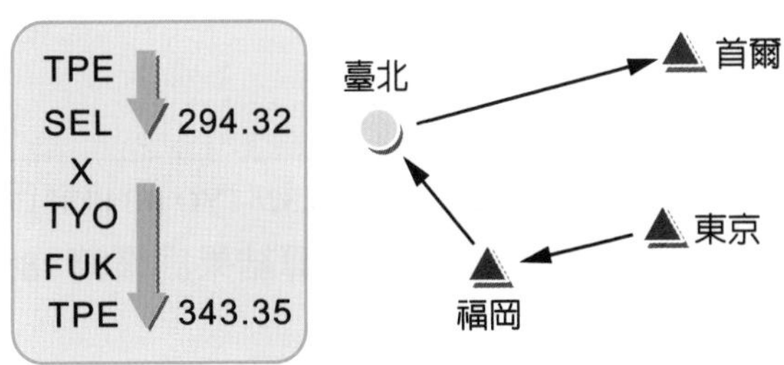

圖 12-1 OW 票價

旅程：

TPE/SEL/-TYO/FUK/TPE（Y class）, use one way fares
臺北 / 首爾 /- 東京 / 福岡 / 臺北（經濟艙），使用單向行程票價。

表 12-4 開口行程無額外費用

檢查項目	內容	起 / 迄點	TPM	票價計算
Type of Journey	OJ	TPE		
GI	EH	SEL	914	294.32
FBP	SEL	X		
FCP（outbound）	TPE-SEL	TYO		
DF1 TPE-SEL OW	294.32	FUK	567	M
SR	NIL	TPE	802	343.35
FCP2（inbound）	TYO-TPE			
DF2 TYO-TPE OW	343.35			
TPM	1369			
EMA	NIL			
MPM	1596			
EMS	NIL			

（續下頁）

（承上頁）

檢查項目	內容	起／迄點	TPM	票價計算
HIP	NIL			
TTL	294.32 + 343.35		NUC	637.67
			ROE	29.51
LCF			TWD	18,818

Fare Calculation：TPE AA SEL294.32/-TYO BB FUK CC TPE M343.35NUC637.67END ROE29.51

本開口機票之票面價格，計算結果為臺幣 18,818 元。

二、開口行程（OJ）有 HIP 額外費用

以下例說明「開口行程（OJ）有 HIP 額外費用」之票價。

在本 OJ 行程中，以圖 12-2 說明 OW 票價查找方向。

旅程：

TPE/HKGx/FRA/MUCx/FRA/BKK（Y）, use one way fares

【臺北/香港 x/法蘭克福/慕尼黑 x/法蘭克福/曼谷（經濟艙）】，使用單向行程票價。

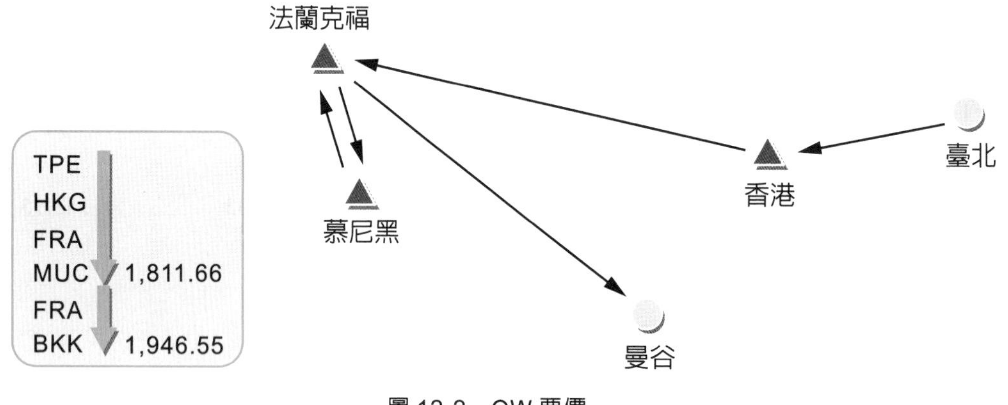

圖 12-2　OW 票價

說明：

開口在啓程點與終點，法蘭克福是轉機點。

HKG 至 MUC 是高票價點，只需提升票價。

斷點在 MUC。

表 12-5 開口行程有 HIP 額外費用

檢查項目	內容	起／迄點	TPM	票價計算
Type of Journey	OJ	TPE		
GI	EH	HKG	511	
FBP	MUC	x/FRA	5,688	
DF1（outbound）	TPEMUC 1,627.27	MUC	186	M HKGMUC 1,811.66
SR	NIL	x/FRA	186	
TPM	6,385	BKK	5,584	1,946.55
EMA	NIL			
MPM	7,818			
HIP	HKGMUC 1,811.66			
EMS	NIL			
AF1	HKGMUC 1,811.66			1,811.66
DF2（inbound）	MUCBKK 1,946.55			
SR	NIL			
TPM	5,770			
EMA	NIL			
MPM	7,117			
HIP	NIL			
EMS	NIL			
AF2	1,946.55			1,946.55
TTL（AF1 ＋ AF2）	1,811.66 ＋ 1,946.55		NUC	3,758.21
			ROE	29.51
LCF			TWD	110,905

Fare Calculation：TPE AA HKG BB x/FRA CC MUC M HKGMUC1811.66DD x/FRA EE BKK M1946.55 NUC3758.21END ROE29.51

本開口機票之票面價格，計算結果為臺幣 110,905 元。

NOTE

第十三章 環球票價結構與計算

第一節 環遊世界行程（RTW 或 RW）

第二節 環球一周計價結構

「環遊世界行程」（RTW 或 RW）自出發地無論往東或往西行，航線經由太平洋（PA, Via Pacific）及大西洋（AT, Via Atlantic）各一次，再回到出發地之行程。

環遊世界行程亦可以斷成兩個以上票價構成段，對於兩個以上區間票價不等的航程，如同 CT，要進行 RWM 檢查。

「RWM 檢查」（Round the World Minimum Check）表示全程票價不得低於出發地至行程中任意中途點之間的普通直接來回程票價。如果低於來回程票價，需要提升到這個最低限額。

由於選擇不同的點爲 FBP，有可能得到不同的結果，取其中最低者爲計算結果（最低組合）。

第一節 環遊世界行程（RTW 或 RW）

「環遊世界行程」（RTW 或 RW）自出發地無論往東或往西行，航線經由太平洋（PA, Via Pacific）及大西洋（AT, Via Atlantic）各一次，再回到出發地之行程。

環遊世界行程亦可以斷成兩個以上票價構成段，對於兩個以上區間票價不等的航程，如同 CT，要進行 RWM 檢查。「RWM 檢查」（Round the World Minimum Check）表示環遊世界行程全程票價不得低於出發地至行程中任意中途點之間的普通直接來回程票價。如果低於來回程票價，需要提升到這個最低限額。

由於選擇不同的點爲 FBP，有可能得到不同的結果，取其中最低者爲計算結果（最低組合）。

第二節 環球一周計價結構

一、RWM check（Premium）

旅程：

NANx/AKL/BUEx/NYC/CAS/IST/SEL/NAN （Y class）

【納迪（斐濟）x/ 奧克蘭 / 布宜諾斯艾利斯 x/
紐約 / 卡薩布蘭卡 / 伊斯坦堡 / 首爾 / 納迪】

這是由南太平洋斐濟飛經太平洋，至紐西蘭，飛至南美阿根廷，再至紐約，飛經大西洋，至非洲卡薩布蘭卡（CAS），至土耳其，至首爾，回到斐濟。

註：CAS：Casablanca 卡薩布蘭卡（現稱達爾貝達，屬於摩洛哥（Morocco）最大城市）。

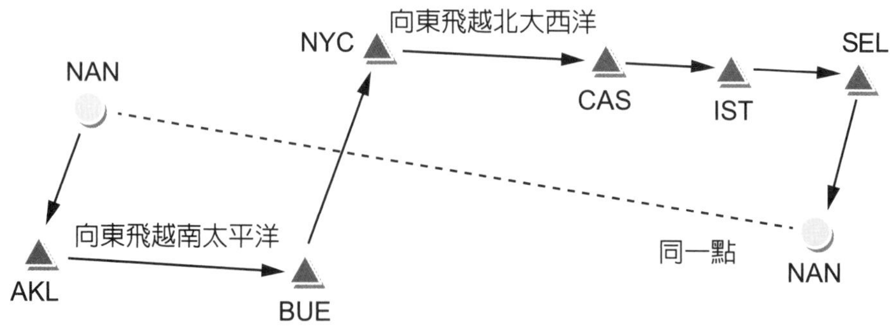

圖 13-1

表 13-1 CTM check（Premium）

檢查項目	內容	起 / 迄點	TPM	票價計算
Type of Journey	RW	NAN		
GI	PA/AT/TS	x/AKL	1,341	
FBP	BUE/CAS	BUE	6,418	M1,485.10
DF1-NANBUE1/2RT（2970.20/2）	1,485.10	x/NYC	5,301	
SR	NIL	CAS	3,609	1,379.50
TPM	7,759	IST	2,069	
MPM	9,310	SEL	5,185	
EMA	NIL	NAN	5,048	M3,090.71
EMS	NIL			P NANCAS 226.11
HIP	NIL			
AF1	1,485.10			1,485.10
DF2-BUECAS 1/2RT（2759/2）	1,379.50			
SR	YES			
TPM	Not apply			
MPM	Not apply			
EMA	NIL			
EMS	NIL			
HIP	NIL			
AF2	1,379.50			1,379.50
DF3-NANCAS 1/2RT（6181.42/2）	3,090.71			
SR	NIL			
TPM	12,302			
MPM	14,532			
EMA	NIL			
EMS	NIL			

（續下頁）

（承上頁）

檢查項目	內容	起／迄點	TPM	票價計算
HIP	NIL			
AF3	3,090.71			3,090.71
Compared NANCAS RT NUC				
NANCAS-6181.42				
CTM ＝ 6181.42 ＞ 5955.31				
Plus 6181.42 － 5955.31	226.11			226.11
AF1 ＋ AF2 ＋ AF3 ＋ Plus	6,181.42			
TTL			NUC	6,181.42
			ROE	1.67820
LCF			FJD	10,373.66

Fare Calculation：NAN AA X/AKL BB BUE M1485.10 X/CC NYC DD CAS 1379.50EE IST FF SEL GG NAN M3090.71P NANCAS226.11NUC6181.42END ROE1.67820

本環球機票之票面價格，計算結果爲斐濟元 10,373.66 元。

第十四章 其他票價結構與計算

第一節 旁岔行程

第二節 混合艙等

第三節 附加行程

「附加行程票價」（Add-On trip fare）是啓程點、終點間因無直接票價，而以門戶城市（Gateway）起點與迄點之兩點間的直接票價，再附加某個金額（通常爲國內線金額），成爲啓程點、終點間之直接票價，該附加之金額即爲附加票價，不得單獨販賣，亦不會出現在機票上。

本章列舉行程中不同等級艙等混合時，各種計算方法。

第一節 旁岔行程

一、旁岔行程（Side Trip）的定義

「旁岔行程」（Side Trip）是指旅客在中間某點做兩次（含兩次）以上的離開中間點之分支行程。

二、旁岔行程之票價計算

以下旁岔行程的票價計算採三個步驟進行：

1. 步驟一：按照旁岔行程獨立計算；
2. 步驟二：按照打破旁岔行程計算；
3. 步驟三：上述兩者比較，取其低。

三、票價計算釋例

旅程：

SHA-CAN-HAN-BKK-HAN-CAN-JKT（Y class）

【上海 / 廣州 / 河內 / 曼谷 / 河內 / 廣州 / 雅加達（經濟艙）】

說明：

主航線爲 SHA-CAN-JKT；旁岔行程爲 CAN-HAN-BKK-HAN-CAN

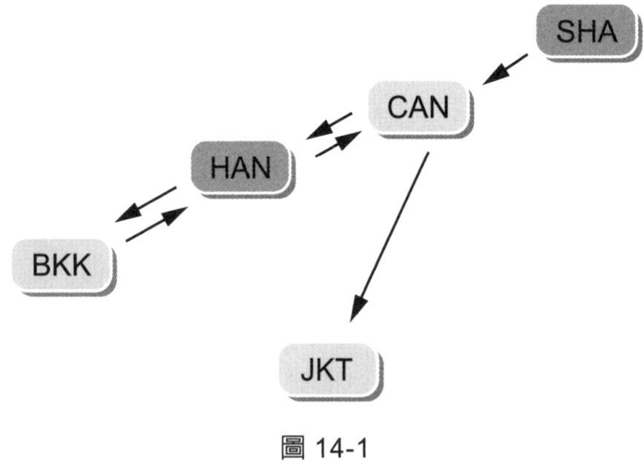

圖 14-1

表 14-1 旁岔行程獨立計算票價

檢查項目	內 容	起／迄點	TPM	票價計算
Type of Journey	OW	SHA		
GI	EH	*CAN	752	
FBP	NIL	*HAN	495	
DF1（SHA-CAN-JKT）	1,142.30	*BKK	606	M 378.85
SR	NIL	*HAN	606	
TPM	2,829	CAN	495	M 378.85
EMA	NIL	JKT	2,077	M 1,142.30
MPM	3,314			
EMS	NIL			
AF1	1142.30			1,142.30
DF2（CAN-BKK）1/2RT	378.85			378.85
DF3（BKK-CAN）1/2RT	378.85			378.85
TPM	1,101			
MPM	1,256			
EMS	NIL			
TTL	1,142.30+378.85+378.85		NUC	1,900.00
			ROE	6.22530
LCF			CNY	11,828

Fare Calculation：SHA AA CAN *BB HAN CC BKK M378.85DD HAN EE CAN M378.85*FF JKT M1142.30NUC1900.00END ROE6.22530

本機票含 CAN-HAN-BKK-HAN-CAN 旁岔行程之全程票面價格，計算結果為人民幣 11,828 元。

第二節 混合艙等

在某個票價計算區間中，有不同服務艙等的運輸，則需要進行有關「混合艙等」（Mixed Class）航段的票價計算。

一、混合艙等之票價計算

混合艙等主票價計算有以下三個方法：

1. 方法一：

票價爲全程按較低服務艙等票價＋〔（較高服務艙等航段上）較高等票價與較低艙等票價的差額（Difference）〕。

單程（OW）：在求較低艙等票價時，有 BHC 檢查；在求艙等差額時，如果是連續的較高艙等航段，除連續航段求差額，仍有 EMS 和 HIF，但沒有 BHC 檢查。

來回（RT）或環程（CT）：在求較低艙等票價時，有 CTM 檢查；在求艙等差額時，必須使用與本票價組適用票價方向相同的票價，但在 Fare Calculation 欄位表示時，仍按實際方向表示。

2. 方法二：

以較低艙等計算全程票價 ＋ 較高艙等航段所在區間按較高服務艙等計算。

3. 方法三：

將行程依據艙等不同分別計算票價後加總。

以上三者計算票價比較後取其低。

二、票價計算釋例

（一）混合艙等之票價計算

OW 旅程：JED x/ ATH / PAR / LON
FCL YCL YCL

OW 旅程：吉達 x/ 雅典 / 巴黎 / 倫敦
頭等艙 經濟艙 經濟艙

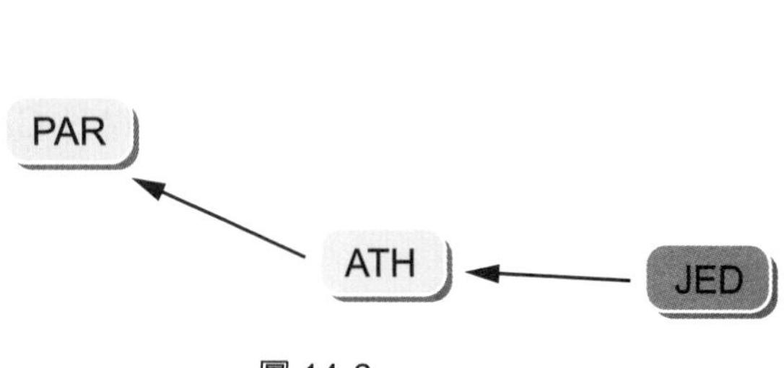

圖 14-2

相關資料：

JED-ATH Y/class NUC 445.92　　JED-ATH F/class NUC 566.88

JED-LON Y/class NUC 828.83　　JED-LON F/class NUC 1322.23

ATH-LON Y/class NUC 745.92

1. 方法一： 先以經濟艙票價計算全程，再將 JED-ATH 頭等艙與經濟艙差價求出後加上。（最低票價）

表 14-2 混合艙等之票價計算：方法一

檢查項目	內容	起／迄點	TPM	票價計算
Type of Journey	OW	JED		
GI	EH	x/ATH	1,455	
FBP	LON	PAR	1,306	M
DF（YCL）NUC	828.83	LON	214	828.83
SR	NIL			
TPM	2,975			D JEDATH 120.96
EMA	NIL			
MPM	3,585			
HIP	NIL			
EMS	NIL			
AF（JED-LON）Y-CL	828.83			828.83
BHC Difference Plus	NIL			
BHC minimum	NIL			
JED-ATH（F-Y）Difference	566.88 － 445.92 ＝ 120.96			120.96
TTL	828.83 ＋ 120.96		NUC	949.79
			ROE	3.47500
LCF			AED	3,300.52

Fare Calculation：JED x/AA ATH BB PAR CC LON M828.83D JEDATH120.96NUC949.79END ROE3.47500

本機票含 JED-ATH（F-Y）Difference 之票面價格，計算結果爲阿聯迪拉姆幣（AED）3,300.52 元。

2. 方法二： 分段計算，先以頭等艙票價計算 JED-ATH，再以經濟艙票價計算 ATH-LON 後加上。（第二高票價）

表 14-3 混合艙等之票價計算：方法二

檢查項目	內容	起／迄點	TPM	票價計算
Type of Journey	OW	JED		
GI	EH	x/ATH	1,455	566.88
FBP	ATH	PAR	1,306	M
DF1（FCL）NUC	566.88	LON	214	745.92
AF1（JED-ATH）F-CL	566.88			566.88
FBP2	ATH-LON			
DF2（YCL）NUC	745.92			
SR	NIL			
TPM	1,520			
EMA	NIL			
MPM	1,794			
HIP	NIL			
EMS	NIL			
AF2（ATH-LON）Y-CL	745.92			745.92
BHC Difference Plus	NIL			
BHC minimum	NIL			
TTL	566.88 + 745.92		NUC	1,312.80
			ROE	3.47500
LCF			AED	4,561.98

Fare Calculation：JED x/AA ATH566.88 BB PAR CC LON M745.92NUC1312.80END ROE3.47500

本機票含 ATH-LON 使用經濟艙票價之票面價格，計算結果為阿聯迪拉姆幣（AED）4,561.98 元。

3. 方法三： 以頭等艙票價計算 JED -LON。（票價最高）

表 14-4 混合艙等之票價計算：方法三

檢查項目	內容	起／迄點	TPM	票價計算
Type of Journey	OW	JED		
GI	EH	x/ATH	1,455	
FBP	LON	PAR	1,306	M
DF1（FCL）NUC	1,322.23	LON	214	1,322.23
SR	NIL			
TPM	2,975			
EMA	NIL			
MPM	3,585			
HIP	NIL			
EMS	NIL			
AF1（JED-LON）F-CL	1,322.23			1,322.23
BHC Difference Plus	NIL			
BHC minimum	NIL			
TTL	1,322.23		NUC	1,322.23
			ROE	3.47500
LCF			AED	4,594.75

Fare Calculation：JED x/AA ATH BB PAR CC LON M1322.23NUC1322.23END ROE3.47500

本機票使用頭等艙計算票價之票面價格，計算結果為阿聯迪拉姆幣（AED）4,594.75 元。

（二）環狀行程 CPH-AMS-LON 搭乘頭等艙

CTM 旅程 2：

DAM / CPH / AMS / LON / VIE / DAM

Y F F Y Y

【大馬士革 / 哥本哈根 / 阿姆斯特丹 / 倫敦 / 維也納 / 大馬士革】

經濟艙 頭等艙 頭等艙 經濟艙 經濟艙

參考資料：大馬士革（位於敘利亞）/ 哥本哈根（位於丹麥）

表 14-5 相關資料

From	To	Class	RT fare (NUC)	1/2RT (NUC)
DAM	CPH	Y	1,623.60	811.80
LON	CPH	F	1,835.28	917.64
LON	CPH	Y	858.06	429.03
DAM	LON	Y	1,618.10	809.05
CPH	LON	F	1,660.02	830.01
CPH	LON	Y	1,024.82	512.41
DAM	AMS	Y	1,475.20	737.60
CPH	AMS	F	1,265.02	632.51
CPH	AMS	Y	846.90	423.45
LON	AMS	F	822.30	411.15
LON	AMS	Y	520.38	260.19

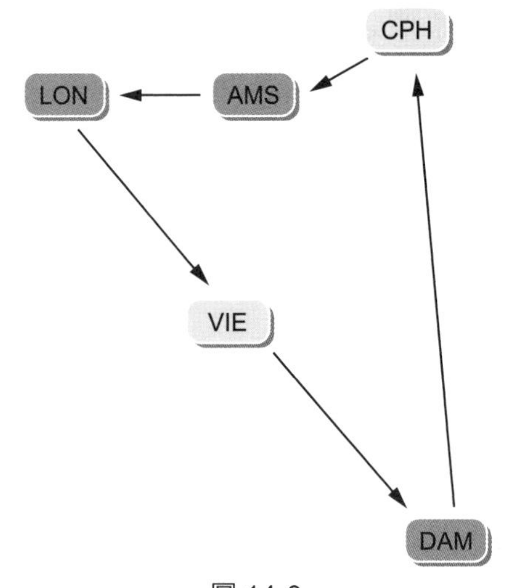

圖 14-3

1. 方法一：

先以 CPH 爲斷點，經濟艙票價依 CTM 計算，再將 LON-CPH 頭等艙與經濟艙之差價求出後加上。

說明：全程票價不得低於出發地至行程中任意中間點之間的普通直接來回程票價。如果低於來回程票價，需要提升到這個最低限額，即 RT fare - 全程票價 =Premium（提升的票價）。

表 14-6 環狀行程：方法一

檢查項目	內容	起／迄點	TPM	票價計算
Type of Journey	CT	DAM		
GI	EH	CPH	1,913	811.80
FBP	CPH	AMS	393	
FCP1- outbound	DAM-CPH	LON	211	
DF1-DAMCPH（1/2RT）Y Class	811.80	VIE	774	
SR	NIL	DAM	1,449	M 811.80
TPM	1,913			D LONCPH 488.61
EMA	NIL			
MPM	2,868			
EMS	NIL			
HIP	NIL			
AF1（DAM-CPH）	811.80			811.80
FCP2-inbound	DAM-CPH			
DF2-DAMCPH（1/2RT）Y Class	811.80			
SR	NIL			
TPM	2,827			
EMA	NIL			
MPM	2,868			
EMS	NIL			

（續下頁）

（承上頁）

檢查項目	內容	起／迄點	TPM	票價計算
HIP	NIL			
AF2（DAM-CPH）	811.80			811.80
AF1 ＋ AF2（＝ RT）	1,623.60			
D：LON-CPH F Class				
TPM	604			
EMA	NIL			
MPM	706			
EMS	NIL			
F class1/2RT	917.64			
Y class1/2RT	429.03			
F-Y Difference	488.61			488.61
NUC	1,623.60 ＋ 488.61			2,112.21
			ROE	47.40300
LCF			SYP	100,125

Fare Calculation：DAM AA CPH 811.80BB AMS CC LON DD VIE EE DAM M811.80D LONCPH488.61 NUC2112.21END ROE47.40300

本機票含 CPH-AMS-LON 搭乘頭等艙票價之票面價格，計算結果爲敘利亞鎊（SYP）100,125 元。

2. 方法二：（得到最低票價）

以 LON 爲斷點，求出 Outbound 及 Inbound 票價，因 Outbound Component 中有 HIP，故須做 CTM check，產生 Premium，再將 CPH-LON 航段頭等艙與經濟艙差價求出後加上。

說明：全程票價不得低於出發地至行程中任意中間點之間的普通直接來回程票價。如果低於來回程票價，需要提升到這個最低限額，即 RT fare －全程票價＝ Premium（提升的票價）。

表 14-7 環狀行程：方法二

檢查項目	內容	起／迄點	TPM	票價計算
Type of Journey	CT	DAM		
GI	EH	CPH	1,913	
FBP	LON	AMS	393	
FCP1-outbound	DAM-LON	LON	211	M DAMCPH 811.80
DF1-DAMLON（1/2RT）Y Class	809.05	VIE	774	
SR	NIL	DAM	1,449	M809.05
TPM	2,517			P DAMCPH 2.75
EMA	NIL			D CPHLON 317.60
MPM	2,794			
EMS	NIL			
HIP	DAMCPH（1,623.60÷2＝811.80）			
AF1（提升）	811.80	—		811.80
FCP2-inbound	DAM-LON			
DF2-DAMLON1/2RT（1618.10/2）	809.05			
SR	NIL			
TPM	2,223			
EMA	NIL			
MPM	2,794			
EMS	NIL			
HIP	NIL			
AF2	809.05			809.05
AF1 ＋ AF2	1,620.85			

（續下頁）

（承上頁）

檢查項目	內容	起／迄點	TPM	票價計算
Compared RT NUC				
DAMCPH-1623.60				
DAMLON-1620.85				
CTM check				
P-Premium 1623.60-1620.85	2.75			2.75
D-CPHLON （F － Y）				
TPM	604			
EMA	NIL			
MPM	706			
EMS	NIL			
F class1/2RT	830.01			
Y class1/2RT	512.41			
F-Y Difference	317.60			317.60
NUC	1,620.85 +2.75+317.60			1,941.20
			ROE	47.40300
LCF			SYP	92,019

Fare Calculation：DAM AA CPH BB AMS CC LON M DAMCPH811.80DD VIE EE DAM M809.05P DAMCPH2.75D CPHLON M317.20NUC1941.60END ROE47.40300

本機票含 CPH-AMS-LON 搭乘頭等艙票價之票面價格，計算結果爲敘利亞鎊（SYP）92,019 元。

3. 方法三：

以 AMS 爲斷點，求出 Outbound 及 Inbound 票價，因 outbound component 中有 HIP，故須作 CTM check，產生 Premium，再將 CPH-AMS 及 LON-AMS 航段頭等艙與經濟艙差價求出後加上。

說明：全程票價不得低於出發地至行程中任意中間點之間的普通直接來回程票價。如果低於來回程票價，需要提升到這個最低限額，即 RT fare －全程票價 =Premium（提升的票價）。

表 14-8 環狀行程：方法三

檢查項目	內容	起／迄點	TPM	票價計算
Type of Journey	CT	DAM		
GI	EH	CPH	1,913	
FBP	AMS	AMS	393	M DAMCPH 811.80
FCP1-outbound	DAM-AMS	LON	211	
DF1-DAMAMS 1/2RT Y Class	737.60	VIE	774	
SR	NIL	DAM	1,449	M809.05
TPM	2,306			P DAMCPH 2.75
EMA	NIL			D CPHAMS 209.06
MPM	2,692			D LONAMS 150.96
EMS	NIL			
HIP	DAMCPH （1,623.60÷2 ＝ 811.80）			
AF1	811.80			811.80
FCP2-inbound	DAM-AMS			
DF2-DAMAMS1/2RT （1475.20/2）	737.60			
SR	NIL			
TPM	2,434			
EMA	NIL			
MPM	2,692			
EMS	NIL			

（續下頁）

（承上頁）

檢查項目	內容	起／迄點	TPM	票價計算
HIP	DAMLON 1,618.10÷2 ＝ 809.05			
AF2	809.05			809.05
AF1+AF2	1,620.85			
Compared RT NUC				
DAMCPH-1623.60				
DAMLON-1620.85				
CTM check				
P-Premium 1623.60-1620.85	2.75			2.75
D1-CPHAMS				
F class1/2RT	632.51			
Y class1/2RT	423.45			
F-Y Difference	209.06			209.06
D2-LONAMS				
F class1/2RT	411.15			
Y class1/2RT	260.19			
F-Y Difference	150.96			150.96
TTL	811.80 ＋ 809.05 ＋ 2.75 ＋ 209.06 ＋ 150.96		NUC	1,983.62
			ROE	47.40300
LCF			SYP	94,030

Fare Calculation：DAM AA CPH BB AMS MDAMCPH811.80CC LON DD VIE EE DAM M809.05P DAMCPH 2.75D CPHAMS209.06 D LONAMS150.96NUC1983.62END ROE47.40300

本機票含 CPH-AMS 及 AMS-LON 搭乘頭等艙票價之票面價格，計算結果爲敘利亞鎊（SYP）94,030 元。

第三節 附加行程

「附加行程票價」(Add-On trip fare)是啓程點、終點間因無直接票價，而以起點、迄點之門戶城市(Gateway)兩點間的直接票價，再附加某個金額(通常爲國內線金額)，成爲啓程點、終點間之直接票價，該附加之金額即爲附加票價，不得單獨販賣，亦不會出現在機票上。

附加票價一般使用於國內航線或區域航線，如旅客前往的城市爲某國的國內航線始能運載的城市，如此就必須使用附加票價。

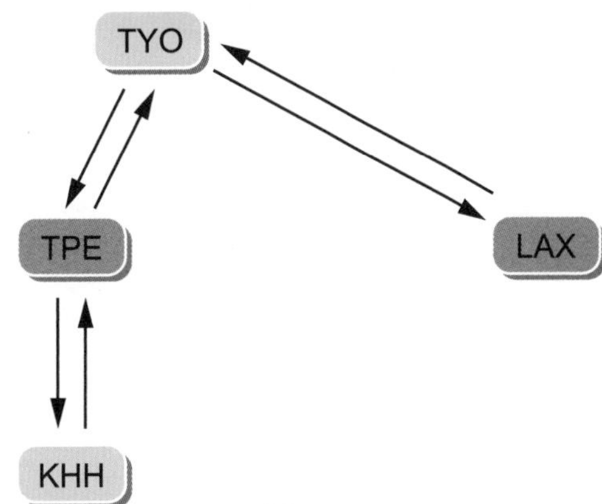

圖 14-4

例如：旅客在美國開立 LAX/TYO/TPE/KHH/TPE/TYO/LAX(洛杉磯/東京/臺北/高雄/臺北/東京/洛杉磯)機票(圖 14-4)，由於 LAX/KHH 在票價書上沒有公布直接票價(Through Fare 或 Published Fare)因此必須以【LAX/TPE 之 RT 票價】加上【TPE/KHH 之 RT 附加票價】來構成一個完整的直接票價。

範例 1 附加行程票價

LAX/TYO/TPE/KHH/TPE/TYO/LAX，遇二地間無直接票價時，以分段計算票價，但採最低者計算之。

演算一：LAX/TYO/RT 直接票價 NUC650，
TYO/TPE/KHH/RT 直接票價 NUC380，
附加後 LAX/KHH/RT 直接票價 NUC1,030。

演算二：LAX/TYO/TPE/RT 直接票價 NUC750，
TPE/KHH/RT 直接票價 NUC180，
附加後 LAX/KHH/RT 直接票價 NUC930。

二者相比，NUC 930 爲最低票價，因此爲該段航程之正確票價。

NOTE

附錄

附錄一 MCO & PTA

一、雜項券或雜項支出憑證（MCO）

除機票外，若有其他款項需要收取時，因各航空公司屬不同國家，文字亦不同，因此發票及收據無法使用，IATA 設計 MCO 成爲收取雜項費用之共通憑證，以利清帳。

雜項券或雜項支出憑證（MCO, Miscellaneous Charges Order）即可用於收取航空運輸其他服務費用。

1. MCO 規格

MCO由以下各聯所構成：(1)稽核聯（Audit Coupon）、(2)代理商聯（Agent Coupon）、(3)交換聯（Exchange Coupon）和(4)旅客存根聯（Passenger Coupon）。値得注意的是，交換聯類似於機票的搭乘聯。

根據開立交換聯數量，航空公司使用之 MCO 有四種，即一聯、兩聯、三聯和四聯式。

2. MCO 使用目的

「雜項券或雜項支出憑證」是除了機票款項以外的特定或非特定收費或退費之有價單據，簡單來說，凡是**機票上無法含蓋的項目均可以 MCO 開立，但不可以用於現金轉換或轉移資金**。

表 I-1 收款或退款可採 MCO 之情況

項目	可用 MOC 之收退款情況
1	以其他航空方式運送（Air Transportation），例如：包機。
2	陸地運送（Surface Transportation）。
3	超重行李費（Excess Baggage）。
4	以貨運交際之行李費（Baggage Shipped as Cargo）。
5	爲全包式旅遊支付地面旅遊團費（Land Arrangements for Inclusive Tours）。 例如：華航精緻旅遊或長榮假期旅遊。
6	租車費（Car Hire）。

（續下頁）

（承上頁）

項目	可用 MOC 之收退款情況
7	特別的空中或地面運送服務費（Superior air or Surface transportation）。例如：接送機。
8	額外費用（Extra fares）。
9	補收艙級升等加價（Upgrading）或短收款（Under collection）。
10	稅款、規費、費用（Taxes）。
11	訂金或保證金（Deposits Down Payment）。
12	退款項目調整（Refundable Balances）。
13	飯店住宿（Hotel Accommodation）。
14	收取 PTA 費用。 註：PTA 即預付票款通知。
15	爲特殊客人（如生病或失能）提供輪椅、氧氣、救護車或特殊設備。
16	臥舖外加費用（Sleeper/Berth）。
17	罰款等各項雜費。例如：未登機、更改訂位（Rebooking Fee）、更改行程、換票。
18	取消訂位（Cancellation Fee）。
19	遺失機票（Lost Ticket Fee）。
20	「無件幼童」陪伴費（UM, Unaccompanied Minor Fee）。
21	其他。

3. MCO 根據用途區分

MCO 可以分爲「指定用途 MCO」和「非指定用途 MCO」。分別介紹如下：

(1) 指定用途（Specified）MCO

所謂「指定用途」MCO 是指以下之情形：

① 已指定航空公司及指定一種服務（如空中、海上、鐵路或遊覽車）。

② 已指明起訖點、艙別、票價 / 服務費、計價方法、及訂位（可以留空白）。

③ 指定用途之 MCO 可以用於下表（表 I-2）運輸服務的費用結算。

表 I-2　運輸服務費用以指定用途 MOC 結算

項目	運輸服務費用
1	預付款通知（PTA）
2	超重行李
3	機票退款
4	預付訂金
5	自願升艙等額外收費
6	稅款
7	臥艙
8	包廂
9	罰款
10	其他額外收費

必須有旅客姓名，預付票款通知（PTA）如未知旅客姓名時，可以付款者替代，且一張 MCO 僅能有一位旅客姓名。但也有例外，即 PTA、團體或家庭等同時旅行時可併列；指定用途 MCO 金額不可超過其實際航行之價值。

使用目的為地面安排費用指定用途之 MCO 要件：

① 須開立給指定之組團或帶團者。

② 須有核准的團體代號或團名，已列在服務型態欄位中。

③ 須有相關之機票票號等資料。

④ 須有旅客的姓名。

(2) 未指定用途（Unspecified）MCO

所謂「未指定用途」MCO 是指以下之情形：

① 不符合指定用途條件者。

② 未指定用途之 MCO 可以用於以後的運輸或超重行李，也可以用於機票退款。

③ 旅行社不可開立「未指定」用途 MCO，同時其價值不能超過 750USD 或等值貨幣。

④ 當 MCO 用於退款時，其價值可以超過此限制（750USD），但僅限於向原始開出航空公司領取並僅可作為退款使用。

二、MCO 的填開

（一）MCO 填開注意事項

1. MCO 從開票日起一年內有效。
2. 不同「對象」及「用途」應分別開立 MCO。
3. 使用時不得變更 MCO 中指定之對象及用途。
4. 金額使用英文大寫印刷體字母（Amount in Letters）填開，並應注意檢查各聯金額總和不得超過該大寫金額。
5. 開始欄目中的最靠左邊填寫價值金額，使數位元、字母符號之間的空格，小到不足以插入新的數位元或字母符號。
6. 在未使用的欄目中畫一條橫線，以防止任何未經過授權的填寫。
7. 金額欄幣別數額以「眞實貨幣」表達，不能使用 NUC 表達票價。

8. 日期以兩位元數字表示，月份以三位元字母代號表示，最後用兩位元數字表示年份。例如：10AUG14 表示 2014 年 8 月 10 日。
9. 使用國際航協在相關資料中的航空公司代號、貨幣代號、城市 / 機場代號和國家代號。
10. 任何欄位資料的塗改皆不允許。
11. 退票限由原開票航空公司辦理，並應查明 MCO 中所開的條件及配合之相關規定。

（二）MCO 欄位填開的項目

以下介紹 MCO（圖 I-1）欄位填寫內容（表 I-3）：

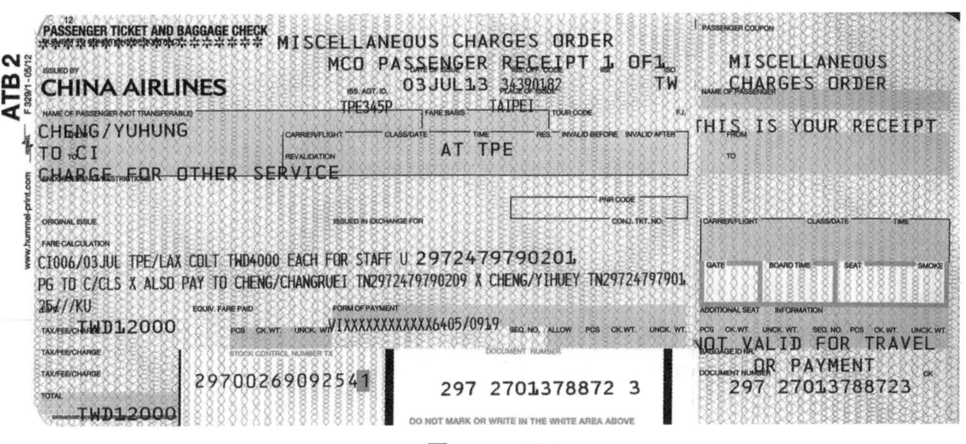

ATB 2
PASSENGER TICKET AND BAGGAGE CHECK
MISCELLANEOUS CHARGES ORDER
MCO PASSENGER RECEIPT 1 OF1
ISSUED BY
CHINA AIRLINES
DATE OF ISSUE 03JUL13 ISS. OFF. CODE 34390182 ISO TW
ISS. AGT. ID. TPE345P PLACE OF ISSUE TAIPEI
NAME OF PASSENGER (NOT TRANSFERABLE) CHENG/YUHUNG
TO CI
AT TPE
CHARGE FOR OTHER SERVICE
FARE CALCULATION
CI006/03JUL TPE/LAX COLT TWD4000 EACH FOR STAFF U 29724797902O1
PG TO C/CLS X ALSO PAY TO CHENG/CHANGRUEI TN2972479790209 X CHENG/YIHUEY TN29724797901
25//KU
TWD12000
FORM OF PAYMENT VIXXXXXXXXXXXX6405/0919
STOCK CONTROL NUMBER 29700269092541
TOTAL TWD12000
DOCUMENT NUMBER 297 2701378872 3
DO NOT MARK OR WRITE IN THE WHITE AREA ABOVE

PASSENGER COUPON
MISCELLANEOUS CHARGES ORDER
THIS IS YOUR RECEIPT
NOT VALID FOR TRAVEL OR PAYMENT
DOCUMENT NUMBER 297 27013788723

圖 I-1　MCO

表 I-3　MCO 欄位內容

編號	項　目
1	填寫旅客的姓名
2	填寫服務類型
3	以「文字」填寫 MCO 價值。 對於未指定用途的 MCO、預付款通知（PTA）和其他指定用途 MCO，填寫「運輸啓程國的貨幣金額」。
4	以「數字」填寫 MCO 的總價值（但不能用 NUC 表達），填寫貨幣轉換率，及 MCO 實付等值貨幣的總額，前面填寫 IATA 的三字貨幣代號。
5	填寫有關 MCO 的稅款。
6	填寫所付貨幣的代號及其總額。
7	填寫每一張交換聯有關的簽轉資訊。
8	對於指定用途的 MCO，填寫適用於每一張交換聯指定的價值及其必要的稅款；對於非指定用途的 MCO，空白。
9	使用在「指定用途交換聯價值」時，在「Each Coupon to be Honored Only for Value Shown Thereon」欄內畫「×」。
10	使用在「遞減方法」（如有 3 項服務）時，在「Value for Which Honored to be Deducted from Original or Residual Value」該欄內畫 ×」。
11	對於指定用途的 MCO：填寫訂座內容及其代號。 對於未指定用途的 MCO：當 MCO 的一部分已經被接受用於票證付款時，用字母填寫所剩餘的價值。
12	填寫用於描述或限制該類服務的資訊。
13	填寫換開的客票或 MCO 的號碼。
14	填寫原始票證的號碼、出票日期和地點以及代理人的數位代號，隨後的換票應繼續抄寫這些原始資料。
15	用章戳機簽章並簽名。
16	填寫與本 MCO 有關的票證號碼（如另一本 MCO、客票等）。
17	填寫有關付款方式的代號。
18	填寫對整個 MCO 的簽轉資訊。

三、預付票款通知單（PTA）

預付票款通知單（PTA, Prepaid Ticket Advice）是本地付款，異地開票及異地出發之售票方式，一般分爲「發出」和「接收」兩種業務。以下範例解釋。

範例 1 PTA

已知：

1. Purchaser 即出資者（Sponsor）。此例爲臺北（TPE）付 PTA 款項的人。
2. Selling Office 即銷售之航空公司分公司。此例爲臺北分公司（TPE）發出 PTA。
3. Ticketing Office 即開出機票之航空公司。即爲洛杉磯分公司（LAX）接收 PTA，開出 LAX-TPE 機票。
4. Passenger 即搭乘者。此列爲至洛杉磯分公司取票後搭乘 LAX-TPE。

「發出 PTA」是出資者將機票款項在 TPE 付費，讓親友在異地（LAX）取到從當地啓程（LAX-TPE）的航班機票，航空公司 TPE 職員收到票款後，將搭乘者姓名、行程、艙等、票價金額等資料以 PTA Transmission 傳至 LAX，通知該站，以利搭乘者取票。

「接收 PTA」就是洛杉磯分公司在出資者異地的親友取票時，依據 PTA 內容開立機票。

註：此種 PTA 已因電子機票施行而日漸稀少。

附錄二 換票及退票

第一節 機票換票

電子機票可以換票（Reissue）之方式包括：

1. 電子機票可以更換電子機票
2. 電子機票可以更換成實體機票
3. 電子機票可作後續換票。

但如為以下狀況，電子機票不可換票：

1. 實體機票不可以更換成電子機票。
2. 路線更改、加插行程。

一、電子機票更改作法說明

2008 年 6 月 1 日起 IATA 全面實施機票電子化（E-Ticket），不提供實體機票，在臺灣開立之電子機票，若有機票更改需求，除符合原票價相關規定外，參照下列規定辦理。

1. 尚未出發

   延長效期（Revalidate）/ 換票（Reissue），需由原訂位 / 開票之旅行社辦理。

   若旅客 / 旅行社原由航空公司出票者，則直接至航空公司櫃檯辦理。

2. 已出發

   直接聯絡原訂位 / 開票之旅行社辦理或與當地航空公司辦理。

（一）相關規定措施

1. 手續費：機票一經開立，更改訂位除依航空公司規定之 Reissue 收費標準外，每次酌加收服務手續費，辦理改票手續，除須補相關異動行程價差外，另須酌收改票手續費。各航空公司訂立之手續費略有不同，以下僅供參考：

   (1) 長程線（含印度航線，不含美加經濟艙特廉票及美加商務艙特廉票）：TWD1,200。

(2) 美加經濟艙特廉票及美加商務艙特廉票：TWD3,800。

(3) 區域線（含關島、帛琉航線）：TWD700。

(4) 若機票上有註記特殊改票費用者，依機票上註記之改票費用爲準外，至航空公司櫃檯改票需另加收手續費長程線 TWD1,200，區域線 TWD700。

2. 改票期限

旅客在國外欲更改機票訂位，須於 48 小時前向原開票旅行社通知更改，若不在 48 小時前通知，造成無法搭機，旅客須自行負責。

IATA 國際航空運輸協會已於 2008 年 6 月 1 日起，全面實施電子機票作業，自該日起所有旅行社只能開立 BSP 電子機票，無法再開立實體紙票；若航空公司因聯航合約等因素導致無法開立電子機票，旅行社需至航空公司票務櫃檯開票。

若開立電子機票後遇旅客更改日期或行程，行程中若僅單一航空公司，則於行程變更後「再入票號」並聯繫該航「做電子機票連結」；行程中若還含他航，則建議由票務中心重新「Reissue 換票」，以確保旅客飛行權益。有關 Reissue 換票作業規範請依各航規定。

因聯航電子機票（IET）複雜度較高，一般開票航空公司會在出發前 72 小時，將機票控制權交給下段飛行航空公司，當機票控制權交出去時，客戶再做 Reissue 換票或作廢機票就會有問題，此時須聯繫開票航空公司將機票控制權收回才得以處理，各票務中心是利用各航上班時間做 Reissue 換票或作廢機票，下班時間聯繫不到航空公司人員時，就僅能請旅客到機場處理或辦理退票。

3. 實體或電子機票換票之哩程計算方法運用

有關實體或電子機票換票之哩程計算方法運用（Application of Mileage System），請參考以下兩範例解說。

範例 2 更改行程後 Total TPM ≦最高可旅行哩數（MPM）

旅客持有一本 TPE/KUL（臺北 / 吉隆坡）、OW（單程機票），若更改行程如下，是否需要加收票價？

新旅程：TPE/HKG/BKK/KUL

【臺北 / 香港 / 曼谷 / 吉隆坡】

說明：步驟一：查出 TPE/KUL 的 OW 最大可飛行哩程（MPM）及票價 NUC MPM 爲 2,421、票價 NUC 650.00。

步驟二：統計旅客更改行程其前往城市，機票城市間哩數（TPM）的總和。

	TPE/HKG	TPM 511
	HKG/BKK	TPM 1,049
+	BKK/KUL	TPM 754
	Total	TPM 2,314

步驟三：比較 Total TPM 與 MPM，檢視旅客更改行程後 Total TPM 是否超出最高可旅行哩數（MPM）。

Total TPM 2,314 ＜ MPM 2,421。

顯示 Total TPM 並未超出 MPM，原票價 NUC 650.00 仍可適用，不必收差價。

註：另可能須收取換票手續費。

範例 3 更改行程後 Total TPM ＞最高可旅行哩數（MPM）

旅客持有一本 TPE/SIN（臺北／新加坡），OW（單程機票），若更改行程如下，是否需要加收票價？

新旅程：TPE/HKG/BKK/KUL/SIN

【臺北／香港／曼谷／吉隆坡／新加坡】

說明：步驟一：查出 TPE/SIN 的 OW 最大可飛行哩程（MPM）及票價 NUC MPM 爲 2,409、票價 NUC 700.00。

步驟二：統計旅客更改行程其前往城市，機票城市間哩數（TPM）的總和。

	TPE/HKG	TPM 511
	HKG/BKK	TPM 1049
	BKK/KUL	TPM 754
＋	KUL/SIN	TPM 196
	Total	TPM 2510

步驟三：比較 Total TPM 與 MPM，檢視旅客更改行程後 Total TPM 是否超出最高可旅行哩數（MPM）

Total TPM 2,510 ＞ MPM 2,409。

顯示旅客更改行程後（Total TPM），超過最高可旅行哩程數（MPM）。

步驟四：決定應附加多少 % 票價

Total TPM 2,510 － MPM 2,409 ＝ 101（超出）

101÷2,409 ＝ 0.04（超出 4%，以 5% 計算），

則 EMS 爲 5M，亦即必須附加 5% 之票價。

步驟五：計算更改行程後新票價

NUC 700.00×1.05 ＝ NUC 735.00（更改行程後之新票價）。

步驟六：加收票價

735 － 700=35（NUC）

註：另可能須收取換票手續費。

第二節 退票

航空公司不能履行運送合約載運旅客，或旅客自願更改其行程，而要求退還未使用航段之票款時，應依航空公司之規定辦理。

機票自開票日起一年內，需開始使用第一個航段。機票一經使用，其效期是以開始使用該機票第一個航段之日期，加上原機票之效期，作爲該機票之有效期，正常票爲一年（最長有效期共計兩年）；若該機票有特殊規定者，則依其特殊規定辦理，機票過期後的一年內都可辦理退票。

機票之退票區分爲「自願退票」及「非自願退票」兩種。

一、自願退票（Voluntary Refund）

有關機票辦理「自願退票」之相關須知及處理程序如下介紹：

（一）不能辦理退票之機票

下列各情況之機票不可辦理「自願退票」：

1. 團體票、量販票或有載明機票開立後即不可退票之限制者。
2. 機票未依順序使用者。
3. 包機機票。一般包機機票在票價欄位不會標示價格，而是寫上「CHARTER」字樣，此類機票不能辦理退票。
4. 部分航空公司規定乘客「NO SHOW」就不可退票，就算全程未使用亦不可辦理退票，尤其是廉價航空機票。
5. 實體機票中之存根留底聯遺失者。
6. 已使用之部分航段機票價值超過原購機票之價值者，即無退票價值。
7. 多數航空公司規定，機票需於機票失效日起算一年內申辦退票，超過期限者，將視同放棄（詳細規定以各航空公司公告爲主）。

> 小知識
>
> 1. GO SHOW 即是未預定機位即直接前往機場後補搭機。
> 2. NO SHOW 即是預訂機位但未如期至機場搭機，也未事先取消訂位，造成機位空出的情況。

（二）退票申請

有關退票申請作業說明如下：

1. 需在 A 公司購買並開立之機票，才能向 A 公司申辦退票。
2. 所開立之機票為「電子機票」者，向客服人員索取電子機票申請退票委託書，填寫後交付或傳眞給客服人員處理。
3. 所開立之機票為「實體機票」者，將要辦退之機票正本，親交或掛號郵寄給客服人員，並請附上聯絡電話、傳眞、地址及存摺影本（退票款退下來後，航空公司將以匯款的方式，退予客戶）。
4. 除機票遺失外，否則辦理退票時，應將機票的旅客存根聯或旅客收據及所有未使用的機票搭乘聯交給航空公司。
5. 若原始購買機票含贈品或加購商品，除航空公司規定不回收或折算金額外，皆須一併附上，否則將被航空公司折算費用。
6. 航空公司將開立退票憑證給客戶留存（親交或郵寄或傳眞）。
7. 退票作業時間約 2 ～ 6 個月。

小知識

1. 在美國，退票手續費約 25 ～ 100 美金。
2. 在臺灣：
   (1)長程線（含印度航線，不含美加經濟艙特廉票及美加商務艙特廉票）：TWD1,200。
   (2)美加經濟艙特廉票及美加商務艙特廉票：TWD 2,600。
   (3)區域線（含關島、帛琉航線）：TWD700。
   (4)若機票上有註記特殊退票費用者，則以機票上註記之退票費用為準。

（三）退票流程

退票作業時間約 2 個月以上，若退票係由旅行社票務部門或開票中心塡表送各航空公司，航空公司票務部門計價後送會計室審核，再經過財會單位核准後，將退票款退給旅行社，再退予客戶。

（四）退票手續費

可辦理退票申請之機票，退款時並非全額退費，款項尚需扣除航空公司所規定之手續費或罰金及旅行社代辦退票之手續費。通常優惠越多之機票，其扣收之手續費越多。

（五）退票金額計算

需符合可辦理退票條件的機票才能退票，有關退票金額計算，說明如下：

1. 全程未使用

   機票全程未使用，其退票手續費收取如下：

   退票金額＝原購票金額（含稅）－航空公司退票作業費－航空公司退票手續費或罰金

   若遇天災或個人重大意外（例如颱風、死亡等），或航班取消等情況辦理退票，於申辦時一併檢附相關證明文件。退票手續費收取與否依航空公司公告爲準。

2. 部分航程已使用

   使用過部分航段的機票，會先以一般機票的票面價格爲計算基準，計算使用過的航段價值，用原結帳之金額減已使用之航段算出剩餘價值，再扣掉退票作業費或罰金，再減去退票手續費（TWD300 元），即爲退票金額。

範例 4

臺北－香港來回機票爲 TWD 8,700 元之旅遊票，已使用去程臺北－香港，經計算該已使用航段單程價值爲 TWD 8,200 元、退票罰金 TWD 1,200 元、退票手續費 TWD 300 元，則退票金額爲何？

說明：8,700 － 8200 － 1,200 － 300 ＝－ 1,000 元

退票金額爲負 TWD 1,000 元，故已無退票價值。

範例 5

臺北－倫敦來回機票，原購買金額 TWD 23,000 元、稅金 TWD 9,200 元，已使用去程臺北－倫敦經計算航段單程價值 TWD 24,000 元、稅金 TWD 4,500 元，退票罰金 TWD 1,500、退票手續費 TWD 300，則退票金額爲何？

說明：(1) 機票部分：原票 TWD23,000- 單程票價 TWD24,000<0，不退款。

(2) 機票部分已無退票價值，但可退稅金（TWD9,200 - TWD 4,500=TWD 4,700 元），減航空公司退票罰金 TWD 1,500，再減航空公司退票手續費 TWD 300 ＝ TWD 2,900，故可退 TWD 2,900 元。

（六）過期的機票

大部分航空公司規定，機票退票期限以票上記載之開票失效日起一年內必須辦理退票，如超過該期限者，將視為自動放棄不可退票（詳細規定以各航空公司公告為主）。

（七）實體機票遺失的處理程序

1. 確認是否可補發「替代機票」

   向航空公司詢問後，若可辦理補發「替代機票」，請親自攜帶護照影本至航空公司票務櫃檯開立替代機票。此作業需額外支付補發手續費（手續費依各航空公司規定辦理）。

2. 於國外遺失機票

   (1) 可辦理補發「替代機票」

   在國外遺失機票，先洽原航空公司詢問，如可於機場櫃檯辦理補發「替代機票」，旅客須先重新付費購買新票，並在機票上註明「遺失機票補發」，旅客回國後須持新機票存根、收據、刷卡單、護照影本，向航空公司或航空公司票務櫃檯辦理新票退費，作業時間約 10 ～ 18 個月（依各航空公司規定辦理）。此作業須扣除手續費（手續費將依退票辦法規定辦理）

   (2) 無法辦理補發「替代機票」

   若航空公司無法辦理補發「替代機票」，則需另購機票且新票無法辦理退票，而原遺失機票則依該票退票規定辦理。

3. 無法辦理補發「替代機票」之退票申請

   航空公司無法辦理補發「替代機票」，旅客必須攜帶以下三文件向航空公司或航空公司票務櫃檯辦理遺失機票退票申請，遺失機票能否退票或退票作業將依該機票規定辦理。

   (1) 遺失地警局報案證明。

   (2) 護照影本。

   (3) 填寫並簽名之遺失機票表格（Lost Ticket Form）。

4. 遺失機票之退款

   若整張機票或部分航段機票遺失，則旅客要求退票須提出足夠的證明，並支付規定的服務費後航空公司才可退款，並且需：

(1) 所遺失的機票，確未曾使用或申請過退款或曾另開新票；

(2) 簽署由航空公司提供之「遺失機票退費申請書」（Lost Ticket Refund Application and Idemnity Agreement）表格，若此機票已被他人全部或部分使用或已辦理機票退款時，願依航空公司規定歸還航空公司所退之票款。

5. 遺失機票退票作業時間

通常作業時間約需 10～18 個月（依各航空公司規定辦理），航空公司等待 6～12 個月後，該遺失機票如無被人使用，再辦理退票手續。如果航空公司發現此機票已遭人使用或退票，則航空公司將無法退費。

6. 團體旅遊途中旅客遺失機票時，帶團人員處理原則，最優先向當地所屬航空公司申報遺失。

二、非自願退票（Non Voluntary Refund）

非自願退票常見的是航空公司取消班機，不能照表訂時刻正常載運旅客到旅行之終點站，或中間停留點，不能提供已確認的機位，或造成旅客無法轉接已訂妥機位的班機等情況，造成旅客退票。一般在下列狀況下，旅客非自願退票時不扣手續費：

1. 旅客非自願被拒絕登機 。
2. 可歸責於航空公司之班機延誤處理（含機械故障）。
3. 非不可抗力因素之班機取消處理（旅遊警示介入強制性政策）。
4. 若航空公司取消班機，不能照表訂時刻正常載運旅客到旅行之目的點，或中間停留點。
5. 不能提供已確認的機位。
6. 造成旅客無法轉接已訂妥機位的班機時。

小知識

非自願退票之退票金額計算

1. 若機票全未使用，其退票額即為旅客所付航空公司之票款。
2. 若機票已部份使用，其退票額則按下列兩項中，擇其高者：
   (1) 從中斷點到終點或下個中間停留點的單程票價（扣除相關折扣及費用）。
   (2) 已付票款和已用航段票價的差額。

三、拒絕退票權[1]

以下狀況，航空公司可拒絕退票：

1. 航空公司不接受機票效期超過二年之後的退票申請。
2. 航空公司對已交給政府機關作爲離境證明的機票得拒絕辦理退票。除非旅客能提出使航空公司滿意的證明其已獲准停留該國，或將搭乘其他航空公司或其他交通工具離境，始可辦理。

第三節 行李遺失處理

持行李條碼存根（Claim Tag），向所乘搭航空公司「失物招領辦公室」「Lost & Found」服務臺查詢。申訴對象是以旅客搭乘的最後班機所屬的航空公司爲主。

行李遺失，旅客需填具以下之表單：

1. P.I.R 表格（Property Irregularity Report）
2. 行李遺失報告單（Customer Property Claim 或 Baggage Claim Form）：內容包括旅客姓名、航班、航程、行李號碼、行李式樣、重量、聯絡電話、旅客簽名等。
3. 行李遺失問卷調查表：主要爲行李內容物的細節。

行李遺失三天內仍未尋獲，旅客可拿「行李條碼」與「行李遺失報告單」，向航空公司申請調查和理賠。填妥「行李遺失問卷調查表」，交給行李組處理，通常經過一個月或一個半月（45天），即可進入理賠階段，由末站的航空公司負責理賠，依規定每磅美金9元7分，每公斤美金20元，隨身行李之賠償每位旅客美金400元。

1 資料來源：中華航空及長榮航空機票使用規定。

附錄三　Q附加費

（一）Q 附加費（Q, Surcharge，非關中停點或轉機之附加費）

1. 當一個 Q 的附加費放在某一個票價構成段內時，Q 附加費歸屬於 Q 前之航段承載航空公司。

範例 6　一個 Q 的附加費

行程 1：PAR AA LON BB BOS Q10.00 425.28CC FRA DD LON483.72NUC919.00END ROE0.66824
（巴黎－倫敦－波士頓－法蘭克福－倫敦）
說明 1：此行程之 Q10.00 歸屬於 LON BB BOS 航段之 BB 航空公司所有。
行程 2：AMS CX HKG6243.24CX TPE Q4.25*CI KHH118.00CI TPE118.00* JL TYO M915.40NUC7398.89END ROE0.76707
（阿姆斯特丹 - 香港 - 臺北 - 高雄 - 臺北 - 東京）
說明 2：此行程之 Q4.25 歸屬於 HKG CX TPE 航段之 CX 航空公司所有。

2. 當 Q 附加費放在一個票價構成段金額後面，則此 Q 附加費歸屬於之前票價構成段所有航空公司，或已指明之航段，此金額依照分帳方法分配到各航空公司。

範例 7　附加費歸屬於特定票價構成段

行程 1：LON AA PAR BB BKK CC KUL M1200.00QLONKUL10.00NUC 1210.00END（倫敦－巴黎－曼谷－吉隆坡）
說明 1：此 Q10.00 由 AA 及 BB 及 CC 航空分帳分配獲得金額。
行程 2：LON AA PAR BB BKK CC KUL M1200.00QLONBKK10.00NUC 1210.00END（倫敦－巴黎－曼谷－吉隆坡）
說明 2：此 Q10.00 由 AA 及 BB 航空分帳分配獲得金額。

3. 如果 Q 附加費係依某地政府規定收取（如安檢費），則由承載此行段之航空公司收取後轉交當地政府。

範例 8　特定附加費歸屬某政府

行程：HKG AA TYO Q4.25Q10.00BB LAX NUC 734.25END
（香港－東京－洛杉磯）

說明：第一個 Q4.25 由 AA 航空收取後轉交香港政府，Q10.00 附加費則歸屬於 AA 航空。

4. 如果 Q 附加費係依某地政府規定收取（如安檢費），則由承載此行段之航空公司收取後轉交當地政府；當 Q 附加費放在一個票價構成段金額後面，則此 Q 附加費歸屬於此票價構成段所有航空公司，或幾個特定航段，此金額依照分帳方法分配到各航空公司。

範例 9　特定附加費歸屬某地政府，其餘依比例分帳

行程：LON AA HKG BB TYO Q4.25M1200.00QLONTYO10.00NUC1214.25END（倫敦－香港－東京）

說明：第一個 Q4.25 由 BB 航空收取後轉交香港政府，Q10.00 附加費則歸屬於 AA 及 BB 航空，分帳計算分配額。

5. 當 Q 附加費在 IT[註]或 BT 機票時，在某航段後收取的 Q 附加費歸屬於該行段，IT 或 BT 會出現在「Fare」或「Total」欄，而金額數字不會出現。

範例 10 附加費歸屬於特定航空公司

行程：HKG AA LON Q4.25M/IT AA HKG M/IT END（香港－倫敦 - 香港）
說明：Q4.25 歸屬於 AA 航空公司。
代號 IT：Inclusive Tour Fares（全包式旅遊票價）。
代號 BT：(1) Bulk Inclusive Tour Fares（團體全包式旅遊票價）或
(2) Tour Operator Package（TOP）Fares within Europe 歐洲團體旅遊票價。

註：此 IT 票價在機票票價計算欄內不會顯示金額，但在票價書內「其他—特定路線」中仍可查到金額，此種票價係固定路線及固定一家或數家航空公司向 IATA 報備所設計出之路線，其票價相當便宜。

附錄四　機票術語

一、簡稱

表 IV-1　簡稱（abbreviation）

編號	簡稱	全稱	中文
1	ACN	Airline Code Number	航空公司代號
2	AD	Agents Discount Fare	代理商優待票
3	ADC	Airline Designtor Code	航空公司代號
4	ADC	Additional Collection	額外收費
5	AF	Applicable Fare	適合票價
6	APEX	Advance Purchase Excursion Fare	預購旅遊票
7	ARC	Airlines Reporting Corporation	美國航空報告公司
8	ATPCO	Airline Tariff Publishing Company. A corporation owned by various airlines formed to serve as agent for those owners（and forother airlines or vendors）to file and publish tariffs and relatedproducts.	航空票價出版公司
9	AWB	Air WayBill	貨運提單
10	BBR	Bankers buying rate	買入匯率
11	BCTA	Bilateral Clearing Traffic Agreements	雙邊清帳合約
12	BHC	One Way Backhaul Check	單程低價加額檢查
13	BIKE	Bicycle	自行車
14	BLND	Blind PSGR	視盲旅客
15	BSCT	Bassinets	嬰兒搖籃
16	BSP	Billing & Settlement Plan	銀行清帳計畫
17	BSP	Bank Settlement Plan（舊稱）	銀行清帳計畫
18	BSR	Bankers selling rate	賣出匯率
19	BULK	Bulk Baggage	大件行李

（續下頁）

（承上頁）

編號	簡稱	全稱	中文
20	C.I.Q.	Customs, Immigration, Quarantine.	海關、移民局與檢疫
21	CBBG	Cabin Baggage	機艙行李
22	CF	Constructed Fare	結構票價
23	COUR	Commercial Courier	商業信差
24	CPN	Coupon	票聯
25	CRS	Computer Reservation System	電腦訂位系統
26	CT	Circle trip	環狀行程
27	CTM	Circle Trip Minimum Check	環狀行程最低票價檢查
28	DEAF	DEAF PSGR	聾啞旅客
29	DEPA	Deportee Accompanied by Escort	有戒護之遞解出境者
30	DEPO	Deportee	遞解出境者
31	DEPU	Deportee Unaccompanied	無戒護之遞解出境者
32	DFUC	Direct fare undercut check	直接票價最低檢查
33	DIPL	Diplomatic Courier	外交信差
34	DOJ	Double Open Jaw	雙缺口
35	DST	Daylight Saving Time	日光節約時間
36	EMA	Extra Mileage Allowance	額外寬減哩數
37	EMD	Electronic Miscellaneous Document	電子雜項文件
38	EMS	Excess Mileage Surcharge	超哩程附加費
39	EMU	Economic and Monetary Union	（歐洲）經濟暨貨幣聯盟
40	ET	Electronic Ticket	電子機票
41	ETA	Estimated Time of Arrival	預定到達時間
42	ETD	Estimated Time of Departure	預定起飛時間
43	EU	European Union	歐盟
44	EXCH	Exchange	已換票
45	EXST	EXTRA SEAT	額外座位

（續下頁）

（承上頁）

編號	簡稱	全稱	中文
46	F.O.C	Free Of Charge	免費票
47	FAA	Federal Aviation Administration	美國聯邦航空署
48	FBP	Fare Break Point	票價斷點
49	FCP	Fare Construction Points	票價結構點
50	FCR	Fare Construction Rules	票價結構規則
51	FIM	Flight Interruption Manifest	航班中斷艙單
52	FIT	Foreign Independent Tour	個別旅遊
53	FIT	Foreign Individual Tour	航空公司的個人票
54	FOP	Form of Payment	付款方式
55	FRAG	Fragile	易碎行李
56	FSC	Full Service Carriers	全服務航空公司
57	GDS	Global Distribution System	全球訂位系統
58	GIT	Group Inclusive Tour	全包式套裝團體旅遊
59	GMT	Greenwich Mean Time	格林威治時間
60	GO SHOW	Passenger go show in airport	未預定機位即直接前往機場後補搭機
61	GPS	Global Positioning System	全球定位系統
62	GSA	General Sales Agent	總代理
63	GTO	GovernmentTravel Order	政府公務人員旅行用開票憑證
64	GV 10	Minimum of 10 passengers to travel together. Must depart and return together	最低 10 人團進團出
65	HIF	Higher Intermediate Fare	高票價
66	HIP	Higher Intermediate Point	高票價點
67	IATA	International Air Transport Association	國際航空運輸協會
68	ICAO	International Civil Aviation Organization	國際民航組織
69	INAD	Inadmissible Passenger	禁止入境之旅客

（續下頁）

(承上頁)

編號	簡稱	全稱	中文
70	IROE	IATA Rate of Exchange	IATA 換算匯率
71	ISIC Card	International identity Student Card	國際學生卡
72	LCC	Low Cost Carriers	低成本航空公司
73	LCF	Local Currency Fare	當地貨幣
74	LSF	Local Selling Fare	當地幣值票價
75	MCO	Miscellaneous Charge Order	雜項支出憑證
76	MITA	Multilateral Interline Traffic Agreements	多邊聯運協定
77	MPD	Multiple Purpose Document	多用途文件
78	MPM	Maximum Permitted Mileage	最大允許哩程數
79	MTP	Minimum Tour Price	最低票價
80	N/A	Non admissible	不允許
81	No Show	Passenger no show on departure date	預訂機位但未如期至機場搭機
82	NSSA	NO SMOKING AISLE SEAT	非吸煙靠走道座位
83	NSSB	NO SMOKING BULKHEAD SEAT	非吸煙靠艙壁座位
84	NSSW	NO SMOKING WINDOW SEAT	非吸煙靠窗座位
85	NUC	Neutral Unit of Construction	中性計價單位
86	OJ	Open Jaw	開口行程
87	OW	One Way	單程機票
88	Pax	Passenger	旅客
89	PETC	Pet in Cabin compartment	攜帶寵物
90	PF	Prorate factor	分帳因子
91	PFCs	Passenger Facility Charges	美國機場設施附加稅
92	PNR	Passenger Name Record	旅客訂位紀錄
93	PTA	Prepaid Ticket Advice	預付款通知
94	PUs	Pricing Units	計價單位
95	RBD	Reservation Booking Designator	訂位代號

(續下頁)

(承上頁)

編號	簡稱	全稱	中文
96	ROE	Rate Of Exchange	換算匯率
97	RQST	SEAT REQUEST/SEAT NUMBER	要求特定座位或座號
98	RT	Round Trip	來回機票
99	RTW	Round the World	環球航線
100	RWM	Round the World Minimum	環球最低票價
101	SATA ticket	Students (ISIC) under 35 years old and Youth (IYTC) under 26 years old	學生或青年票
102	SITA	Société Internationale de Télécommunications Aéronautiques	國際航空電訊協會
103	SITI	Sold inside,ticketed inside	指售票及開票均在起程的國內
104	SITO	Sold inside,ticketed outside	指售票在起程點的國內，開票在起程點的國外
105	SLPR	Sleeper	機艙內床舖
106	SMSA	SMOKING AISLE SEAT	吸煙靠走道座位
107	SMSW	SMOKING WINDOW SEAT	吸煙靠窗座位
108	SOJ	Single Open Jaw	單缺口
109	SOTI	Sold outside,ticketed inside	售票在起程點的國外，開票在起程點的國內
110	SOTO	Sold outside,ticketed outside	指售票及開票均在起程的國外
111	STCR	Stretcher Passenger	擔架旅客
112	S/O	Stopover	停留點
113	STPC	Stopover Paid By Carrier	由航空公司負責轉機地之食宿費用
114	SUBLO	Subject To Load Ticket	不能預約座位的機票
115	TAT	Transitional Automated Ticket	電腦自動化機票
116	TCP	Traveling together	同進同出

(續下頁)

（承上頁）

編號	簡稱	全稱	中文
117	TFCs	Tax, Fee, and Charges	稅規費
118	TKNO	Ticket Number	機票號碼
119	TPM	Ticketed Point Mileage	城市票點哩程數
120	TTL	Ticketing deadline	最後開票日
121	TTL	Total	總計
122	TWOV	Transit Without VISA	轉機免簽證
123	UATP	Universal Air Travel Plan	環球航運計畫
124	UM	Unaccompanied Minor	單獨旅遊之未成年少年
125	UPGRD	Upgrade	提升服務等級
126	UTC	Universal Time Coordinated	環球標準時間
127	WCHC	WHEELCHAIR/PSGR MUST BE CARRIED	輪椅 / 旅客需有人攙扶
128	WCHR	WHEELCHAIR/PSGR CAN WALK UP STAIRS	輪椅 / 旅客可自行上下階梯
129	WCHS	WHEELCHAIR/PSGR CAN WALK TO SEAT	輪椅 / 旅客可自行走到機位
130	WCOB	WHEELCHAIR/ON BOARD	輪椅登機
131	XBAG	Extra Baggage	額外行李
132	YRT	1 year ticket	1 年票
133	ZED	Zonal Employee Discount	員工票一種

二、一般術語

表 IV-2　一般術語

編號	術　語	說　　明
1	INTERLINE 聯運	使用在有關班機時，指兩家或兩家以上的航空公司班機的相互銜接，如：INTERLINE CONNECTION，使用在有關合同時，即指任何兩家航空公司，互相承認且接受對方機票，並應搭載持該機票之旅客，如：INTERLINE AGREEMENT。
2	班表預定點	是指除了起點及終點以外，於旅客行程中之班機時刻表所列或機票所訂定之停留點。
3	授權旅行社	是指被航空公司指定爲代理其航空公司銷售航空運輸機票之旅行社，或授權其代理他航業務。

（續下頁）

（承上頁）

編號	術　語	說　　明
4	行李	是指旅客於旅途中所需穿、用、爲了舒適或方便所攜帶的物品及個人的財物。除有特別指定外，否則均包括旅客託運及隨身的行李。
5	行李票	是指記載旅客託運行李所運送之航段。
6	行李核對標籤	是指航空公司所印專爲核對託運行李的文件。
7	航空公司	是指開發機票之航空公司及所有載運旅客及 / 或行李之航空公司。
8	航空公司的規定	是指於此運送條款之外航空公司所訂之規則，並於開發機票時即生效，用以規範旅客及 / 或行李的載運，同時包括適用的費率。
9	託運行李	是指航空公司負責承運並已開發行李票的行李。
10	聯票	是指開發給旅客的一張機票必須和其他的機票合用始構成一份運送合約。
11	損害	包括死亡、傷害、遲延、損失、部份損失或其他由航空公司的運送或服務所引起的損害而言。
12	天數	是指按日曆計算的天數，包括一週內的七天；若爲知會旅客事情，則發通知的當天不算入；若爲計算機票效期，則開票日及啓程日都不算入。
13	電子票聯	是指電子搭乘聯或其他儲存於航空公司資料庫的有價文件。
14	公約	是指適用於運送合約的下列任何公約： 1929 年 10 月 12 日在華沙簽署之國際運送統一規章公約 – The Convention for The Unification of Certain Rules Relating to International Carriage by Air at Warsaw,12 October 1929（以下簡稱爲華沙公約）。 1955 年 9 月 28 日於海牙修訂的華沙公約。 1975 年增訂蒙特婁一號議定書的華沙公約。 1955 年在海牙修訂及 1975 年增訂蒙特婁二號議定書的華沙公約。 1955 年在海牙修訂及 1975 年增訂蒙特婁三號議定書的華沙公約。
15	電子機票	是指航空公司或其代理人所開發的旅客行程表 / 收據、電子票聯及或可適用於登機之文件。
16	機票搭乘聯	爲有記載搭乘區間（good for passage）之機票，如使用電子機票時則爲電子票聯，指旅客有權搭乘所記載之航段。
17	旅客行程表 / 收據	係指文件或電子機票之一部份文件含有國際航空運輸協會第 722f 號決議案第六條 6.2.1.7 之規定及注意事項。
18	旅客	是指航空公司同意其飛機載運除飛行組員及空勤服務員之外的任何人。
19	旅客存根聯或旅客收據	是指航空公司或其代理人所開發的機票的一聯，上面註明此聯由旅客持有。
20	中間停留	是指旅客於其行程中有意的停留點，此點是事先經航空公司同意的起點和終點之間的一點。

（續下頁）

（承上頁）

編號	術　語	說　　明
21	機票	是指航空公司或其代理人所開發的「機票及行李票」或電子機票文件，其中包括契約條款及注意事項以及票聯。
22	隨身行李	是指旅客託運行李之外的任何行李。
23	混合艙等機票	混合艙等機票（Mix Fare Ticket）指旅客在航程中，由於搭乘的艙等座艙不一而產生不同票價的機票。
24	共用班機號碼	共用班機號碼（Code Sharing）即某家航空公司與其它航空公司聯合經營某一航程，但只標註一家航空公司名稱、班機號碼。這種共享一個航空公司名稱的情形目前很多，可由該班機號碼來分辨，即在時間表中的班機號碼後面註明「*」者就是此類班機共用。這種經營模式對航空公司而言，可以擴大市場；對旅客而言，則可以享受到更加便捷、豐富的服務。
25	出發後更改行程機票	出發後更改行程機票（Rerouting Ticket）是旅客搭機啓程後，途中由於更改行程而產生票價不同的機票。
26	更換座艙支付差額機票	更換座艙支付差額機票（Reissue Ticket）是旅客自願或因原訂艙等客滿要求更改座艙升等（Up Grade, UPGRD）或降等（Down Grade, DNGRD），而重新開立的機票。
27	接駁航班	是指在同一張機票或聯票上所提供的連續運輸下一接續航班。
28	不可抗力	指非航空公司或旅客能控制的不尋常及不可預見的情況，即使已經適當且謹慎處理，仍不可避免其後果之發生。
29	票價	是指旅客爲該航班已付或應付之金額。
30	機票搭乘聯	爲有記載搭乘區間（good for passage）之機票，如使用電子機票時則爲電子票聯，指旅客有權搭乘所記載之航段。
31	旅客行程表/收據	係指文件或電子機票之一部份文件含有相關規定及注意事項。
32	SDR	是指國際貨幣基金組織（International Monetary Fund）所定義之特別提款權（Special Drawing Right）。
33	Surcharge	附加費
34	Allowance	折讓或減免
35	Fare construction	票價結構
36	票價構成段	票價構成段或票價組成區（Fare component）提指旅行路線中兩個連續票價結構點之間的部分，如果行程僅有一個票價構成段，則起點及終點爲惟一的票價結構點。一個 Circle Trip 最少有兩個票價構成段。A portion of an itinerary between two consecutive fare construction points. If the journey has only one fare component, the points of origin and destination are the only fare construction points.

（續下頁）

（承上頁）

編號	術　語	說　　　　明
37	Outbound	是指出境（出國）或到國外。
38	Inbound	是指入境（返國）或國外來臺
39	Outbound trip	向外行程；去程。
40	Inbound trip	返回行程；回程。
41	PAT	即 Passenger Air Tariff，也就是航空客運票價手冊。
42	VOID	作廢。
43	Refund	退票。
44	Exchange	更換機票。
45	Revalidation	更改效期。
46	Reissue	重新開票。
47	Code-share	航線聯盟。
48	Denied Boarding Compensation Plan	旅客被拒登機賠償制度。
49	Bulk IT Fare	團體全包式旅遊票價。
50	Published Fare	公布票價。
51	OAG-Official Airlines Guide	航空公司各類資料指引，時刻表以出發地爲標準。
52	ABC-ABC World Airways Guide	航空公司各類資料指引，時刻表以目的地爲標準。
53	Off Load	班機超額訂位或不合搭乘規定者被拉下來，無法搭機的情形。
54	Through Fare	全程票價。
55	Frequency（CODE）	班次（縮寫），OAG 或 ABC 上之班次縮寫以 1、2……等代表星期一、二。
56	Embarkation/Disembarkation Card	入 / 出境卡，俗稱 E/D CARD。

（續下頁）

（承上頁）

編號	術　語	說　　　　明
57	Baggage Claim Tag	行李認領牌。
58	Accompanied Baggage	隨身行李。
59	Unaccompanied Baggage	後運行李。
60	Duty Free Shop	免稅店。
61	Diversion	無法降落於原定之機場而至備用機場的情形。
62	Baggage Tag	行李標籤。
63	Lost & Found	遺失行李詢問處。
64	Claim	申告要求賠償。
65	Affidavit	宣誓書。
66	Discrimination	歧視，差別待遇。
67	Active member	正會員。
68	Associate member	準會員。
69	Tariff Conference	票價會議。
70	Proration	分帳。
71	Clearing House	清帳所。
72	Stand by	候補。
73	（One Way） BackHaul Check （BHC）	原來 Backhaul 意思是「載貨返航 / 回程 / 回傳」，因早期單程機票行程（One Way Trip）之最低金額檢查，除了要作順向高票價點檢查，還要作逆向回程高票價點檢查，後來取消逆向回程高票價點檢查，但仍延用原名詞。
74	Reconfirmation	即「再確認」。雖然現在許多航空公司已取消 72 小時前需確認機位的手續，然而，預防萬一，最好仍在回程或前往下一段旅程前打電話確認機位無誤。若機位預訂有問題，最好馬上重新訂位，以免延誤行程。一般來說，除團體行程之機位會由當地導遊或服務人員替您確認之外，建議仍須在回程前 72 小時向航空公司之當地服務中心做回程確認，以確保機位。

（續下頁）

（承上頁）

編號	術　語	說　　　明
75	TSA	TSA（Transportation Security Administration）即美國運輸安全管理局。
76	APIS	APIS（Advance Passenger Information System）即旅客資料預報系統： 1. 前往大陸的旅客須於記錄中輸入「T」- 臺胞證或「P」- 護照或「C」- 港澳回鄉證資料。 2. 輸入美國政府（TSA）規定之旅客資料。 3. 前往日本、韓國以及俄羅斯的旅客須於記錄中輸入護照資料。 4. 電子機票輸入 FOID 資料。
77	免簽證計畫（VWP）	2012 年 10 月 2 日美國宣布臺灣加入免簽證計劃（VWP）。根據 VWP，符合資格之臺灣護照持有人若滿足特定條件，即可赴美從事觀光或商務達 90 天，無需簽證。
78	空位搭乘	除 ID50 可訂位外，持 ID00、ID90、ID75 及 CI Zed 機票者，需於班機有空位時，始能搭乘，不得預訂確認機位。
79	ESTA	旅遊許可電子系統，目前有 37 個免簽之國家護照進入美國需先上網申請 ESTA： 臺灣、安道爾、愛沙尼亞、愛爾蘭、摩納哥、新加坡、澳大利亞、芬蘭、義大利、荷蘭、斯洛伐克、英國、奧地利、法國、日本、紐西蘭、斯洛維尼亞、比利時、德國、拉脫維亞、挪威、南韓、文萊、希臘、列支敦斯登、葡萄牙、西班牙、捷克共和國、匈牙利、立陶宛、馬耳他共和國、瑞典、丹麥、冰島、盧森堡、聖馬力諾、瑞士等 37 國。
80	特別餐點（Special Meal）	特別餐點（Special Meal）是針對不分艙等的個別旅客特殊的需求準備的。最常見的如表 IV-3。

表 IV-3 特別餐選擇內容[2]

英文縮寫	說明
AVML	印度素食（Hindu or Indian Vegetarian Meal） AVML is a combination of spicy vegetables. An VOML can be used in case of being unable to prepare Hindu meal requested.
BBML	嬰兒餐 Infant/Baby Food. BBML is available to infants under 24 months and set 1stand 2nd stages（1st stage/0-10 months, 2nd stage/11-24 months）.
BLML	軟質餐（無刺激性飲食） Bland/Soft diet for passengers of old age with bad teeth, or suffering from peptic ulcer or heart diseases etc. If a specific needs for liquid food, use code SPML-liquid diet.
CHML	兒童餐（Children Meal） CHML is available to passengers aged 2-12 years old.
DBML	糖尿病餐（Diabetic diet）
FPML	水果餐（Fruit Platter I/O main dish）.
GFML	無麵筋飲食（Gluten intolerant Meal）
HNML	印度餐（Hindu Meal） No beef and dairy products, dishes prepared with Indian spices.
KSML	猶太餐（Kosher Meal. Individually packed）
LCML	低卡路里餐（Low Calorie Meal）
LFML	低脂餐（Low Fat Meal）
LSML	低鹽餐（Low Salt Meal）
MOML	回教餐（Moslem Meal） Strict restriction of pork and its products.
NBML	無牛肉餐（No Beef Meal（CI only））
NLML	低乳糖餐（Low Lactose Meal）
RVML	生菜水果餐（Raw Vegetarian/Fruit Meal）
SFML	海鮮餐（Seafood or Fish Meal）
VGML	無乳製品西方素食餐（Vegetarian vegan meal）
VLML	奶蛋素西方素食餐（Vegetarian Meal - Western style）
VOML	東方素食餐（Vegetarian Oriental Meal） VOML is prepared in Chinese style. No meat, poultry, fish, seafood, egg, dairy product, garlic, onion, shallot, leeks, and other spicy vegetables.

2 資料來源：中華航空公司。

小知識

美國運輸安全管理局（TSA）要求航空公司必須在起飛 72 小時前，將下列資料輸入，若低於起飛前 72 小時，則須立即輸入。

1. 美國核發證件之旅客全名：王小明
2. 旅客性別
3. 出生日期

有關姓名書寫規則如下介紹：

1. 英文姓名與中文姓名之對應
   (1) family name（姓）：王。
   (2) first name（名字）：小明。
   (3) middle name（中名）：指西方人第一個名字與姓之間的名字。
2. 姓名書寫的順序
   (1) [first name] [second name] [family name]（也稱為 last name）
   (2) [family name], [first name] [second name]

中國人的名字對西方人來說就是「first name」，西方人名的第一個字即是「first name」。西方人的第二個名字是不一定有的，視家庭而定！

三、專有名詞

1. 收益旅客公里（RPK）

   收益旅客公里（RPK）即 Revenue Passengers（of Kilometers）。

   RPK ＝收益旅客人數（RP）× 航段距離（Km）

2. 可售座位公里（ASK）

   可售座位公里（ASK）即 Available Seats（of Kilometers）。

   ASK ＝航段可售座位（AS）× 航段距離（Km）

3. 客運裝載率（PLF）

   客運裝載率（PLF）即 Passenger Load factor。

   PLF（%）＝ RPK ÷ ASK

附錄五　TPM及MPM參考表

表 V-1　TPM 及 MPM 參考表

FROM	TO	TPM	MPM	FROM	TO	TPM	MPM
AKL	BUE	6418	7701	DMM	ISB	1475	1770
AMS	PAR	247	296	FRA	MUC	186	223
AMS	LON	211	253	FRA	NYC	3851	4621
ATH	PAR	1306	1567	GVA	ZRH	144	173
ATH	LON	1495	1794	GVA	MIL	158	189
AUA	ATL	1720	2064	HAN	BKK	606	727
BCN	GVA	395	474	HAN	CAN	495	594
BKK	SIN	889	1066	HAN	SGN	708	850
BKK	HKG	1049	1258	HKG	BKK	1049	1258
BKK	TYO	2869	3442	HKG	TPE	511	613
BKK	HAN	606	727	HKG	TYO	1823	2187
BKK	KUL	754	904	HKG	SEL	1295	1554
BOM	BKK	1878	2253	HKG	SIN	1594	1912
BUE	NYC	5301	6361	HKG	KUL	1572	1886
BUE	CAS	5775	6931	HKG	SHA	773	927
CAI	DMM	1147	1376	ISB	KHI	701	841
CAN	HAN	495	594	JED	LON	2949	3585
CAN	JKT	2077	2492	JKT	CAN	2077	2492
CAN	TPE	530	636	KHH	BKK	1425	1710
CAS	IST	2069	2482	KHH	LON	7143	8572
CAS	NAN	12110	14532	KHH	LON	7143	8572
CPH	AMS	393	471	KUL	BKK	754	904
DEL	BOM	708	849	KUL	MNL	1545	1854
DEL	MNL	3040	3648	LAX	SFO	339	407

（續下頁）

（承上頁）

FROM	TO	TPM	MPM
LAX	TYO	5458	6549
LAX	TPE	6781	8137
LON	AMS	211	253
LON	MUC	569	682
LON	PAR	214	256
LON	VIE	774	928
LON	CPH	589	706
MIL	BRI	488	586
MNL	BKK	1363	1635
MNL	TYO	1880	2256
MUC	FRA	186	223
MUC	CPH	503	603
NAN	AKL	1341	1609
NAN	BUE	7758	9310
NYC	PAR	3635	4362
NYC	AMS	3639	4366
NYC	FRA	3851	4621
NYC	CAS	3609	4330
PAR	SAO	5851	7021
PAR	LON	214	256
SCL	AUA	3250	3900
SEL	FUK	347	416
SEL	TPE	914	1096
SEL	MNL	1627	1952
SEL	NAN	5048	6057
SFO	TYO	5130	6156
SGN	TPE	1380	1656
SHA	CAN	752	902

FROM	TO	TPM	MPM
SHA	BKK	1787	2144
SHA	HAN	1197	1436
SHA	JKT	2761	3313
SIN	KUL	196	235
SIN	KHH	1833	2199
TPE	HKG	511	613
TPE	KHH	185	222
TPE	BKK	1555	1866
TPE	SEL	914	1096
TPE	FUK	802	962
TPE	KUL	2018	2421
TPE	MNL	731	877
TPE	SFO	6450	7740
TPE	SHA	422	506
TPE	MUC	6515	7818
TUN	GVA	683	819
TYO	SEL	758	909
TYO	MNL	1880	2256
TYO	TPE	1330	1596
TYO	FRA	5928	7113
TYO	KHH	1491	1789
TYO	NYC	6737	8084
TYO	FUK	567	680
VIE	FRA	385	462
ZRH	MUC	163	195
SGN	DPS	1718	2062
SGN	SIN	679	814
SGN	BKK	453	543

（續下頁）

（承上頁）

FROM	TO	TPM	MPM
SGN	KHH	1217	1460
SGN	XMN	1235	1482
SGN	SZX	943	1135
SGN	SHA	1700	2040
SGN	PAR	6275	8095
SGN	DTT	8725	10470
SGN	SFO	7830	9396
SGN	HNL	6297	7557
SGN	TYO	2706	3247
SGN	HKG	929	1114
CAN	BKK	1047	1256
TPE	SIN	2008	2409

表 V-2 特殊 MPM 項目

ROM	TO	TPM	MPM
ROM	TO	TPM	MPM
BKK	LON	5922	7778
BRI	TSR	395	1111
CAI	KHI	2213	2678
DAM	CPH	1913	2868
DAM	LON	2209	2794
DAM	AMS	2043	2692
FRA	BKK	5584	7339
HKG	LON	5965	8163
HKG	FRA	5688	7724
HKG	AMS	5763	7995
IST	SEL	5185	7813
JED	ATH	1455	1748
MUC	BKK	5459	7117
PAR	HKG	5956	7936
SIN	LON	6742	8581
TPE	LON	6084	8480
TPE	AMS	5873	8312
VIE	DAM	1449	2300

參考文獻及資料來源 REFERENCE

1. 洪宛萱、金燕汝、林家慶，2010，探討廉價航空通路發展現況之研究—以臺灣地區爲調查對象。
2. 周榮昌、劉祐興、王唯全，國際航線低價航空公司及一般航空公司選擇行爲之研究－以臺北－新加坡航線爲例，運輸計畫季刊，第三十六期，第一卷，頁 307~332，2007。
3. 蔣文育、梁金樹、余坤東，應用 Logit Model 於航空市場之消費行爲研究，東吳經濟學報，第四十八期，頁 57-72，2005。
4. 王淑娟，2008，交通部。
5. 陳明達，2005，國籍航空公司採用低成本經營方案之評估，國立交通大學。
6. 交通部民航局網站及統計資料。
7. 長榮航空公司公開說明書。
8. IATA 中華民國地區銀行清帳計畫 BSP 作業簡介。
9. 中華航空公司機票使用規定。
10. 中華航空公司客艙行李規定。
11. 中華航空公司託運行李規定。
12. 中華航空公司運送條款。
13. 中華航空及長榮航空機票使用規定。
14. 華信及立榮航空運送條款。
15. Berster, P and Wilken, D, Market Penetration and Demand Generation of Low Cost Carriers in Germany, ATRS Conference, Istanbul, Turkey, 2004.
16. Ticketing handbook, 2012, International Air Transport Association.
17. http：//www.faa.gov。
18. http：//www.sita.aero。
19. http：//www.ttbs.com.tw/common/citycode.html
20. http：//www.ttbs.com.tw/common/citycode.html
21. http：//www.shenzhenair.com/

國家圖書館出版品預行編目(CIP)資料

航空客運與票務 / 鄭章瑞 著. －－五版.
－－新北市：全華圖書，2021.08 面； 公分
ISBN 978-986-503-863-2（平裝）
1.航空運輸管理 2.客運

557.943 105008653

航空客運與票務

作 者 / 鄭章瑞
發 行 人 / 陳本源
執行編輯 / 賴欣慧、廖珮妤
封面設計 / 戴巧耘
出 版 者 / 全華圖書股份有限公司
郵政帳號 / 0100836-2號
印 刷 者 / 宏懋打字印刷股份有限公司
圖書編號 / 0815404
五版一刷 / 2021年8月
I S B N / 978-986-503-863-2
定 價 / 420元
全華圖書 / www.chwa.com.tw
全華科技網 Open Tech / www.opentech.com.tw
若您對本書有任何問題，歡迎來信指導 book@chwa.com.tw

臺北總公司（北區營業處）
地址：23671 新北市土城區忠義路21號
電話：(02) 2262-5666
傳真：(02) 6637-3695、6637-3696

南區營業處
地址：80769 高雄市三民區應安街12號
電話：(07) 381-1377
傳真：(07) 862-5562

中區營業處
地址：40256 臺中市南區樹義一巷26號
電話：(04) 2261-8485
傳真：(04) 3600-9806（高中職）
(04) 3601-8600（大專）

廣告回信
板橋郵局登記證
板橋廣字第540號

行銷企劃部 收

23671 新北市土城區忠義路 21 號
全華圖書股份有限公司

（請由此線剪下）

讀者回函卡

掃 QRcode 線上填寫 ▶▶▶

姓名：＿＿＿＿＿＿ 生日：西元＿＿年＿＿月＿＿日 性別：□男 □女

電話：（ ）＿＿＿＿＿＿ 手機：＿＿＿＿＿＿

e-mail：（必填）＿＿＿＿＿＿

註：數字零，請用 Φ 表示，數字 1 與英文 L 請另註明並書寫端正，謝謝。

通訊處：□□□□□

學歷：□高中・職 □專科 □大學 □碩士 □博士

職業：□工程師 □教師 □學生 □軍・公 □其他

學校／公司：＿＿＿＿＿＿ 科系／部門：＿＿＿＿＿＿

・需求書類：

□ A. 電子 □ B. 電機 □ C. 資訊 □ D. 機械 □ E. 汽車 □ F. 工管 □ G. 土木 □ H. 化工 □ I. 設計

□ J. 商管 □ K. 日文 □ L. 美容 □ M. 休閒 □ N. 餐飲 □ O. 其他

・本次購買圖書為：＿＿＿＿＿＿ 書號：＿＿＿＿＿＿

・您對本書的評價：

封面設計：□非常滿意 □滿意 □尚可 □需改善，請說明＿＿＿＿＿＿

內容表達：□非常滿意 □滿意 □尚可 □需改善，請說明＿＿＿＿＿＿

版面編排：□非常滿意 □滿意 □尚可 □需改善，請說明＿＿＿＿＿＿

印刷品質：□非常滿意 □滿意 □尚可 □需改善，請說明＿＿＿＿＿＿

書籍定價：□非常滿意 □滿意 □尚可 □需改善，請說明＿＿＿＿＿＿

整體評價：請說明＿＿＿＿＿＿

・您在何處購買本書？

□書局 □網路書店 □書展 □團購 □其他＿＿＿＿＿＿

・您購買本書的原因？（可複選）

□個人需要 □公司採購 □親友推薦 □老師指定用書 □其他＿＿＿＿＿＿

・您希望全華以何種方式提供出版訊息及特惠活動？

□電子報 □ DM □廣告（媒體名稱＿＿＿＿＿＿）

・您是否上過全華網路書店？（www.opentech.com.tw）

□是 □否 您的建議＿＿＿＿＿＿

・您希望全華出版哪方面書籍？＿＿＿＿＿＿

・您希望全華加強哪些服務？＿＿＿＿＿＿

感謝您提供寶貴意見，全華將秉持服務的熱忱，出版更多好書，以饗讀者。

填寫日期：　／　／

2020.09 修訂

親愛的讀者：

感謝您對全華圖書的支持與愛護，雖然我們很慎重的處理每一本書，但恐仍有疏漏之處，若您發現本書有任何錯誤，請填寫於勘誤表內寄回，我們將於再版時修正，您的批評與指教是我們進步的原動力，謝謝！

全華圖書　敬上

勘　誤　表

書　號		書　名		作　者	
頁　數	行　數	錯誤或不當之詞句		建議修改之詞句	

我有話要說：（其它之批評與建議，如封面、編排、內容、印刷品質等・・・）

得　分

學後評量
航空客運與票務

第一章

航空概論與主管機關

班級：＿＿＿＿＿學號：＿＿＿＿＿

姓名：＿＿＿＿＿＿＿＿＿＿

一、選擇題

(　) 1. 下列何者為我國負責飛安事件調查之單位？

(A) 交通部民用航空局　(B) 交通部航政司

(C) 行政院飛航安全委員會　(D) 國家運輸安全委員會

(　) 2. 哪一項非 IATA 的重要商業功能？

(A) 設立清帳所　(B) 推動 BSP　(C) 推動 MITA　(D) 機票印刷精緻化

(　) 3. 茂林國家風景區之主管單位是

(A) 交通部民用航空局　(B) 交通部航政司　(C) 交通部觀光局　(D) 國家運輸安全委員會

(　) 4. 哪一項非 GDS 服務的內容？

(A) 代訂機票　(B) 醫院掛號　(C) 代訂租車　(D) 航空班表陳列

(　) 5. 以下何者為我國之特等航空站？

(A) 高雄機場　(B) 松山機場　(C) 桃園中正機場　(D) 花蓮機場

二、解釋名詞

1. 銀行清帳計畫

答：

2. 票價會議

答：

【背面尚有試題，請翻面繼續作答】

三、問題討論

1. 何謂多邊聯運協定（MITA）？

答：

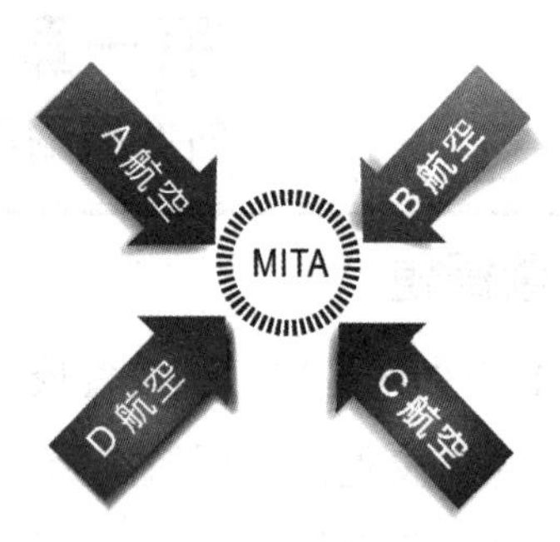

2. 請說明全球訂位系統（GDS）的服務內容？

答：

得 分

學後評量
航空客運與票務

班級：＿＿＿＿＿ 學號：＿＿＿＿＿
姓名：＿＿＿＿＿＿＿＿＿

第二章 航空公司組織與產業

一、選擇題

( ) 1. 以下哪一項產業非航空公司中游關聯產業？
(A) 廣告業 (B) 空廚業 (C) 地勤服務業 (D) 石油業

( ) 2. 航空公司中負責航機簽派作業單位爲？
(A) 客運處 (B) 機務處 (C) 空服處 (D) 飛安聯管處

( ) 3. 以下何者非航空公司業務主要內容？
(A) 客貨運業 (B) 空中照相 (C) 飛航情報蒐集 (D) 航空雜誌發行

( ) 4. 以下哪一項產業非航空公司下游關聯產業？
(A) 旅行社 (B) 飛機租賃業 (C) 貨運承攬業 (D) 快遞業

( ) 5. 以下哪一項產業非航空公司上游關聯產業？
(A) 飛機維修業 (B) 飛機製造業 (C) 飛機租賃業 (D) 地勤設備製造業

二、解釋名詞

1. 飛機製造廠商

答：

2. 快遞業

答：

三、問題討論

1. 航空公司之主要部門有哪七個？

答：

2. 航空公司下游關聯產業有哪些？

答：

得　分

學後評量
航空客運與票務

第三章
航空公司特性與分類

班級：＿＿＿＿＿＿　學號：＿＿＿＿＿＿

姓名：＿＿＿＿＿＿＿＿＿＿

一、選擇題

(　) 1. 標準型低成本航空公司（LCC）的特性，下列何項錯誤？

(A) 以單走道客機爲主　(B) 每趟航程時間以 6 小時以上爲主

(C) 使用次級機場爲最多　(D) 自有網站售票爲最多

(　) 2. 依交通部民用航空局統計，第一家進軍臺灣的低成本航空公司（LCC）爲：

(A) 樂桃航空公司　(B) 宿霧太平洋航空公司　(C) 眞航空公司　(D) 新加坡捷星航空公司

(　) 3. 航空公司的特性中，下列何項錯誤？

(A) 高資本性　(B) 國際性　(C) 專業性　(D) 無形性

(　) 4. 阿根廷航空班機未飛抵臺灣，我們稱該航空公司爲：

(A) On-Line　(B)Off-Line　(C)Off-Air　(D)GSA

(　) 5. 以下航空公司，何者非以客運爲主收入之航空公司？

(A) 國泰航空　(B) 中華航空　(C) 新加坡航空　(D)FedEx Express 航空

二、解釋名詞

1. 全服務航空公司

答：

2. ON-LINE Airlines

答：

三、問題討論

1. 航空公司的特性中之可變性爲何？

答：

3. 廉價航空降低成本的方式歸納有哪些？

答：

得 分

學後評量
航空客運與票務

第四章

航權與指標

班級：＿＿＿＿＿ 學號：＿＿＿＿＿

姓名：＿＿＿＿＿＿＿＿＿＿

一、選擇題

(　) 1. 由臺北（+8）15 時 25 分飛往美國洛杉磯（-8）的班機，假設總飛行時間需 13 小時，則抵達洛杉磯的時間爲：

(A)12 時 25 分　(B)13 時 25 分　(C)14 時 25 分　(D)15 時 25 分

(　) 2. 將航空公司登記國領域內之客、貨、郵件，運送到他國卸下之權利，亦稱卸載權，此爲第幾航權？

(A) 第二航權　(B) 第三航權　(C) 第四航權　(D) 第五航權

(　) 3. 根據下面顯示的可售機位表，TPE 與 VIE 兩地之間的時差爲多少小時？

(A)15 小時　(B)8 小時　(C)7 小時　(D)1 小時

```
22JAN TUE TPE/Z¥8 VIE/-7
1CI 63 J4C4D0Z0Y7B7TPEVIE 2335 0615¥1 343M0 26 DC/E
2BR 61 C4J4Z4Y7K7M7TPEVIE 2340 0930¥1 332M1 246 DC/E
3KE/CI *5692 C0D0I0Z4O4Y0TPEICN 0810 1135 3330 DC/E
4KE 933 P0A0J4D4I4Z0VIE 1345 1720 332LD0 246 DC/E
5CI 160 J4C4D0Z4Y7B7TPEICN 0810 1135 333M0 DC/E
6KE 933 P0A0J4D4I4Z0VIE 1345 1720 332LD0 246 DC/E
7TG 633 C4D4J4Z4Y4B4TPEBKK 1520 1815 330M0 X136 DCA/E
8TG/VO *7202 C4D4J4Z4Y4B4VIE 2355 0525¥1 7720 DCA/E
9TZ 202 Z7C7J7D6I0S7TPENRT 0650 1040 7720 DCA
10OS/VO *52 J9C9D9Z9P9Y9VIE 1215 1610 772MS0 X46 DC/E
11TZ 202 Z7C7J7D6I0S7TPENRT 0650 1040 7720 DCA
12NH/VO *6325 J4C4D4Z4P4Y4VIE 1215 1610 772MS0 X46 DCA/E
```

(　) 4. 下列空中巴士的機型，何者酬載量（可載客數）最小？

(A)A310　(B)A320　(C)A330　(D)A340

(　) 5. 國際航空運輸協會（IATA）爲統一管理及制定票價，將全世界劃分爲 3 大區域，下列那一個城市不屬於 TC3 的範圍？

(A)DPS　(B)MEL　(C)DEL　(D)CAI

【背面尚有試題，請翻面繼續作答】

二、解釋名詞

1. 下卸權

答：

2. GMT

答：

三、問題討論

1. 何謂第五航權？

答：

2. 11 月 1 日東京 / 臺北 16：25/18：55，東京（GMT ＋ 9）→臺北（GMT ＋ 8），實際飛行多久？

答：

得　分

學後評量
航空客運與票務

第五章

訂位系統與客運

班級：＿＿＿＿＿ 學號：＿＿＿＿＿

姓名：＿＿＿＿＿＿＿＿

一、選擇題

(　) 1. 搭機旅客攜帶防風（雪茄）型打火機回臺灣，其帶上飛機規定爲何？

(A) 可以隨身攜帶，但不可作爲手提或託運行李

(B) 不可隨身攜帶，但可作爲手提或託運行李

(C) 不可隨身攜帶及手提，但可作爲託運行李

(D) 不可隨身攜帶，也不可作爲手提或託運行李

(　) 2. 旅客於航空器廁所內吸菸，依民用航空法第 119 條之 2 規定，最高可處新臺幣多少之罰鍰？

(A)15 萬元　(B)6 萬元　(C)7 萬元　(D)10 萬元

(　) 3. 未滿 2 歲的嬰兒隨父母搭機赴美，其免費託運行李的上限規定爲何？

(A) 可託運行李一件，尺寸長寬高總和不得超過 115 公分

(B) 可託運行李二件，每件尺寸長寬高總和不得超過 115 公分

(C) 20 公斤，含可託運一件折疊式嬰兒車

(D) 20 公斤，含可託運一件折疊式嬰兒車與搖籃

(　) 4. 下列何種機型爲擁有四具發動機配備的客機？

(A) 波音 767 型客機　(B) 波音 777 型客機

(C) 空中巴士 A330-200 型客機　(D) 空中巴士 A340-300 型客機

(　) 5. 現今航空公司對於旅客行李賠償責任是依據何種公約處理？

(A) 赫爾辛基公約　(B) 申根公約　(C) 華沙公約　(D) 芝加哥公約

二、解釋名詞

1. 中性票

答：

2. 超重行李

答：

三、問題討論

1. 航空業三大航空聯盟爲何？

答：

2. 何謂共掛班號？其利益爲何？

答：

得　分

學後評量
航空客運與票務

第六章

代號

班級：＿＿＿＿＿學號：＿＿＿＿＿

姓名：＿＿＿＿＿＿＿＿＿＿

一、選擇題

(　) 1. 機票表示貨幣價值時，均以英文字母爲幣值代號，下列何者錯誤？
(A)CAD：加幣　(B)EGP：歐元　(C)NZD：紐元　(D)GBP：英鎊

(　) 2. 搭乘本國籍航空公司帶團前往紐西蘭基督城，通常會於下列何城市入境紐西蘭？
(A)CHC　(B)BNE　(C)AKL　(D)SYD

(　) 3. 加拿大的首都城市代碼（CITY CODE）爲：（提示：渥太華 Ottawa）
(A)YOW　(B)YYC　(C)YVR　(D)YYZ

(　) 4. 下列何者不是美國紐約地區的機場代號？
(A)JFK　(B)EWR　(C)LGA　(D)MSP

(　) 5. 下列何者是國際航空運輸協會（IATA）所賦予新加坡航空公司的代號？
(A)SA　(B)SI　(C)SQ　(D)SR

二、解釋名詞

1. 何謂 XT 稅

答：

2. 何謂 SG 稅

答：

三、問題討論

1. 倫敦機場有哪三座？

答：

2. CAD 係哪一國家貨幣？

答：

得分

學後評量
航空客運與票務

第七章
票務簡介

班級：＿＿＿＿學號：＿＿＿＿
姓名：＿＿＿＿＿＿＿＿

一、選擇題

( ) 1. Open Jaw Trip 簡稱爲開口式行程，其意義下列何項不正確？
(A) 去程之終點與回程之啓程點城市不同
(B) 去程之啓程點與回程之終點城市不同
(C) 去程之起、終點與回程之起、終點城市皆不同
(D) 去程之起、終點與回程之起、終點城市皆相同

( ) 2. 在機票票種欄（FARE BASIS）中，註記「YEE30GV10/CG00」，其機票最高有效效期爲幾天？
(A)7 天 (B)10 天 (C)14 天 (D)30 天

( ) 3. 下列機票種類，何項使用效期最長？
(A)Y (B)YEE30 (C)YEE3M (D)YEE6M

( ) 4. 旅客 SHELLY CHEN 爲 16 歲之未婚女性，其機票上的姓名格式，下列何者正確？
(A)CHEN/SHELLY MS (B)CHEN/SHELLY MRS
(C)CHEN/SHELLY MISS (D)I/CHEN/SHELLY MISS

( ) 5 旅客的機票爲 TPE → LAX → TPE，指定搭乘中華航空公司，在機票上註明 Non-Endorsable，其代表何意？
(A) 不可退票 (B) 不可轉讓給其他航空公司
(C) 不可更改行程 (D) 不可退票和更改行程

二、解釋名詞

1. UM

答：

【背面尚有試題，請翻面繼續作答】

2. Non endorsement

答：

三、問題討論

1. 使用電子機票之優點有哪些？

答：

2. 何謂 STPC ？

答：

得　分

學後評量
航空客運與票務

第八章

票價結構與規則（一）

班級：＿＿＿＿＿＿學號：＿＿＿＿＿＿

姓名：＿＿＿＿＿＿＿＿＿＿＿＿

一、選擇題

(　) 1. 航空票務之中性計價單位（NUC），其實質價值等同下列何種貨幣？

(A)EUR　(B)GBP　(C)USD　(D)TWD

(　) 2. 假設旅客旅遊行程中，所有航段的總哩程 TPM=3,300 哩，而 MPM=3,000 哩，則 EMS 爲

(A)0M　(B)5M　(C)10M　(D)15M

(　) 3. 旅客機票之購買與開立，均不在出發地完成，此種方式稱爲

(A)SOTO　(B)SITO　(C)SOTI　(D)SITI

(　) 4. 航空票價之計算公式，下列何者正確？

(A)NUC+ROE ＝ LCF　(B)NUC － ROE ＝ LCF

(C)NUC×ROE ＝ LCF　(D)NUC÷ROE ＝ LCF

(　) 5. 依據開立機票及付款地之規定，若在國內開票，票款在國外付款，下列代號何者正確？

(A)SOTO　(B)SOTI　(C)SITI　(D)SITO

二、解釋名詞

1. 環球飛行指標

答：

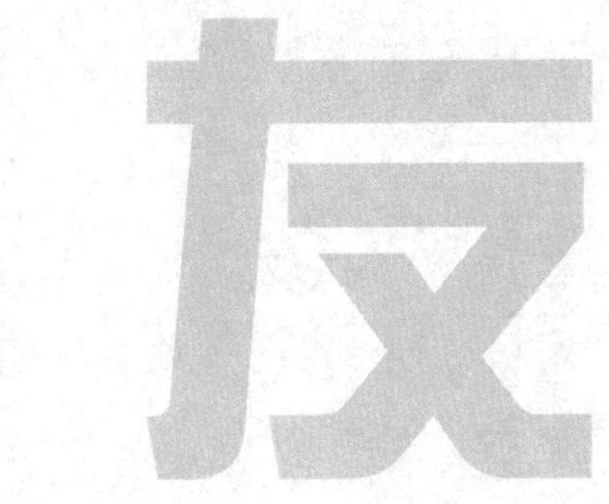

2. NUC

答：

【背面尚有試題，請翻面繼續作答】

三、問題討論

1. 何謂哩程系統（Mileage System）？

答：

2. 何謂超哩程附加費（EMS）？

答：

得分

學後評量
航空客運與票務

第九章

票價結構與規則（二）

班級：__________ 學號：__________

姓名：__________

一、選擇題

(　) 1. 航空票價計算的中性貨幣單位？

(A)TWD　(B)USD　(C)NUC　(D)HKD

(　) 2. 所謂的「Fare component」是指

(A) 直接票價　(B) 票價構成段　(C) 航空段落　(D) 票價加成

(　) 3. 在高票價點所對應的票價稱為

(A)FAF　(B)HCF　(C)HIF　(D)HOF

(　) 4. 從最遠迴轉點（目的地）回到啓程點之行程，稱為

(A)Inbound　(B)Outbound　(C)Circle trip　(D)Turnaround point

(　) 5. 以客人最佳利益為本，所計算的票價，稱為

(A) 來回票價組合　(B) 環程票價組合　(C) 最高票價組合　(D) 最低票價組合

二、解釋名詞

1. Outbound

答：

2. CTM

答：

【背面尚有試題，請翻面繼續作答】

三、問題討論

1. 高票價點檢查（Higher Intermediate Point（HIP）check）方法有哪些？

答：

2. 何謂票價構成段（Fare component）？

答：

得　分

學後評量
航空客運與票務

班級：＿＿＿＿＿學號：＿＿＿＿
姓名：＿＿＿＿＿＿＿＿

第十章
單程票價結構與計算

一、選擇題

(　) 1. 單向行程（One way）中停點至中停點為高票價時，計算票價應該如何？
(A) 提升票價　(B) 忽視不計入　(C) 作 BHC　(D) 乘以 3 倍

(　) 2. 單向行程（One way）中高票價點為下列何者時，可忽視不計入高票價點？
(A) 啓程點　(B) 中間點　(C) 停留點　(D) 轉機點

(　) 3. 單向行程（One way）必須作「單程低價加額檢查」，請問此「單程低價加額檢查」稱為
(A)CTM　(B)BHC　(C)CHI　(D)FOF

(　) 4.「單程高票價點檢查」規則中，請問下列何者為非？
(A) 從票價構成段中的啓程點到行程任意中途停留點的直接票價（要作 BHC）。
(B) 從一個中間停留點到另一個中間停留點的直接票價。
(C) 從中間轉機點到到另一個中間轉機點的直接票價。
(D) 從中間停留點到票價構成段的迄點的直接票價。

(　) 5. 已知臺北到馬尼拉單程機票 NUC 為 216.00，臺幣 ROE 為 30，請問當地售票之票價為
(A)USD216.00　(B)TWD6480　(C)HKD4500　(D)EUR55

二、解釋名詞

1. 單向行程

答：

2. MPM

答：

三、問題討論

1. 何謂單向行程加額檢查（BHC）？

答：

2. 啓程點至中間點有 HIF，全程票價提升至 HIF 要作 BHC 之圖形為何？

答：

得　分

學後評量
航空客運與票務

第十一章
環狀票價結構與計算

班級：＿＿＿＿＿　學號：＿＿＿＿＿

姓名：＿＿＿＿＿＿＿＿＿＿

一、選擇題

(　) 1. 依據機票票價計算原則，若兩地間無直接票價存在時，可分段計算票價，其必須依據下列何種原則來計算？

(A) 應收最高票價原則　　(B) 應收最低票價原則

(C) 應收中等票價原則　　(D) 應收折扣票價原則

(　) 2. TPE/HKG/BKK/HKG/TPE，請問係何種行程？

(A) 高票價行程　(B) 最低票價行程　(C) 來回行程　(D) 開口行程

(　) 3. 以下何者爲來回行程？

(A)TPE/HKG/BKK/HKG/TPE　　(B)HKG/AMS/NYC/LAX/TYO/HKG

(C)TPE/TYO/SEL/HKG　　(D)AMS/BKK/TPE/HKG/KUL/AMS

(　) 4. 以下何者爲環狀行程？

(A)TPE/HKG//BKK/HKG/TPE　　(B)HKG/AMS/NYC/LAX/TYO/HKG

(C)TPE/TYO/SEL/HKG/TPE　　(D)AMS/BKK/TPE

二、解釋名詞

1. Circle Trip

答：

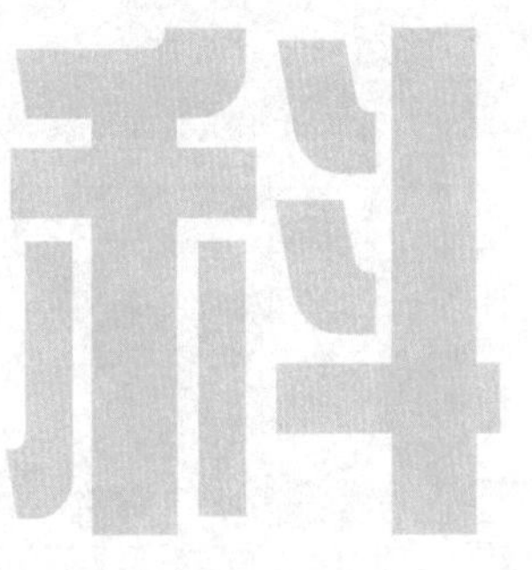

【背面尚有試題，請翻面繼續作答】

三、問題討論

1. 何謂典型的來回行程？

答：

2. 在票價計算欄（FARE CALCULATION AREA）中出現「Q」（Surcharge）、「S」（Excess Stopovers）及「P」（Premium）各代表何意？

答：

得　分　　學後評量
航空客運與票務

第十二章

開口票價結構與計算

班級：＿＿＿＿＿學號：＿＿＿＿＿

姓名：＿＿＿＿＿＿＿＿＿＿

一、選擇題

(　) 1. 指啓程點與終點不同一點，向外行程（outbound）與返回行程（inbound）不一樣，請問係何種行程？

(A) 高票價行程　(B) 最低票價行程　(C) 來回行程　(D) 開口行程

(　) 2. 去程的啓程點與回程終點相同，中途使用不同的交通工具，去程的終點與回程啓程點在同一國家，但不同城市，請問係何種行程？

(A) 高票價行程　(B) 迴轉點開口行程　(C) 來回行程　(D) 啓程點開口行程

(　) 3. 啓程點與迴轉點皆不相同，但啓程點在同一國家，迴轉點不在同一國家，請問係何種行程？

(A) 雙開口行程　(B) 環狀行程　(C) 單開口行程　(D) 單向行程

(　) 4. 啓程點與迴轉點皆不相同，且不在同一國家，此種開口行程，計算票價時，應採用何種票價？

(A) 來回票價　(B) 環狀票價　(C) 使用單程票價　(D) 直線票價

(　) 5. 啓程點、終點與迴轉點皆不相同，且不在同一國家，以下何種行程屬之？

(A)HKG/JKT//DPS/SIN　　(B)TPE/OKA//TYO/KHH

(C)TPE/OKA/TYO/KHH　　(D)BKK/TPE//HKG/SIN

二、解釋名詞

1. 單開口行程

答：

【背面尚有試題，請翻面繼續作答】

2. 雙開口行程

答：

三、問題討論

1. 何謂開口行程（Open Jaw trip）？

答：

2. OJ 票價計算方法時，採用哪兩種方法？

答：

得　分

學後評量
航空客運與票務

第十三章

環球票價結構與計算

班級：＿＿＿＿＿學號：＿＿＿＿＿

姓名：＿＿＿＿＿＿＿＿＿＿

一、選擇題

(　) 1. 以下何者爲環球行程？

(A)TPE/HKG/BKK/HKG/TPE　(B)HKG/AMS/NYC/LAX/TYO/HKG

(C)TPE/TYO/SEL/HKG　(D)AMS/BKK/TPE/HKG/BKK/AMS

(　) 2. 下列何者爲環球行程之特性？

(A) 經過北極　(B) 經過南極　(C) 經過太平洋及大西洋各一次　(D) 經過東南亞一次

二、解釋名詞

1. 環遊世界行程

答：

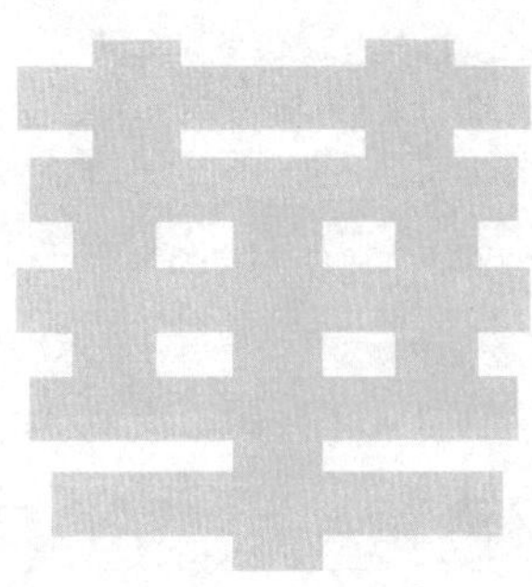

三、問題討論

1. 請寫出環球航線的行程？

答：

2. 環球航線必須經過哪兩大洋？

答：

【背面尚有試題，請翻面繼續作答】

得　分

學後評量
航空客運與票務

班級：＿＿＿＿＿學號：＿＿＿＿
姓名：＿＿＿＿＿＿＿＿＿＿＿

第十四章
其他票價結構與計算

一、選擇題

(　) 1. 在行程 SHA-CAN-HAN-BKK-HAN-CAN-JKT 中，以下何者為正確之旁岔行程（Side trip）行程？
(A)SHA-CAN-HAN-BKK-HAN　(B)CAN-HAN-BKK-HAN-CAN-JKT
(C)HAN-BKK-HAN-CAN-JKT　(D)CAN-HAN-BKK-HAN-CAN

二、解釋名詞

1. 附加行程票價

答：

2. 混合艙等

答：

三、問題討論

1. 旁岔行程的計算有哪三步驟？

答：

2. 混合艙等的票價計算主要有哪三個方法？

答：

得　分

學後評量
航空客運與票務

附錄一

MCO & PTA

班級：__________學號：________

姓名：________________________

一、選擇題

(　) 1. 陳先生在臺灣預先付款購買 LAX → TPE → LAX 的機票，並指定女兒為機票使用人，其女兒可以在美國洛杉磯取得機票，此程序稱為：

(A)TWOV　(B)PTA　(C)STPC　(D)BSP

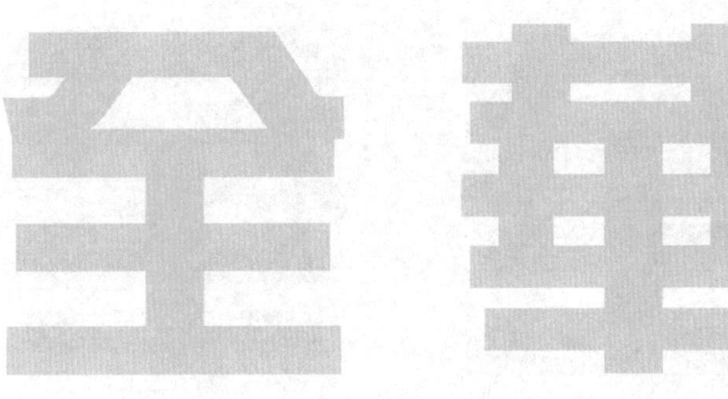

得　分

學後評量
航空客運與票務

附錄二

換票及退票

班級：＿＿＿＿＿＿學號：＿＿＿＿
姓名：＿＿＿＿＿＿＿＿＿＿＿＿＿＿

一、選擇題

(　) 1. 由 TPE 搭機前往 YVR，其飛機資料顯示「AC 6018 Operated by EVA Airways」，表示該班機為
(A)World in One Service　(B)Code-Share Service
(C)Connecting Service　(D)Inter-Line Service

(　) 2. 遺失機票時，要緊急填寫一份「遺失機票退費申請書」，其正確的英文是：
(A)Lost Ticket Form　(B)Lost Ticket Application
(C)Lost Ticket Refund Application　(D)Ticket Application

(　) 3. 按照國際航空運輸協會之條款規定，以經濟艙為例，如果某甲之行李總重為 20 公斤，不幸於航空運送途中遺失，他至多每公斤可以要求理賠多少金額？
(A) 美金 20 元　(B) 美金 18 元　(C) 美金 16 元　(D) 美金 14 元

(　) 4. 已訂妥機位，卻沒有前往機場報到搭機，此類旅客稱為：
(A)No show passenger　(B)Go show passenger
(C)No record passenger　(D)Trouble passenger

(　) 5. 旅遊途中旅客遺失機票時，下列帶團人員處理原則何者最優先？
(A) 向當地警察機關報案，取得報案證明　(B) 向當地所屬航空公司申報遺失
(C) 購買另一張新的機票　(D) 請求總公司開具另一張機票

二、解釋名詞

1. GO SHOW

答：

2. NO SHOW

答：

【背面尚有試題，請翻面繼續作答】

三、問題討論

1. 電子機票換票（Reissue）之方式有哪些？在哪些狀況時不可換票？

答：

2. 行李遺失處理步驟爲何？

答：

得 分

學後評量
航空客運與票務

班級：＿＿＿＿＿ 學號：＿＿＿＿＿
姓名：＿＿＿＿＿＿＿＿＿＿

附錄四
機票術語

一、選擇題

( ) 1. 搭機旅遊時，在一地停留超過幾小時起，旅客須再確認續航班機，否則航空公司可取消其訂位？
(A)12 小時 (B)24 小時 (C)48 小時 (D)72 小時

( ) 2. 下列何者為班機預定到達時間的縮寫？
(A)EDA (B)ETA (C)EDD (D)ETD

( ) 3. 帶團人員在機場應隨時注意「ETD」是指：
(A) 班機預定起飛時間 (B) 班機預定到達時間
(C) 班機延誤時間 (D) 班機提前到達時間

( ) 4. 下列關於機場通關作業與要求之敘述，何者正確？
(A) 水果刀包裹妥當，可置於隨身手提行李
(B) 美工刀包裹妥當，可置於隨身手提行李
(C) 托運行李須複查時，由旅客本人開箱接受檢查，並核驗登機證及申報單
(D) 托運行李應親自攜往隨身手提行李檢查處

( ) 5. 某旅客訂妥機位的行程是 TPE → LAX → TPE，當從 LAX 返回 TPE 前 72 小時，該旅客必須向航空公司再次確認班機，此做法稱為：
(A)Reservation (B)Reconfirmation (C)Confirmation (D)Booking

【背面尚有試題，請翻面繼續作答】

二、解釋名詞

1. INBOUND

答：

2. 客運裝載率

答：

三、問題討論

1. TSA 美國運輸安全管理局，要求航空公司必須在起飛 72 小時前，將哪些資料輸入？

答：

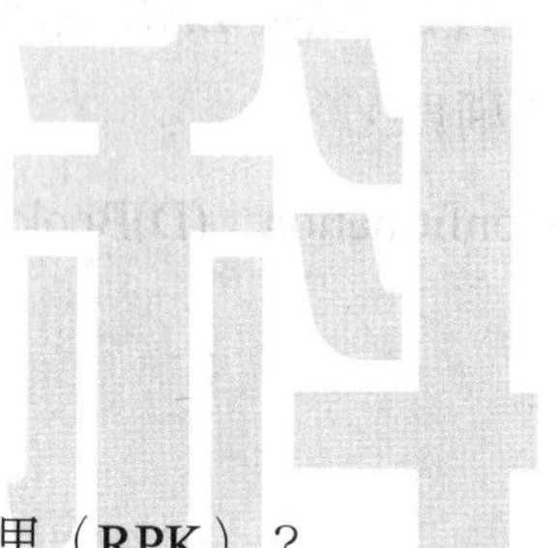

2. 何謂收益旅客公里（RPK）？

答：